2018-2019
中国城市轨道交通工程建设发展报告

● 赵一新 主编

中国建筑工业出版社

图书在版编目（CIP）数据

2018-2019中国城市轨道交通工程建设发展报告 / 赵一新主编 .—北京：中国建筑工业出版社，2019.11
ISBN 978-7-112-24438-6

Ⅰ. ①2… Ⅱ. ①赵… Ⅲ. ①城市铁路 - 轨道交通 - 交通运输发展 - 研究报告 - 中国 -2018-2019 Ⅳ. ① U239.5

中国版本图书馆 CIP 数据核字（2019）第 247078 号

责任编辑：焦　扬　吴　佳
责任校对：赵听雨

2018-2019中国城市轨道交通工程建设发展报告
赵一新　主编
*
中国建筑工业出版社出版、发行（北京海淀三里河路 9 号）
各地新华书店、建筑书店经销
北京方舟正佳图文设计有限公司制版
天津图文方嘉印刷有限公司印刷
*
开本：787×1092 毫米　1/16　印张：17　字数：313 千字
2019 年 12 月第一版　2019 年 12 月第一次印刷
定价：148.00 元
ISBN 978-7-112-24438-6
（34926）

版权所有　翻印必究
如有印装质量问题，可寄本社退换
（邮政编码 100037）

参编人员名单

主编：赵一新

编委会委员（按章节顺序）：

一、概述篇：城市轨道交通 2018 年度统计和分析报告

    负责单位：中国城市轨道交通协会

二、发展篇：赵一新、陈燕申

    负责单位：中国城市规划设计研究院

三、标准篇：陈燕申、贺　旭、刘加华、黄海来

    负责单位：中国城市规划设计研究院、上海申通地铁集团有限公司

四、规划篇：卞长志、谢昭瑞、张　铮

    负责单位：中国城市规划设计研究院

五、勘测篇：黄伏莲、张建全、余永明、逯鹏宇、曹宝宁、任　干、
李芳凝、李泳慧、刘力丹、颜　威、徐鹏宇

    负责单位：北京城建勘测设计研究院有限责任公司

六、设计篇：吴嘉、农兴中、雷振宇、丁能顺

    负责单位：广州地铁设计研究院股份有限公司

七、施工篇：张　川、方力明、姚　钧、刘朝明、王开诚

　　负责单位：上海申通地铁集团有限公司

　　案例一：姚燕明、肖广良、黄　毅

　　编写单位：宁波市轨道交通集团有限公司建设分公司

　　案例二：林　枫、宋永智、殷湘舰、裴　超

　　编写单位：天津市地下铁道集团有限公司

　　案例三：赵梦晨、赵则超、杨卓平

　　编写单位：天津市地下铁道集团有限公司

　　案例四：林　枫、宋永智、殷湘舰、裴　超

　　编写单位：天津市地下铁道集团有限公司

　　案例五：张　斌、江文化、李　琨

　　编写单位：天津市地下铁道集团有限公司、北京茁苴工程技术有限公司

　　案例六：成都轨道交通集团有限公司

八、竣工验收篇：王　虹、魏康林、陈丹莲

　　负责单位：广州轨道交通建设监理有限公司

九、新技术篇：梁粤华、翟利华、卢小莉、何冠鸿、袁　泉、苏　拓

　　负责单位：广州地铁设计研究院股份有限公司

十、上盖物业开发篇：陈湘生、石晓伟、綦　超

　　负责单位：深圳市地铁集团有限公司

十一、制式篇：

　　市域快轨：周　勇、周明亮、徐吉庆、李可意、张　超

　　负责单位：中铁二院工程集团有限责任公司

　　磁浮系统：孙吉良、李　欣、魏厥灵、陈　寅、黄海涛

　　负责单位：北京磁浮交通发展有限公司、湖南磁浮交通发展股份有限公司

有轨电车：徐正良、黎冬平、程 樱

负责单位：上海市城市建设设计研究总院(集团)有限公司

单轨系统：王 峙、马 虎、张文宇、唐 恒、谢文俊、胡智勇、
　　　　　 贺 观、刘 川、巨邦盛、文 彬、牛婷婷

负责单位：重庆市轨道交通（集团）有限公司、重庆市轨道交通设计研究院有限责任公司

技术编辑：贺 旭、张 磊

前言

目前我国正处在加快转变经济发展方式的新时期，城市轨道交通也面临着新的发展形势，城市轨道交通建设需求旺盛。为了适应城市发展需要，针对我国城市轨道交通工程建设领域的实际情况，深入了解轨道交通工程建设的情况，研究和积累发展过程中的经验，对轨道交通的健康发展具有十分重要的现实意义。

根据中国城市轨道交通协会年度科研专项项目，工程建设专业委员会启动年度中国城市轨道交通工程建设发展报告的编制工作。

《2018-2019中国城市轨道交通工程建设发展报告》由概述篇、发展篇、标准篇、规划篇、勘测篇、设计篇、施工篇、竣工验收篇、新技术篇、上盖物业开发篇、制式篇组成。以规划阶段、勘测阶段、设计阶段、施工阶段和竣工阶段存在的主要困难和问题作为突破口，深度分析原因并给出意见和建议。

中国城市轨道交通工程建设发展报告将以城市轨道交通工程建设的规划阶段、勘测阶段、设计阶段、施工阶段和竣工验收阶段五个阶段和特别专题研究为主要内容，持续关注、忠实记录我国城市轨道工程建设各领域发展情况，每年编写一部，为我国城市轨道工程建设领域的发展贡献力量。

目录

前言

1. 概述篇 /012
1.1 综述 /012
1.2 在建情况 /012
1.3 规划情况 /017

2. 发展篇 /022
2.1 政策与标准 /022
2.2 建设与运行 /028
2.3 系统制式 /037

3. 标准篇 /042
3.1 国家、行业标准 /042
3.2 城市轨道交通团体标准体系 /047
3.3 团体标准 /049

4. 规划篇 /050
4.1 综述 /050
4.2 统计数据 /051
4.3 主要城市情况 /053
4.4 发展与趋势 /061

5. 勘测篇 /064
5.1 综述 /064
5.2 统计数据 /065
5.3 主要城市情况 /067
5.4 政策和标准 /082

6. 设计篇 /088

6.1 我国城市轨道交通制式类型和发展状况 /088

6.2 各种城市轨道交通制式的技术特点 /089

6.3 系统制式选择和技术路线 /095

7. 施工篇 /098

7.1 综述 /098

7.2 统计数据 /098

7.3 主要城市情况 /099

7.4 发展与趋势 /120

8. 竣工验收篇 /142

8.1 综述 /142

8.2 统计数据 /142

8.3 验收制度建设 /149

8.4 已完成竣工验收城市的经验分享 /149

8.5 工程建设验收及移交管理程序 /151

8.6 在竣工验收工作中，利用信息化的作用和意义 /154

9. 新技术篇 /156

9.1 综述 /156

9.2 城市轨道交通科技发展政策与创新 /156

9.3 风险减控新技术 /159

9.4 建造新技术 /165

9.5 基于 BIM 协同技术设计 /170

9.6 基础设施综合节能新技术 /175

10. 上盖物业开发篇 /180

10.1 综述 /180

10.2 主要城市情况 /181

10.3 城市项目实例 /185
10.4 政策依据和标准 /188
10.5 "轨道 + 物业"土地综合利用开发策略 /190
10.6 主要进展与动向 /193

11. 制式篇 /196
11.1 市域快轨 /196
11.2 磁浮系统 /215
11.3 有轨电车 /227
11.4 单轨系统 /246

1. 概述篇

1.1 综述

截至2018年底,中国大陆地区(以下文中涉及全国数据均指中国大陆地区,不含港澳台)共有35个城市开通城市轨道交通(以下简称城轨交通)运营线路185条,运营线路总长度5761.4km。拥有4条及以上运营线路,且换乘站3座及以上,实现网络化运营的城市16个,占已开通城轨交通运营城市总数的45.7%。地铁运营线路4354.3km,占比75.6%;其他制式城轨交通运营线路1407.1km,占比24.4%。当年新增运营线路长度728.7km。进入"十三五"的3年来,累计新增运营线路长度为2143.4km,年均新增运营线路长度714.5km。

2018年全年共完成城轨交通建设投资5470.2亿元,同比增长14.9%,在建线路总长6374km,可研批复投资额累计42688.5亿元。截至2018年底,共有63个城市的城轨交通线网规划获批(含地方政府批复的19个城市),其中,城轨交通线网建设规划在实施的城市共计61个,在实施的建设规划线路总长7611km(不含已开通运营线路)。规划、在建线路规模稳步增长,年度完成建设投资额创历史新高。

1.2 在建情况

1.2.1 在建规模平稳增长

截至2018年底,中国大陆地区有53个城市(部分由地方政府批复项目未纳入统计)在建线路总规模6374km,同比增长2%。在建线路258条(段)。共有25个城市的在建线路超过100km,其中,北京、广州两市在建规模超过

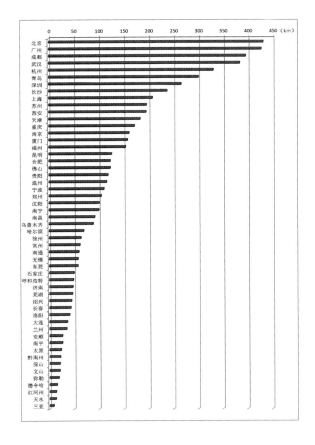

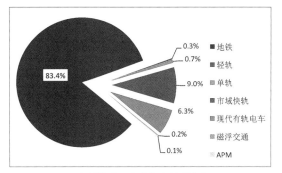

图 1-2　2018 年城轨交通在建线路制式结构

图 1-1　2018 年各城市城轨交通在建线路规模

400km，成都、武汉、杭州 3 个城市在建规模超过 300km，青岛、深圳、长沙、上海 4 市在建规模超 200km，在建规模在 150～200km 之间的有苏州、西安、天津、重庆、南京、厦门、福州 7 个城市，在建规模在 100～150km 之间的有昆明、合肥、佛山、贵阳、温州、宁波、郑州、沈阳、南宁 9 个城市（图 1-1）。

1.2.2　地铁为主，多制式建设

在 6374 公里的在建线路中，地铁 5315.6km，占比 83.4%；轻轨 18.8km，占比 0.3%；单轨 46.8km，占比 0.7%；市域快轨 575.2km，占比 9.0%；现代有轨电车 400.9km，占比 6.3%；磁浮交通 10.2km，占比 0.2%；自动导向轨道系统（以下简称 APM）6.6km，占比 0.1%（图 1-2）。

据不完全统计，在建线路车站共计 4157 座（按线路累计计算），其中换乘站 1232 座（按线路累计计算）。换乘站占比为 29.6%。

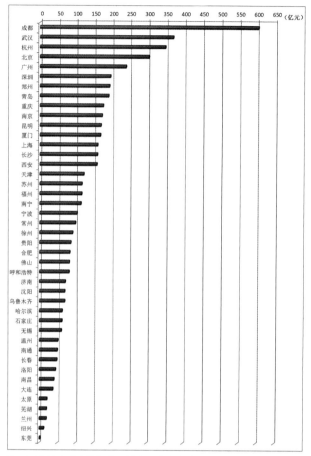

注：不含地方政府批复项目的建设资金完成情况。

图1-3　2018年各城市城轨交通全年完成建设投资

1.2.3　全年完成建设投资额

据不完全统计（不含地方政府批复项目的建设资金完成情况），截至2018年底，中国大陆地区在建线路可研批复投资累计42688.5亿元。初设批复投资累计35035.2亿元。当年共完成建设投资5470.2亿元，同比增长14.9%，其中，全年完成车辆购置费用378.4亿元。当年完成建设投资额占可研批复投资额的12.9%。

15个城市全年完成建设投资超过150亿元，其中，成都市完成投资超过600亿元，武汉、杭州、北京3个城市全年完成投资均超过300亿元，4个城市共计完成投资1627.8亿元，占全国总投资的29.8%。广州市全年完成投资超过200亿元，另有深圳、郑州、青岛、重庆、南京、昆明、厦门、上海、长沙、西安10个城市全年完成投资均超过150亿元（图1-3）。

2018年各城市城轨交通在建线路规模统计汇总表　　表1-1

序号	城市	在建线路长度（km）	在建线路系统制式（km）							敷设方式（km）			车站（座）	
			地铁	轻轨	单轨	市域快轨	现代有轨电车	磁浮交通	APM	地下	地面	高架	车站	换乘站
1	北京	430.5	333.1	—	—	54.3	32.9	10.2	—	307.9	33.7	88.9	231	92
2	上海	207.5	169.9	—	—	—	30.9	—	6.6	151.9	31.5	24.2	167	49
3	天津	183.1	183.1	—	—	—	—	—	—	180.4	1.3	1.4	155	65
4	重庆	171.8	143.8	—	—	28.0	—	—	—	117.9	4.4	49.5	95	35
5	广州	426.7	412.3	—	—	—	14.4	—	—	359.2	19.8	47.7	205	—
6	深圳	265.5	265.5	—	—	—	—	—	—	239.0	0.1	26.3	168	73
7	武汉	383.7	322.0	—	—	32.1	29.6	—	—	296.3	31.4	56.0	207	83
8	南京	160.9	84.8	—	—	76.0	—	—	—	113.6	3.5	43.7	90	34
9	沈阳	100.8	100.8	—	—	—	—	—	—	100.8	—	—	62	27
10	长春	43.5	24.8	18.8	—	—	—	—	—	30.1	—	13.4	38	13
11	大连	36.2	36.2	—	—	—	—	—	—	36.2	—	—	25	8
12	成都	395.5	335.8	—	—	—	59.6	—	—	285.5	59.8	50.2	271	96
13	西安	194.9	194.9	—	—	—	—	—	—	164.7	1.7	28.6	143	44
14	哈尔滨	69.7	69.7	—	—	—	—	—	—	69.7	—	—	55	16
15	苏州	195.5	166.7	—	—	—	28.8	—	—	168.4	20.6	6.5	147	37
16	郑州	105.0	105.0	—	—	—	—	—	—	105.0	—	—	85	39
17	昆明	126.0	126.0	—	—	—	—	—	—	123.4	0.3	2.3	96	38
18	杭州	330.5	271.8	—	—	58.6	—	—	—	315.6	—	14.8	197	66
19	佛山	123.2	103.6	—	—	—	19.6	—	—	92.8	11.2	19.3	76	20
20	长沙	236.8	236.8	—	—	—	—	—	—	236.8	—	—	216	56
21	宁波	110.7	89.1	—	—	21.6	—	—	—	75.6	—	35.0	76	23

续表

序号	城市	在建线路长度（km）	在建线路系统制式（km）							敷设方式（km）			车站（座）	
			地铁	轻轨	单轨	市域快轨	现代有轨电车	磁浮交通	APM	地下	地面	高架	车站	换乘站
22	无锡	58.2	58.2	—	—	—	—	—	—	58.2	—	—	42	8
23	南昌	91.9	91.9	—	—	—	—	—	—	57.8	0.2	33.9	72	19
24	兰州	35.0	35.0	—	—	—	—	—	—	35.0	—	—	—	—
25	青岛	300.0	111.3	—	—	188.7	—	—	—	195.2	2.7	102.1	146	50
26	福州	154.0	154.0	—	—	—	—	—	—	146.6	0.7	6.8	108	29
27	东莞	58.0	58.0	—	—	—	—	—	—	35.4	2.3	20.3	21	5
28	南宁	100.2	100.2	—	—	—	—	—	—	100.2	—	—	82	24
29	合肥	123.3	123.3	—	—	—	—	—	—	119.1	—	4.2	100	30
30	石家庄	50.1	50.1	—	—	—	—	—	—	50.1	—	—	—	—
31	济南	47.7	47.7	—	—	—	—	—	—	31.3	0.2	16.2	24	9
32	太原	23.6	23.6	—	—	—	—	—	—	23.6	—	—	23	7
33	贵阳	118.7	118.7	—	—	—	—	—	—	108.1	—	10.6	86	20
34	乌鲁木齐	88.7	88.7	—	—	—	—	—	—	88.7	—	—	72	20
35	厦门	157.7	157.7	—	—	—	—	—	—	123.4	3.9	30.4	96	33
36	徐州	64.3	64.3	—	—	—	—	—	—	63.4	0.4	0.6	54	15
37	常州	62.2	62.2	—	—	—	—	—	—	49.8	9.0	3.4	54	3
38	温州	115.9	—	—	—	115.9	—	—	—	24.0	3.8	88.1	35	4
39	呼和浩特	49.0	49.0	—	—	—	—	—	—	46.1	0.1	2.9	43	10
40	洛阳	40.8	40.8	—	—	—	—	—	—	40.8	—	—	—	—
41	南通	60.0	60.0	—	—	—	—	—	—	60.0	—	—	45	12
42	绍兴	44.9	44.9	—	—	—	—	—	—	44.9	—	—	32	5
43	芜湖	46.8	—	—	46.8	—	—	—	—	1.4	—	45.4	36	6
44	南平	26.2	—	—	—	26.2	—	—	—	—	26.2	—	9	—

续表

序号	城市	在建线路长度（km）	在建线路系统制式（km）							敷设方式（km）			车站（座）	
			地铁	轻轨	单轨	市域快轨	现代有轨电车	磁浮交通	APM	地下	地面	高架	车站	换乘站
45	红河州	13.3	—	—	—	—	13.3	—	—	—	13.3	—	15	—
46	弥勒	18.8	—	—	—	—	18.8	—	—	—	16.1	2.7	19	3
47	文山	20.9	—	—	—	—	20.9	—	—	—	20.9	—	19	1
48	德令哈	15.0	—	—	—	—	15.0	—	—	—	15.0	—	20	—
49	三亚	8.4	—	—	—	—	8.4	—	—	—	8.0	0.4	15	—
50	天水	12.9	—	—	—	—	12.9	—	—	9.4	—	3.6	12	—
51	安顺	26.4	—	—	—	—	26.4	—	—	—	24.8	1.6	31	1
52	黔南州	22.0	—	—	—	—	22.0	—	—	—	22.0	—	18	—
53	保山	21.0	—	—	—	—	21.0	—	—	0.6	16.1	4.3	23	4
总计		6374.0	5315.6	18.8	46.8	575.2	400.9	10.2	6.6	5084.1	404.9	885.0	4157	1232

注：1. 表中 1～43 项中的地铁、轻轨、单轨、市域快轨、APM 线路为国家发改委审批项目，1～43 项中的现代有轨电车、磁浮交通线路和 43 项以后项目均为地方政府审批项目。经国家发改委审批的在建项目规模总计 5962.9km，占比 93.5%，由地方政府审批的在建项目规模总计 411.1km，占比 6.5%；

2. 景区内旅游观光线、工业园区内仅供员工使用的通勤线路、科研试验线等不承担城市公共交通职能的线路不计入；

3. 淮安、珠海等所有建设规划项目均在 2018 年前已完成的城市不再列入，2018 年当年项目工程暂停无进展的项目不计入。

1.3 规划情况

1.3.1 进入网络化规划新阶段

截至 2018 年底，据不完全统计，共有 63 个城市的城轨交通线网规划获批（含地方政府批复的 19 个城市），其中，城轨交通线网建设规划在实施的城市共计 61 个，在实施的建设规划线路总长 7611km（不含已开通运营线路），各城市的城轨交通规划线路情况见表 1-2。建设规划线路 3 条及以上的城市 38 个，27 个城市扣除已运营线路后的建设规划规模均超 100km；规划车站总计 5129 座（按线路累计计算），其中换乘站 1372 座，换乘站占比约为 26.8%。城市轨道交通发展已从单一线路化发展逐步迈入网络化发展时代（图 1-4）。

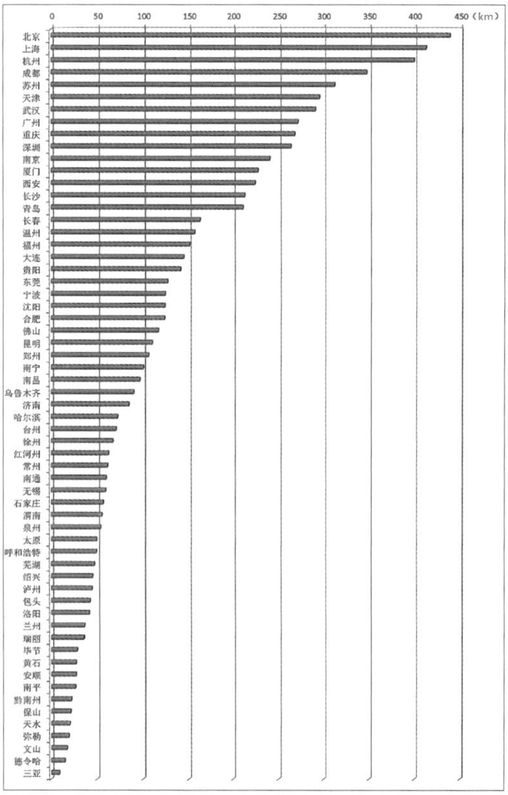

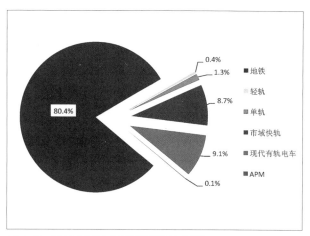

图 1-5 2018 年城轨交通规划线路制式结构

图 1-4 2018 年各城市城轨交通规划线路规模

1.3.2 多种制式并存，市域快轨、现代有轨电车发展较快

规划线路 7611km，包括地铁、轻轨、单轨、市域快轨、现代有轨电车和 APM 6 种制式。其中，地铁 6118.8km，占比 80.4%；轻轨 28.8km，占比 0.4%；单轨 101.9km，占比 1.3%；市域快轨 665km，占比 8.7%；现代有轨电车 691.6km，占比 9.1%；APM4.9km，占比 0.1%；无磁浮交通规划线路（图 1-5）。

1.3.3 城轨交通投资计划稳步增长

截至 2018 年底，国家发改委批复的 44 个城市规划线路总投资达 38911.1 亿元。其中上海、北京、广州、杭州、深圳、武汉 6 个城市投资计划均超过 2000 亿元，6 个城市规划线路投资总额为 15438.8 亿元，占全国已批复规划线路投资的 37.1%；成都、重庆、青岛、天津、西安、苏州、福州、厦门、长沙 9 个城市规划线路投资总额均在 1000 亿元以上。

城市轨道交通计划总投资额稳步增长，各城市线路规模持续扩大（表 1-2）。

2018年各城市城轨交通规划线路规模统计汇总表　　表1-2

序号	城市	规划建设线路长度（km）	各系统制式线路长度（km）							车站数（座）	
			地铁	轻轨	单轨	市域快轨	现代有轨电车	磁浮交通	APM	车站	换乘站
1	北京	438.9	401.1	—	—	—	32.9	—	4.9	206	81
2	上海	413.1	311.3	—	—	86.2	15.6	—	—	518	157
3	天津	295.7	295.7	—	—	—	—	—	—	153	36
4	重庆	267.5	239.5	—	—	28.0	—	—	—	156	57
5	广州	271.2	256.8	—	—	—	14.4	—	—	134	—
6	深圳	263.5	263.5	—	—	—	—	—	—	168	73
7	武汉	291.0	260.8	—	—	30.2	—	—	—	151	35
8	南京	240.3	194.1	—	—	46.2	—	—	—	81	33
9	沈阳	123.8	123.8	—	—	—	—	—	—	62	27
10	长春	162.5	105.6	28.8	—	28.2	—	—	—	183	62
11	大连	144.3	101.5	—	—	42.8	—	—	—	80	24
12	成都	347.5	279.5	—	—	—	68.0	—	—	244	64
13	西安	224.3	224.3	—	—	—	—	—	—	153	44
14	哈尔滨	72.1	72.1	—	—	—	—	—	—	53	17
15	苏州	312.7	229.6	—	—	41.0	42.1	—	—	247	57
16	郑州	106.1	106.1	—	—	—	—	—	—	85	39
17	昆明	110.0	110.0	—	—	—	—	—	—	72	32
18	杭州	399.7	339.0	—	—	60.7	—	—	—	279	92
19	佛山	116.8	102.5	—	—	—	14.3	—	—	66	19
20	长沙	213.1	213.1	—	—	—	—	—	—	145	43
21	宁波	124.0	100.1	—	—	23.9	—	—	—	76	23
22	无锡	59.1	59.1	—	—	—	—	—	—	42	7
23	合肥	123.3	123.3	—	—	—	—	—	—	100	30
24	南昌	96.4	96.4	—	—	—	—	—	—	78	20
25	青岛	211.3	150.6	—	—	60.7	—	—	—	125	48
26	福州	150.9	150.9	—	—	—	—	—	—	109	31
27	南宁	100.2	100.2	—	—	—	—	—	—	82	24
28	石家庄	56.5	56.5	—	—	—	—	—	—	45	13
29	济南	84.4	84.4	—	—	—	—	—	—	43	19

续表

序号	城市	规划建设线路长度（km）	各系统制式线路长度（km）							车站数（座）	
			地铁	轻轨	单轨	市域快轨	现代有轨电车	磁浮交通	APM	车站	换乘站
30	太原	49.2	49.2	—	—	—	—	—	—	23	7
31	兰州	36.0	36.0	—	—	—	—	—	—	29	10
32	贵阳	140.9	80.3	—	—	60.6	—	—	—	90	24
33	乌鲁木齐	89.7	89.7	—	—	—	—	—	—	72	20
34	呼和浩特	49.0	49.0	—	—	—	—	—	—	42	1
35	厦门	227.5	227.5	—	—	—	—	—	—	96	33
36	徐州	67.0	67.0	—	—	—	—	—	—	52	15
37	常州	61.3	54.0	—	—	—	7.3	—	—	54	3
38	东莞	126.9	126.9	—	—	—	—	—	—	47	5
39	南通	59.6	59.6	—	—	—	—	—	—	31	6
40	温州	156.5	—	—	—	156.5	—	—	—	35	4
41	芜湖	46.9	—	—	46.9	—	—	—	—	36	6
42	包头	42.1	42.1	—	—	—	—	—	—	32	1
43	洛阳	41.3	41.3	—	—	—	—	—	—	33	6
44	绍兴	44.9	44.9	—	—	—	—	—	—	29	2
45	南平	26.2	—	—	—	—	26.2	—	—	9	—
46	三亚	8.7	—	—	—	—	8.7	—	—	15	—
47	泉州	53.7	—	—	—	—	53.7	—	—	56	—
48	台州	70.5	—	—	—	—	70.5	—	—	73	—
49	黄石	27.0	—	—	—	—	27.0	—	—	26	—
50	渭南	55.0	—	—	55.0	—	—	—	—	5	—
51	安顺	26.9	—	—	—	—	26.9	—	—	32	—
52	红河州	62.3	—	—	—	—	62.3	—	—	83	18
53	文山	17.2	—	—	—	—	17.2	—	—	18	—
54	德令哈	14.8	—	—	—	—	14.8	—	—	20	—
55	天水	20.1	—	—	—	—	20.1	—	—	17	—
56	毕节	28.1	—	—	—	—	28.1	—	—	18	—
57	泸州	44.2	—	—	—	—	44.2	—	—	21	—

续表

序号	城市	规划建设线路长度（km）	各系统制式线路长度（km）							车站数（座）	
			地铁	轻轨	单轨	市域快轨	现代有轨电车	磁浮交通	APM	车站	换乘站
58	黔南州	22.0	—	—	—	—	22.0	—	—	18	—
59	弥勒	18.9	—	—	—	—	18.9	—	—	19	—
60	瑞丽	35.5	—	—	—	—	35.5	—	—	39	—
61	保山	21.0	—	—	—	—	21.0	—	—	23	4
	总计	7611.0	6118.8	28.8	101.9	665.0	691.6	—	4.9	5129	1372

注：1. 表中1～44项中的地铁、轻轨、单轨、市域快轨、APM线路为国家发改委审批项目，1～44项中的现代有轨电车、磁浮交通线路和44项以后项目均为地方政府审批项目。国家发改委审批项目总计6864.4km，占比90.2%，地方政府审批项目总计746.6km，占比9.8%；
2. 已开通运营的线路不再计入此统计表内；
3. 截至统计期末，获批情况未公示的项目不计入在内；
4. 景区内旅游线路、工业园区内仅供员工使用的通勤线路、科研试验线等不承担城市公共交通职能的线路不计入在内。

2. 发展篇

2.1 政策与标准

2.1.1 政策法规

国务院办公厅印发《关于进一步加强城市轨道交通规划建设管理的意见 国办发〔2018〕52号》

2018年6月28日,国务院办公厅印发《关于进一步加强城市轨道交通规划建设管理的意见 国办发〔2018〕52号》。"52号文"指出严格建设申报条件,申报建设地铁的城市一般公共财政预算收入应在300亿元以上,地区生产总值在3000亿元以上,市区常住人口在300万人以上。引导轻轨有序发展,申报建设轻轨的城市一般公共财政预算收入应在150亿元以上,地区生产总值在1500亿元以上,市区常住人口在150万人以上。报建地铁、轻轨线路初期客运强度分别不低于每日每公里0.7万人次、0.4万人次,远期客流规模分别达到单向高峰小时3万人次以上、1万人次以上。以上申报条件将根据经济社会发展情况按程序适时调整。

2018年3月7日,国务院办公厅印发《关于保障城市轨道交通安全运行的意见》。《意见》(国办发〔2018〕13号)表示,城市轨道交通发展要与城市经济社会发展阶段、发展水平、发展方向相匹配、相协调。城市轨道交通线网规划要科学确定线网布局、规模和用地控制要求,与综合交通体系规划有机衔接,主要内容纳入城市总体规划。城市轨道交通建设规划要树立"规划建设为运营、运营服务为乘客"的理念,将安全和服务要求贯穿于规划、建设、运营全过程,并结合城市发展需求、财政状况等实际,准确把握城市轨道交通发展规模和发展速度,合理确定制式和建设时序,量力而行、有序发展。《意见》还提出,城市轨道交通规划涉及公共安全方面的设施设备和场地、用房等，要与城市轨道交通工程同步规划、同步设计、同步施工、同步验收、同步投入使用，并加强运行维护管理。在工程可行性研究和初步设计文件中设置运营服务专篇和公共安全专篇，发展改革、规划等部门在审批时要以书面形式听取同级交通运输门、公安机关意见。城市轨道交通工程项目原则上要在可行性研究报告编制前确定运营单位。

《中共中央办公厅国务院办公厅关于调整住房和城乡建设部职责机构编制的通知》（2018年9月13日），建设工程消防设计审查职责划入住建部尘埃落定。《通知》明确提出：进一步简化企业投资审批，将公安部指导建设工程消防设计审查职责划入住房和城乡建设部，涉及消防部队相关人员编制的划转待转隶后另行核定。

（1）《中华人民共和国城乡规划法》。《城乡规划法》作为我国在城乡规划管理方面的第一部法律，促进了我国城乡科学合理的建设和发展提供强有力的法律保障。

（2）《中共中央国务院关于进一步加强城市规划建设管理工作的若干意见》，2016年2月6日公布，《若干意见》中要求在城市轨道交通在规划设计时，地铁等多种类型公共交通协调发展，从公共交通分担率突破"优先发展公共交通"的协调性障碍、加强整合枢纽建设。

（3）《国家新型城镇化规划（2014－2020年）》（中共中央、国务院于2014年3月16日印发）。规划要求依托综合交通枢纽，加强铁路、公路、民航、水运与城市轨道交通、地面公共交通等多种交通方式的衔接，实现客运"零距离"换乘，"基本实现100万人口以上城市中心城区公共交通站点500米全覆盖"。

（4）建城〔2014〕169号"住房城乡建设部关于加强城市轨道交通线网规划编制"的通知。通知要求落实《国务院关于加强城市基础设施建设的意见》（国发〔2013〕36号）和《国务院关于城市优先发展公共交通的指导意见》（国发〔2012〕64号），有序推进地铁、轻轨等城市轨道交通的建设，做好城市轨道交通线网规划编制工作。

（5）《"十二五"综合交通运输体系规划》（国发〔2012〕18号）（国务院于2012年7月23印发）。规划要求根据不同城市规模和特点，制定差别化的轨道交通发展目标，有序推进轻轨、地铁、有轨电车等城市轨道交通网络建设，根据城市规模建设城市轨道交通网络。

（6）《国家发展改革委关于加强城市轨道交通规划建设管理的通知》（发改基础〔2015〕49号）。通知明确提出"超前编制线网规划"。

（7）《城市地下空间开发利用"十三五"规划》（建规〔2016〕95号）由

住房和城乡建设部于 2016 年 5 月 25 日发布。规划要求《规范》修订研编要考虑城市轨道交通相邻地下空间的要求，规划要提出相应的控制和引导指标要求，要通过标准规定空间范围达到保护城市轨道交通过程，实现与相邻地下空间的协调和合理开发。

（8）《全国生态旅游发展规划（2016-2025 年）》由国家发展和改革委员会和国家旅游局于 2016 年 8 月 22 日印发。规划要求考虑用城市轨道交通连接重点生态旅游目的地与主干线，建立便捷的换乘系统。

（9）《中共中央国务院关于推进安全生产领域改革发展的意见》（2016 年 12 月 9 日发布），意见要求坚持安全发展、坚持改革创新、坚持依法监管、坚持源头防范。并把完善安全生产法律法规和标准体系作为"依法监管"的重要内容，把轨道交通作为强化城市运行安全保障的"检测维护"重点，"把安全生产贯穿城乡规划布局、设计、建设、管理和企业生产经营活动全过程。"

（10）《全国城市生态保护与建设规划（2015-2020 年）》（建城〔2016〕284 号）由中华人民共和国住房和城乡建设部和中华人民共和国环境保护部于 2016 年 12 月 6 日发布，规划要求加强城市轨道交通和机场周边噪声污染防治工作。

（11）《"十三五"现代综合交通运输体系发展规划》（国发〔2017〕11 号）由国务院于 2017 年 2 月 3 日印发。对城市轨道交通的规划要求有：推进城区常住人口 300 万以上的城市轨道交通成网；推进多种运输方式统一设计、同步建设、协同管理；推动中转换乘信息互联共享和交通导向标识连续、一致、明晰；积极引导立体换乘、同台换乘；鼓励交通基础设施与地上、地下、周边空间综合利用，融合交通与商业、商务、会展、休闲等功能；推动高铁、地铁等轨道交通站场、停车设施与周边空间的联动开发。

（12）《全国民用机场布局规划》由国家发展和改革委员会和中国民用航空局于 2017 年 2 月 13 日发布，要求城市轨道交通应尽可能与机场相接，同站建设换乘设施。

（13）《住房和城乡建设部关于加强生态修复城市修补工作的指导意见》（建规〔2017〕59 号）住房和城乡建设部于 2017 年 3 月 6 日印发。意见要求改善各类交通方式的换乘衔接，方便城市居民乘坐公共交通出行。

（14）住房和城乡建设部技术规范《城市有轨电车规划设计导则》（2017 年 8 月呈报稿）。由住房城乡建设部组织编制，《导则》借鉴国内外先进经验，参照相关标准和规范，广发征求各有关方面意见，全面地提出了有轨电车规划、设计、建造、运营等全过程的技术要求、技术措施和控制性指标，对城市有轨电车系统建设的各个阶段具有指导意义，对运营阶段也有一定的参考价值。

（15）建标 104—2008《城市轨道交通工程项目建设标准》。该标准由住建部、国家发改委组织编制。在城市轨道交通项目的审批、设计和建设过程中，严格遵守国家关于严格控制建设标准，进一步降低工程造价的相关要求，坚决控制工程造价。

2.1.2 标准规范

1）《标准化法》修订版 2017 年 11 月正式发布，规定标准分为国家标准、行业标准、地方标准和团体标准。规定"对保障人身健康和生命财产安全、国家安全、生态环境安全以及满足经济社会管理基本需要的技术要求，应当制定强制性国家标准"（第十条）。

2）"国务院关于印发深化标准化工作改革方案的通知"（国发〔2015〕13号，2015年3月11日）。通知确定标准化工作改革方案，提出6个方面改革措施（目标、方向）：

(1) 建立高效权威的标准化统筹协调机制；

(2) 整合精简强制性标准；

(3) 优化完善推荐性标准；

(4) 培育发展团体标准；

(5) 放开搞活企业标准；

(6) 提高标准国际化水平。

3）"国务院办公厅关于印发'国家标准化体系建设发展规划（2016-2020年）'的通知"（国办发〔2015〕89号）。发展规划中将"交通运输"和"新型城镇化标准化工程"确定为标准化重点领域。交通运输要研制建设、维护、管理标准，新型城镇化列出需要制定相关标准 700 项。

4）住房和城乡建设部关于印发深化工程建设标准化工作改革意见的通知（建标〔2016〕166号）。以落实《国务院关于印发深化标准化工作改革方案的通知》精神，进一步改革工程建设标准体制，健全标准体系，完善工作机制通知提出了工程建设强制性标准的改革要求，相关要求如下：

• 基本原则。坚持放管结合、坚持统筹协调、坚持国际视野。

• 改革强制性标准。强制性标准具有强制约束力，是保障人民生命财产安全、人身健康、工程安全、生态环境安全、公众权益和公共利益，以及促进能源资源节约利用、满足社会经济管理等方面的控制性底线要求。

• 强制性标准项目名称统称为技术规范。技术规范分为工程项目类和通用技术类。工程项目类规范，是以工程项目为对象，以总量规模、规划布局，以及

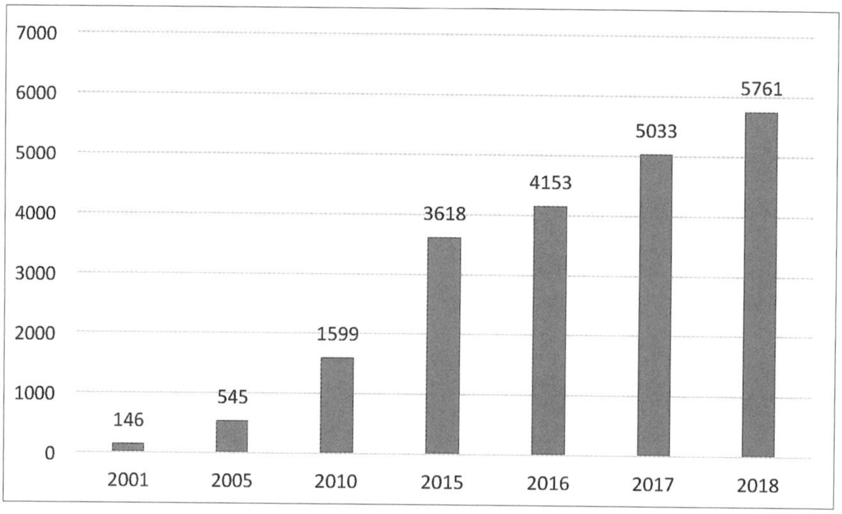

图 2-1 2001~2018 年中国大陆城市轨道交通运营里程（km）

项目功能、性能和关键技术措施为主要内容的强制性标准。通用技术类规范，是以技术专业为对象，以规划、勘察、测量、设计、施工等通用技术要求为主要内容的强制性标准。

2.1.3 重点国家政策解析

2018 年，国务院办公厅以国办发〔2018〕13 号印发《国务院办公厅关于保障城市轨道交通安全运行的意见》、国办发〔2018〕52 号印发《国务院办公厅关于进一步加强城市轨道交通规划建设管理的意见》。这两份国家层面政策文件的出台，对于新时期城市轨道交通发展将具有非常深远的影响。

对于城市轨道交通规划方面的工作，两份文件中有很多具体明确的论述，从中可以窥见新时期国家对轨道交通规划的方向要求。此外，住房和城乡建设部发布《城市轨道交通线网规划标准》GB/T 5046—2018，积极落实新时期国家对城市轨道交通的发展要求。

1）回归"服务人民群众出行"的根本目标

国办发〔2003〕81 号文印发以来，城市轨道交通快速发展，2018 年全年内地城市轨道交通累计完成客运量 210.7 亿人次，总进站量 133.2 亿人次，总客运周转量 1760.8 亿人公里（图 2-1）。轨道交通对部分特大城市、大城市居民出行起到了重要的支撑保障作用。

但在快速发展过程中，部分城市对城市轨道交通发展的客观规律认识不足，轻视甚至忽视了出行服务这一本质功能。

十九大报告强调改革和发展要坚持以人民为中心。国办发〔2018〕52号文明确提出"以服务人民群众出行为根本目标"推进轨道交通发展，国办发〔2018〕13号文也明确提出城市轨道交通建设规划要树立"规划建设为运营、运营服务为乘客"的理念。

国家政策文件中对服务人民群众功能的强调，是对轨道交通本质属性的一次回归。轨道交通作为城市综合交通系统的一个重要组成部分和其他交通系统一样，建设发展的首要目的是发挥其交通功能，只有将服务人民群众出行的基本工作做好，其他附加的目标才能实现，否则必然是舍本逐末。

2）坚持"量力而行有序发展"的基本方针

目前，部分城市对实际需求和自身实力把握不到位，存在规划过度超前、建设规模过于集中、资金落实不到位等问题，一定程度上加重了地方债务负担。

针对发展中出现的新情况和存在的突出问题，此次国办52号文相对于2003年81文提出"确保城市轨道交通发展规模与实际需求相匹配、建设节奏与支撑能力相适应，实现规范有序、持续健康发展"的整体要求。

首先，调整城市发展轨道交通的准入门槛，提高城市人口、经济总量和财政能力标准；其次，强化对项目建设和运营资金保障的要求，强调以城市财力和建设运营管理能力为实施条件，合理把握建设规模和节奏；第三，强调要统筹考虑交通、环境、工程等各方面因素，合理确定建设标准，着力提高综合效益。

3）突出"高质量发展"的新时代要求

国办发〔2003〕81号文印发以来，我国城市轨道交通规模快速增长，取得了历史性的发展成就，对提升城市公共交通供给质量和效率、缓解城市交通拥堵、引导优化城市空间结构布局、改善城市环境起到了重要作用。

在取得成绩的同时，城市轨道交通的规划建设也出现了较多问题，特别是与"高质量发展"的时代要求相比，在线网客流效益、网络布局与城市协调发展、轨道交通与综合交通系统一体化等方面还存在很大的提升空间。以线路负荷强度为例，2013年全国城市轨道交通平均负荷强度1.3万人次/公里日，2018年下降到0.8万人次/公里日，导致更大的债务压力（图2-2）。

从"高速度高规模"发展向"高质量"发展转变，国办52号文给出了比较明确的方向性要求。首先体现在发展速度上，要求以城市财力和建设运营管理能力为实施条件，确保轨道交通建设规模和节奏与城市发展水平相适应；其次，

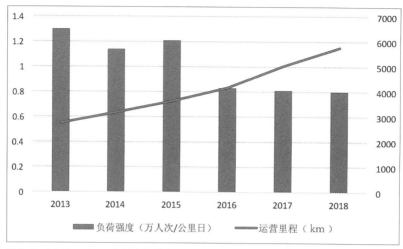

图 2-2　2013～2018 年城市轨道交通运营里程与平均负荷强度

加强城市轨道交通规划与城市规划协调，切实提高轨道交通对城市发展的支撑和引导作用，中国幅员辽阔，不同城市的发展特征差异极大，必须根据城市实际需求"量身定做"轨道交通网络；第三，加强城市轨道交通与综合交通体系的相互协调，立足构建多模式、多层次、一体化的完整公共交通体系，为广大市民提供多元化、高品质公共交通服务；第四，选择适宜的轨道交通系统制式和敷设方式，体现功能优先、统筹兼顾、因地制宜的总体要求；最后，积极推动城市轨道交通建设、运营模式创新，特别是创新融资渠道，盘活城市轨道交通存量资产，提升发展的可持续性。

2.2　建设与运行

2.2.1　城市轨道交通勘测

1）城市轨道交通勘察研究进展

（1）采用勘测新技术研究和手段创新

① 青岛等城市采用先进钻探设备和取芯技术，提升了钻探工艺水平。

② 北京等地通过影像留存、人员设备定位和数据实时上传等信息化建设管理方式，推动勘查现场、实验室行为和成果的质量管理标准化，切实提升工程勘察质量水平，促使地铁勘察向着现代化、信息化的方向稳步发展。

③ 合肥、石家庄、长春等城市开展了大规模抗浮设防水位研究，提升了城市抗浮设防水位的研究水平。

④ 大规模的城市轨道交通建设，对整个城市的地层情况进行了深入的研究，各地都依据轨道交通的勘察成果，建立了更加详细的城市标准地层体系。

⑤ 大规模的原位测试、现场试验的应用，促进了原位测试、现场试验的发展，如长春市针对典型的白垩系泥岩、砂砾岩层的承载力、抗剪强度的取值问题开展了专项课题研究，进行了现场载荷试验与现场直剪试验；西安市针对大厚度黄土进行了十几组大型现场浸水试验。

（2）BIM、大数据等高新技术成为城市轨道交通勘察行业发展趋势

采用BIM应用技术一个显著的特点就是数据的三维可视化应用。将岩土工程勘察成果及现场变形监测数据整合进BIM模型，提供可实现三维可视化的基于BIM的岩土工程勘察成果信息模型可以强化建筑物地下部分施工的协调性、模拟性、优化性，具有重要的实用价值。

2）城市轨道交通测量研究进展

以卫星定位，三维激光扫描，智能全站仪，移动测量等为代表的一批测绘新技术迅猛发展，并在我国的城市轨道交通工程领域广泛应用。

（1）卫星定位技术

目前几乎所有的城市轨道交通工程首级平面控制网均使用卫星定位方法测试，尤其是在连续运行参考站（CORS）技术出现之后，城市轨道交通工程首级平面控制网的精度和可靠性更是迈上了一个新高度。广州，昆明，南宁，石家庄等城市均利用CORS站为起算点建立了覆盖线路中远期规划范围的卫星定位框架控制网。

（2）CPⅢ铺轨测量技术

CPⅢ控制网是高速铁路建设过程中所布设的第三级测量控制网，一般在线下工程施工完成后施测，主要为无砟轨道铺设和运营维护提供控制基准。

为了提高城市轨道交通铺轨精度，保证轨道平顺性和列车运行的稳定性，开展CPⅢ控制网测量技术在城市轨道交通测量领域的应用研究、利用高速铁路轨道精密测量技术指导城市轨道交通施工，具有积极的意义。同时由于采用了具有自动照准、自动记录、自动计算的全站仪进行观测，CPⅢ测量自动化程度较高，操作也相对简便。

（3）采用轨道精调系统施工

轨道精调系统由测量小车、自动照准型全站仪（测量机器人）、无线通信系统、笔记本电脑、反射棱镜等组成。其中测量小车集成了轨距和水平等测量装置、照准棱镜及工控机，能够根据全站仪和自身测量装置的测量数据完成轨道的几何形位计算并实时显示在工控机屏幕上。用同样方法，系统还能对铺轨完成后的轨道进行检测，生成轨道几何测量报表，输出轨道位置、轨距、水平、轨向、

高低等几何参数，对轨道的平顺性进行评价。

（4）三维激光扫描技术

三维激光扫描仪测量是近年来应用于隧道测量的一种新型测量技术，它是一种通过发射激光来扫描物体表面获得三维坐标的方法，是一种无接触的主动型测量方法。它突破了传统的单点测量方法，具有高精度、高效率的独特优势。

（5）常规测量仪器技术进步

作为施工测量最常用的两种测绘设备：全站仪和水准仪近些年在向自动化、智能化的方向发展，新型全站仪可以自动识别和照准目标棱镜，自动完成测量并记录数据，还有图形化的操作界面，可以指示施工放样的距离和方向偏差，可以直接将 DXF 格式的文件导入全站仪，并自动计算放样元素，在进行实际放样时，还有导向光指示放样点的实际位置，极大提高了放样效率。新型的电子水准仪配合条码水准尺，只需按一个按钮就可以得到高差数据，不用人眼进行瞄准和读数，大大减轻了人员的劳动强度。近年来上述新装备在城市轨道交通工程中得到了广泛应用。

3）城市轨道交通勘察行业发展与建议

（1）树立企业创新主体意识，坚持创新驱动发展的核心理念，将创新融入行业改革发展，加大新技术研发力度，积极引导新技术应用。

（2）完善技术标准，规范行业技术标准管理体系，建立技术标准适用性评价机制。

（3）提高服务水平，遵循行业客观规律，参照国际惯例，加快勘察设计及咨询业务结构调整，促进勘察设计咨询全过程协调发展。

（4）大力推广和普及建筑信息模型（BIM）技术，支持相关软件等信息技术产品研发和推广应用。

（5）完善招投标监管方式，推行电子招投标，完善专家评估制度，加大社会监督力度。

（6）改革勘察计价模式，深化勘察收费制度改革，建立符合国情和工程勘察设计特点的计价模式，推行优质优价；要确保工程投入，根除低价中标的市场土壤。

（7）加强测量技术人员的职业化培训以及后续力量的培养。

2.2.2 城市轨道交通设计发展情况

1）城市轨道交通设计总体总承包

2017 年，国内城市轨道交通设计总体总包项目的中标线路共计 123 条，其中地铁94条，跨座式单轨13条，现代有轨电车16条。这些新建城市轨道交通项目分布于国内北京、广州、深圳、南京、郑州、成都、武汉、西安、杭州、济南、厦门、苏州、福州、长春、哈尔滨、沈阳、太原、合肥、南宁、佛山、乌鲁木齐等46座城市，中标设计总体总包的企业共计17家。

2017年投入市场的城市轨道交通设计总体总包线路数量和中标额较2016年均有较大的增长。2016年国内有32座城市进行了城市轨道交通设计总体总包的招标工作，中标线路数量共计75条。2017年开展招标的城市数量为46座，中标线路的数量为123条，中标线路数量和招标城市的数量都有明显的增加。

2017年国内现代有轨电车和跨座式单轨项目的建设规模出现了较快增长。全年共计完成了16条现代有轨电车项目的设计总体总包招标工作；跨座式单轨项目的规模也出现了爆发式增长，全年共计完成了13条线的设计总体总包招标工作，预计在2018年国内跨座式单轨项目的建设规模会有持续的增长。

2017年完成设计总体总包招标的123条线路中，有63条线路采用了设计总承包、勘察设计总承包的招标模式，占比51.2%，略少于2016年的53%。其中现代有轨电车、跨座式单轨项目基本上都采用了设计总承包或勘察设计总承包的招标模式。而94条地铁项目中，仅有34条线采用了设计总承包、勘察设计总承包模式，占比36.2%，低于2016年占比47.8%的规模。现代有轨电车、跨座式单轨等作为各城市旅游专线以及国内三、四线城市主要轨道交通制式，预计会成为今后的主要发展方向，其市场规模预计会得到稳步提高。

2）城市轨道交通设计行业发展与建议

重视支持城市功能疏解。引导城市空间结构优化调整所需要的市域轨道交通快线、市郊铁路以及提高城市中心区轨道交通可达性所需要的中低运量等级轨道交通系统。特大城市经过多年的快速发展，核心城区的地铁主干网陆续趋完善，将逐步转向中低运量的补充线和快速通勤的市域快轨建设。中小城市和特大城市卫星城正在进入城轨交通快速发展期，轻轨、单轨、有轨电车、磁浮交通等中、低运量制式是其构建交通骨干网的重要选项。轻轨、单轨、有轨电车、市域快轨、磁浮交通等相较地铁具有投资低、工期短等特点，更易于实施。

2.2.3 城市轨道交通施工发展情况

1）2018年城市轨道建设

2017年轨道交通车站在建数量较2016年有所增加，工法仍以明挖法为主，2016年采用明挖法施工的车站数为411座，在2017年这个数字增加到了531座，增长了23%。地下区间以盾构法为主,2016年采用盾构机施工的地下区间280座,2017年361座,增长了22%。在高架车站、地面车站方面,2016年、2017年地面车站数为50座、52座,采用最多的工法是现浇箱梁。

2）趋势与施工新技术应用

北京燕房线采用UTO等级全自动无人驾驶的装备、设备、技术标准。由拥有完全自主知识产权、完全国产化的五十四所自主开发研究的TETRA系统。同时,燕房线在停车场应用太阳能微电网技术（光伏发电）技术。

上海地铁在施工工艺方面,多座基坑工程地下连续墙采用GXJ钢片橡胶防水接头工法,该工法在地下连续墙接缝之间使用增加了薄钢片的橡胶止水带,延长了地下水渗流线路,确保了地下连续墙的密封性。采用伺服钢支撑系统对控制基坑变形,维护周边环境稳定有着较为显著的作用。

深圳地铁在矿山法隧道中采用"聚能水压光面爆破"技术,复合土钉墙支护技术、基坑施工封闭降水技术、基坑施工降水回收利用技术、开挖爆破监测技术、玻璃纤维筋施工技术、早拆模施工技术、预备注浆系统施工技术、深基坑施工监测技术、建筑物无振动拆除施工技术等。

重庆市轨道交通（集团）有限公司在第二轮建设规划在建线路（包括轨道交通4号线、轨道交通10号线、轨道交通5号线及轨道交通环线）中推广应用暗挖隧道节能环保水压爆破技术。该项技术取得了"三提高、一改善"的效果：一、提高炸药能量利用率即节省炸药；二、提高施工效率加快施工进度；三、提高经济效益降低成本；改善了作业环境,大大减小了对周边建构筑物及居民的影响。

杭州地铁在直螺纹加工钢筋切头时采用新型设备代替砂轮切割机,大大降低了噪声并使用远程风送式喷雾机、洒水车、喷淋系统等,做到100%洒水压尘。在泥浆处理方面,杭州地铁通过配置泥浆处理设备和系统,进行泥水分离处理,将废弃泥浆分离成平均含水27%的固体和中级水分别排放,极大减少了泥浆排放污染。

福州地铁应用了盾构施工实时监控系统,该系统具有实时显示工程进度的功能,在工程平面图和剖面图上实时显示盾构位置,并实时提供盾构施工参数。

成都地铁6号线一、二期工程顺江路站采用了咬合桩技术。当有地下水时,排桩既能作为挡土构件,又能起到截水作用,从而不用另设截水帷幕,具有截水效果好、施工便捷的特点。

苏州地铁车站主体及附属结构混凝土全部采用泵送入模,大大提高了工作效率。在混凝土内添加粉煤灰和高效减水剂,有效保证地下混凝土的抗渗、防裂、抗冻、抗碳化、抗盐、抗酸等要求，对增强混凝土的和易性和可泵送性，预防混凝土中碱－集料反应，十分有效。它解决了点位之间无法通视的困难，选点灵活，不需要高标，同时还可以保证外业施测不受天气影响。

3）建造新技术应用

（1）装配式地铁车站技术：2017年，建设中的长春地铁2号线、北京地铁6号线西延金安桥站、广州地铁11号线上涌公园站采用了装配整体式地铁结构施工，这种工艺将是继盾构工法之后，使地铁结构实现标准化、工业化的又一重大举措，具有十分长远的意义和良好的应用前景。新技术极大程度地降低了传统地铁车站建设对劳动力的依赖，极大减少施工现场的工作量，降低了施工现场周边环境影响，且由于预制构件的机械化生产，显著提高了整体施工质量。

（2）管幕法的应用：2017年，建设中的北京地铁8号线南延下穿地铁10号线、沈阳地铁2号线新乐遗址站、广州地铁21号线天河公园站折返线下穿黄埔大道项目在建设过程中均采用了管幕法。管幕法具有刚度大安全性高、管幕形成后隧道开挖沉降很小、适合浅覆盖大断面隧道的修建的优点，是一种安全可靠的地下暗挖技术，可以降低地铁建设中暗挖结构施工的风险、减少地面及周边建（构）筑物的沉降，是一种较为有效、安全的超前支护形式。

（3）类矩形盾构建造隧道技术：2017年，建筑中的宁波市轨道交通3号线一期工程出入场段、类矩形盾构法隧道在结构效率和空间利用效率方面比较平衡，且类矩形盾构隧道有可能局部区段不设中立柱，空间使用具有更好的灵活性和发展潜力。

（4）顶管隧道技术：2017年，建设中的广州市轨道交通3号线北延段机场南站—机场北站区间采用了顶管建造地铁区间隧道技术，该技术大大减少了施工对机场大道以及白云机场运营相关管线的影响，且能节省工期约5个月；同暗挖方案相比，该方案大大降低了工程风险，且能节省工期约7个月。显著提高整体施工质量。

（5）盾构隧道下穿高铁：广州9号线广州北站—花城路站区间下穿武广高铁和京广铁路路基段的技术对往后的同类型项目施工具有参考及借鉴价值，特别是如何对软弱地层进行预加固，降低盾构掘进过程中的安全风险，广州9号线首次采用MJS水平旋喷桩进行了小心的论证、大胆的尝试，取得了令人满意的结果。

（6）轨道交通预制节段拼装技术：广州地铁14号线及21号线采用了预制节段拼装单薄壁刚构，该技术采用短线法预制，采用先简支后连续的施工方法，拟定2017年11月完成高架桥梁的预制拼装，2018年12月开通运营。

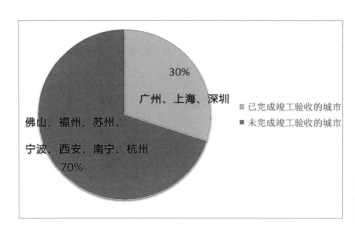

图 2-3 参与调研的 10 个城市运营线路完成竣工验收比例图

预制节段拼装单薄壁刚构具有预制节段拼装双薄壁刚构的优点和存在问题，适用于较大跨度，梁型轻巧、纤细。连续刚构采用四跨一联，标准段最大跨度可达 40m，空间通透，采用单薄壁桥墩，相对双薄壁刚构更简洁。

（7）矮塔斜拉桥关键技术：2017 年间，建设中的佛山轨道交通 3 号线矮塔斜拉桥、上海轨道交通 16 号线大治河矮塔斜拉桥均采用了该项关键技术，其中上海轨道交通 16 号线矮塔斜拉桥是国内轨道交通领域单跨跨度最大的矮塔斜拉桥，也是上海市轨道交通领域首次应用该类桥型。

2.2.4 城市轨道交通竣工验收情况

根据调研不完全统计显示，截至 2017 年 12 月，参与调研的 10 个已开通运营的城市有 70% 未完成竣工验收，30% 已完成竣工验收（图 2-3）。

2.2.5 上盖物业开发状况

截至 2018 年，国内现已有不少于 15 个城市开展地铁上盖物业开发建设，上盖开发规模建筑总面积超 1500 万 m^2。

轨道交通物业开发、经营和管理近几年来也取得了长足的发展，无论是在开发规模、开发理念、技术创新，还是在各城市相继制订出台的轨道交通物业发展政策等方面也都有了较大的突破。主要体现在以下几点。

（1）上盖物业开发规模大幅提升：截至 2017 年 5 月，全国已进行综合利用开发的车辆段为 18 个，总开发面积达 850 万 m^2；车站上盖项目 54 个，总开发面积 450 万 m^2；车站地下空间开发面积 75 万 m^2，车站周边物业开发面积为 146 万 m^2，轨道交通物业开发面积总计达到 1521 万 m^2。目前约有 31 个车辆段处于规划、设计阶段，其规划总开发面积为 1386 万 m^2，站点上盖、地下空间和站点周边的物业规划开发面积约 600 万 m^2。城市轨道交通上盖物业的项目开发品质得到了社会的认可，为城市轨道交通的物业发展起到了推广和示范作用。

（2）上盖物业开发探索：我国轨道交通物业发展的开发理念得到不断创新，开发模式也逐渐呈现多元化，如北京、上海、广州、深圳和贵阳等地创新投融资模式，创新土地资产资本的运作机制，以土地和物业开发为轨道交通的建设提供资金保障。

各地轨道交通企业注重提升上盖物业的开发能级，强化配套手段和技术的综合运用。从最早期的北京四惠车辆段的综合利用开发，到现在北京、上海、深圳和杭州等各地最新一批的车辆段的开发利用，在竖向交通联系、减振降噪、咽喉区覆盖、结构层转换、屋顶绿化和项目业态等多个方面进行了不断地探索，与城市周边环境相融合，与城市功能相互补的高品质城市综合体。

（3）开发政策出现变化。

北京市：将轨道交通车辆段项目列入市重点投融资领域，在机制创新方面实行"主体运营+经营性配套资源+特许经营权"的整体投资运营模式。

上海市：在控制性详细规划编制中明确规划统筹，城市轨道交通场站周边 500m 范围。鼓励城市轨道交通建设主体组成联合体，可以协议出让方式。

深圳市：提出国有土地使用权作价出资在市地铁集团有限公司先行先试。

南京市：提出"一意见一规划一导则"相关政策，明确核心区的开发运作主体为南京地铁，核心区以外的由各区县作为运作主体，鼓励地铁公司参与投资建设。在紧邻地铁大致 200m×200m 的核心区范围，车站部分划拨至地铁公司，经营性用地可采取协议出让或有条件挂牌形式交由地铁公司运作上盖物业开发，并按规划建设地铁前的市场评估地价收取土地出让金。200m～500m 的规划区范围内的用地，交由各区进行运作，土地收益纳入各区对地铁建设投入的资本金。

杭州市：在股权转让合作和合资拿地方面做了尝试和探索。

长沙市：规定在发展地下交通换乘枢纽、停车等公共服务设施的同时，鼓励竖向分层立体综合开发和横向相关空间连通开发。

此外，广东省与贵阳、武汉、南宁、重庆和厦门等市也陆续制定颁布了有关促进轨道交通土地资源综合开发利用的扶持性政策举措。

轨道交通发展空间巨大，新增轨道交通将极大地增加上盖物业价值，经测算未来 5 年新增轨道交通能够带来价值提升的上盖物业（包括存量和增量）建筑面积达 10.8 亿 m^2，蕴含着万亿级别的投资机会。

2.2.6 城市轨道交通新技术发展

1) 综合节能

城市轨道交通能耗主要分布在两个方面：列车牵引耗能及基础设施耗能。其中基础设施包括机电设备（通风空调、车站设备、给水排水及消防等）、弱电系统（通信、信号及综合监控、FAS、BAS 及 AFC 门禁等）及其他方面。

目前，效果显著的牵引能耗节能措施较少，牵引耗能的节能工作需要从城市轨道交通系统的前期规划设计和后期运营组织两个层面分别对列车牵引节能进行研究，包括公共电网传输损耗及列车牵引技术创新。节能应从轻量化的新型车身、线路纵断面节能设计、站间距与设计速度设置、列车性能优化选型节能策略、运输组织模式节能优化、运营组织阶段节能优化等方向综合考虑。

基础设施节能方面，应着重在设备容量选型、设备效率方面进行把控，这是一切节能手段的基础工作，而设备节能运行控制则是最直接见效的节能方向。主要研究方向应包括建筑节能、供电系统节能、通风空调系统及照明系统节能、能源使用管理、再生能源利用、设备资源共享等。

2) 建造新方法、新技术

需要发展的城市轨道交通工程建造新方法、新技术有很多，包括装配式建造技术、类矩形盾构技术、管幕法建造技术、盾构下穿建（构）筑物风险控制技术、复杂情况下隧道扩挖技术，富水复合地层深基坑风险控制技术等。

3) 基于 BIM 协同技术设计

建筑信息模型 BIM（Building Information Modeling）是以建筑工程的各项相关信息数据作为模型的基础，进行建筑模型的建立，通过数字信息仿真模拟建筑物所具有的真实信息。BIM 是基于最先进的三维数据设计和工程软件所构建的"可视化"的数字建筑模型，为建设单位、设计单位、施工单位及运营单位等各环节人员提供"模拟和分析"的统一科学协作平台，利用三维数字模型对项目进行设计、建设和运营管理，最终使整个工程项目在设计、施工和运营等各个阶段都能有效地节省能源、节约成本、降低污染和提高效率。

4) 智能化、信息化轨道交通系统

随着万物互联时代的到来，各种自动化监测及控制技术的出现，令城市轨道交通系统整体智能化、信息化变得可能。研究方向有：

（1）利用互联网技术，对底层设备设施数据进行全面梳理、规划分类，统

一标准，为建设智能化、信息化轨道交通系统提供基础；

（2）收集信息并结合数字音视频分析、BIM、VR、智慧运维等技术手段，有针对性地开展智慧化车站及线路的研究，例如全自动运行、车站无人值守、智慧供电、智慧空调等；

（3）对供电、环控、自动化、通信信号等系统进行重构提升，附加全生命周期智慧运维、车站及线路数据挖掘分析、应急处置、决策支持等功能，全面提升车站、线路、线网智慧运行、智慧运维水平；

（4）利用云计算、大数据、可视化、人工智能等技术开展线网客流精准分析预测、线网统一行车调度组织、大数据人工智能统分、线网供电追溯、全方位运营指标体系建设、多元智能可视化应急处置研究，提升整体线网智慧调度和科学管理水平。同时，积极开展城市区域多模式交通协同、交通枢纽智慧换乘等研究，推动城市轨道交通系统与政府各相关部门信息互通，实现多运营主体高效协同、突发事件统一协调、乘客出行体验友好等需求，让城市轨道交通成为智慧城市建设的有机组成。

2.3 系统制式

2.3.1 市域快轨

1）市域快轨系统的发展方向

（1）市域快轨与中心城线网的衔接模式成为业界焦点。

（2）双制式市域动车组设计成为热点。

（3）对快慢线运营模式的尝试和探索成为市域快轨运营新的研究方向。

（4）供电系统制式和电压是市域快轨目前研究难点。

2）行业发展与建议

（1）重视市域快轨网络和线路的规划与控制，实现城市轨道交通发展和土地利用的互动。加大规划控制的力度，实现经济高效安全的高架或地面敷设方式，争取以较低的一次性工程投资和运营成本、经济灵活的运营模式实现市域快轨的可持续发展。

（2）以"提高出行效率"为主要原则，重视市域快轨与地铁网和其他公共交通，以及更高等级铁路网等不同层次、不同主体的轨道线路的衔接规划。

（3）强调遵守现行国家标准如全文强制性标准《城市轨道交通技术规范》GB 50490—2009等多个标准的定义，抵制各自另搞。

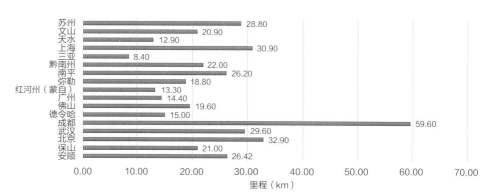

图2-4 中国大陆有轨电车在建线路情况（截至2018年12月31日）

（4）加快市域快轨设计规范标准化建设。应提倡按照建设部行业标准研究按运行速度 $100 \leq V \leq 120$ 和 $120km/h \leq V \leq 160km/h$ 划分地铁快线和市域快轨速度范围。加快地铁（包括地铁快线）和市域快轨的规范体系建设。

（5）加快市域快轨系统制式的关键技术研发，形成市域快轨车辆制式和供电制式的标准化序列。

2.3.2 有轨电车

1）有轨电车建设统计

截至2018年12月31日，国内17个城市建设有轨电车，共计23条线路，总里程达400.9km（图2-4）。

2）有轨电车的建设与发展

（1）有轨电车规划建设重视网络化建设，在功能应用上多样化。一些城市开始有轨电车规划设计时提出以网络化运营作为设计目标。在较早建设的沈阳浑南、苏州高新区等线路建设在新区中，作为地铁和轻轨交通的补充；云南滇南、文山等城市规划建设有轨电车作为城市骨干公交；武夷山、都江堰等多个景区规划建设有轨电车旅游线；在广州海珠有轨电车线作为快速轨道交通的加密线，又兼具珠江南岸的休闲旅游线功能；深圳有轨电车线，近期作为地铁线路的延伸，远期可作为地铁的加密线。

（2）有轨电车车辆技术平台国产化，供电方式多样化。目前我国具有城市轨道交通车辆生产资质的7家整车企业全部通过自主研发和部分技术引进具有了有轨电车的生产能力，并且车辆型谱已基本覆盖世界主流市场。

有轨电车接触网供电轻量化、无网供电多样化。储能式供电方式成为近年来我国建设有轨电车线路时，着重选择使用的一种供电方式。

（3）系统集成一体化：一是体现在变电所由传统的土建变电所改为箱式变电所，设备集成化、小型化，施工期间直接吊装安装完成；二是信号控制及弱电集成系统实现网络化运营，同时有轨电车主流信号系统已实现了智能化、信息化。

（4）工程PC技术对有轨电车工程建设具有明显促进作用。

（5）出现有轨电车采用委外维保的发展趋势。

3）有轨电车行业发展建议

（1）加快完善相关政策法规与标准体系。加快出台统一、规范的标准体系。目前已出台的标准规范仅有一项行业标准，其他主要为地方标准，缺乏对国内行业的指导。

（2）积极促进规划建设的专业化、规范化。认清有轨电车运营为类公交模式，建设为类轨道交通模式；加强有轨电车线网规划，强化与城市规划、综合交通体系的融合；发挥有轨电车工程建设周期短、工程投资低的优势。

2.3.3 磁浮交通

1）磁浮交通发展情况

（1）已建成运营的磁浮线：截至2018年末，上海开通高速磁浮交通运营，湖南长沙、北京开通中低速磁浮交通运营，共计开通磁浮交通运营线路3条，高速磁浮运营线路长度29.86km，中低速磁浮运营线路长度28.79km。

（2）在建的中低速磁浮线：张家界线一期天门山索道下站至吴家峪门站，线路全长39.6km，沿线拟设6个站点，预计投资91.08亿元。计划于2017年下半年正式开工建设，2018年部分建成运营，2019年一期全线建成运营。

长株潭磁浮快线，先期规划为云龙城铁大丰站至云峰大道（旅游集散中心）段，约12km，计划2020年完成该路段建设并投用，该线路规划已基本完成，正在进行相关前期工作。

2）磁悬浮列车发展趋势

经过2016年、2017年长沙和北京的中低速磁浮交通工程项目建设及运营，中低速磁浮交通系统具有明显优势，已在一定程度上代表了政府、社会、消费者对未来城市轨道交通发展需求的价值取向。

（1）新建及拟建磁浮线工程项目呈较快的发展趋势：据统计，湖南、广东、成都等地新建磁浮运营线共185.4km，2017年下半年动工、计划2019年开通运营，其中成都建设为中速磁浮交通线。

（2）中速磁浮技术的工程化应用：成都市选取东风渠站—洛带站（长度约3.55km）作为中速磁浮技术工程化应用的先期实验段。列车拟采用第二代中低速磁浮技术，对140km/h运行速度的部分技术进行线路实验验证，推进磁浮技术的进步。

（3）磁浮客运量的增加：截至2018年10月24日，北京S1线客运量85.56万人次，月均客运量15.6万人次，日均客运量0.52万人次。2018年底6号线西延通车后，将促使中低速磁浮客运量的较大增加。

2.3.4 单轨交通系统

1）跨座式单轨建设/规划情况统计

至2018年12月，我国有芜湖市、吉林市、汕头市3座城市正在规划/建设跨座式单轨，共计7条线路，总长度144.44km。另外有柳州市、六盘水市等城市正在规划跨座式有轨电车。

芜湖市规划建设5条跨座式单轨，预计线网总长度136.97km。近期建设的跨座式单轨线路2条，总长度47.44km。于2016年9月正式开工施工，预计2019年12月建成通车。截至2018年底，1号线和2号线一期项目已全面展开。

2018年12月，广安邓小平故里景区旅游连接线工程全线启动综合联调，预计于2019年建成通车。

2018年底，蚌埠淮上区云轨试验线项目部分区段正在开展轨道梁的安装工作。

汕头市规划建设10条跨座式单轨，预计线网长度251.4km，共设置车站137座，建设规划总长度57.0km，设站44座。在建线路分别是1号线、2号线一期工程、3号线一期工程。

柳州市规划城市轨道交通线网由7条线路组成，长度约230.4km，其中包括4条市区线、3条市域线。近期建设线路包括1号线一期及2号线一期，线路总长约41.8km。

六盘水市全市规划轨道线路4条，形成"一轴双环+放射"格局，总规模117.9km，轨道交通市区线路均跨座式单轨交通制式。

2）跨座式单轨车辆新技术

（1）B型单轨的研发。研发B型单轨，使得跨座式单轨能够满足高峰时断面小于1万人次的客流需求。

（2）永磁技术的研发。永磁跨座式单轨已在我国中车青岛四方、中车长客跨座式单轨等成功运用，通过节能分析采用永磁牵引可节能10%以上，该技术已达到国际领先水平。

（3）碳纤维车体。碳纤维质量比金属铝轻，但强度却高于钢铁，并且具有耐腐蚀、高模量的特性，通过碳纤维制造的车辆可实现车体轻量化。

（4）能量回馈系统。在车辆启动时，可以通过储能系统放电补充实现，车载电池可提供5km的应急驱动，可以实现车辆段内无电化，安全节能；车辆段、生产车间不需铺设专用高压供电轨，作业安全，没有触电风险。

（5）应急牵引系统。当轨道交通供电系统发生自然断电或者人为断电时，在线运营列车可通过储能装置进行短时间供电，使用车辆应急牵引系统让在线运营列车能够运行到最近站点，完成乘客疏散。

（6）自动重连。跨座式单轨列车采用全自动车钩，使得列车能够在低速状况下自动完成解编与重编，进而实现列车的灵活编组。

（7）单轨液压制动。通过液压制动的轻量化设计实现车辆的轻量化，进而降低车辆能耗。

3）跨座式单轨建设创新

（1）PC轨道梁系统技术创新。近年来PC轨道梁系统技术创新主要包括：PC轨道梁设计工法软件研制、新型盆式橡胶支座PC轨道梁、固定曲率模板施工法制造75m半径PC轨道梁、PC轨道梁混凝土耐久性研究和PC轨道梁架设技术创新等。

（2）跨江河桥梁技术创新。重庆菜园坝长江大桥、鱼洞长江大桥等公轨公用桥和嘉陵江大桥、箭滩河大桥等单轨专用桥。

4）跨座式单轨车辆技术难点

跨座式单轨车辆技术难点主要集中在车辆轻量化及安全性间的选择即双轴转向架与单轴转向架间的选择。

3. 标准篇

3.1 国家、行业标准

截至2018年12月31日，国家、行业城市轨道交通工程建设在编标准22项，产品在编标准10项；2018年国家、行业新实施的工程建设标准、产品标准共计10项（表3-1~表3-4）。

国家、行业城市轨道交通工程建设在编标准统计表　　表3-1

编号	标准名称	编号	标准名称
1	高速磁浮交通设计规范	12	盾构隧道工程设计规范
2	城市轨道交通高架结构设计荷载标准	13	跨座式单轨交通限界标准
3	城市轨道交通防灾与报警系统技术规范	14	预应力混凝土节段预制桥梁设计规范
4	城市有轨电车工程设计规范	15	城市轨道交通隧道结构养护技术规范
5	中低速磁浮交通工程施工及验收规范	16	直线电机城市轨道交通限界标准
6	地铁杂散电流腐蚀防护技术规程	17	地铁快线设计标准
7	市域快速轨道交通工程设计规范	18	城市轨道交通项目规范
8	城市轨道交通架空接触网技术规范	19	跨座式单轨交通工程测量标准
9	城市轨道交通防水工程施工与质量验收规范	20	跨座式单轨交通设计标准
10	城市轨道交通隧道工程施工与质量验收规范	21	城市轨道交通车辆基地工程技术标准
11	城市轨道交通采暖通风与空气调节设计规范	22	悬挂式单轨交通技术标准

国家、行业城市轨道交通产品在编标准统计表　　表3-2

编号	标准名称	编号	标准名称
1	城市轨道交通无碴轨道技术条件	2	跨座式单轨交通单开道岔

续表

编号	标准名称	编号	标准名称
3	城市轨道交通市域快线120~160km/h车辆通用技术条件	7	城市轨道交通高地板六轴铰接轻轨车辆通用技术条件
4	城市轨道交通再生制动能量吸收逆变装置	8	城市轨道交通车辆永磁直驱转向架通用技术条件
5	城市轨道交通永磁直驱交通车辆通用技术条件	9	城市地铁与综合管廊用热轧槽道
6	城市轨道交通中低速磁浮车辆悬浮控制系统技术条件	10	城市轨道交通计轴设备技术条件

国家、行业城市轨道交通2018年实施标准工程建设标准统计表　　表3-3

序号	标准名称（英文名称）	标准类别	标准编号
1	盾构法隧道施工及验收规范 Code for construction and acceptance of shield tunneling method	国标	GB 50446—2017
2	跨座式单轨交通设计规范 Code for design of straddle monorail transit	国标	GB 50458—2008
3	城市轨道交通技术规范 Technical code of urban rail transit	国标	GB 50490—2009
4	跨座式单轨交通施工及验收规范 Code for construction and acceptance of shield tunneling method	国标	GB 50614—2010
5	城市轨道交通地下工程建设风险管理规范 Code for risk management of underground works in urban rail transit	国标	GB 50652—2011
6	地铁工程施工安全评价标准 Standard for construction safety assessment of metro engineering	国标	GB 50715—2011
7	城市轨道交通建设项目管理规范 Code of project management for urban rail transit construction	国标	GB 50722—2011
8	城市轨道交通工程安全控制技术规范 Technical code of urban rail transit engineering safety control	国标	GB/T 50839—2013
9	城市轨道交通工程监测技术规范 Code for monitoring measurement of urban rail transit engineering	国标	GB 50911—2013
10	地铁设计规范 Code for design of metro	国标	GB 50157—2013
11	城市轨道交通结构抗震设计规范 Code for seismic design of urban rail transit structures	国标	GB 50909—2014
12	地铁杂散电流腐蚀防护技术规程	行标	CJJ 49—92
13	地铁限界标准 Standard of metro gauges	行标	CJJ 96—2003
14	城市轨道交通自动售检票系统检测技术规程 Technical specification for test technology of urban rail transit automatic fare collection system	行标	CJJ/T 162—2011
15	盾构隧道管片质量检测技术标准 Standard for quality inspection of shield tunnel segment	行标	CJJ/T 164—2011

续表

序号	标准名称（英文名称）	标准类别	标准编号
16	城市轨道交通直线电机牵引系统设计规范 Code for design of urban rail transit by linear motor	行标	CJJ 167—2012
17	城市轨道交通工程档案整理标准 Standard for archives arrangement of urban railtransit project	行标	CJJ/T 180—2012
18	城市轨道交通站台屏蔽门系统技术规范 Technical code for platform screen door system of urban railway transit	行标	CJJ 183—2012
19	浮置板轨道技术规范 Technical code for floating slab track	行标	CJJ/T 191—2012
20	盾构可切削混凝土配筋技术规程 Technical specification for shield-cuttable concrete reinforcement	行标	CJJ/T 192—2012
21	城市轨道交通接触轨供电系统技术规范 Technical code for contact rail power supply system of urban rail transit	行标	CJJ/T 198—2013
22	直线电机轨道交通施工及验收规范 Code for construction and acceptance of linear motor for urban rail transit	行标	CJJ 201—2013
23	城市轨道交通结构安全保护技术规范 Technical code for protection structures of urban rail transit	行标	CJJ/T 202—2013
24	盾构法开仓及气压作业技术规范 Technical code for operation in excavation chamber of shield tunneling machine at atmospheric or compressed air	行标	CJJ 217—2014
25	城市轨道交通公共安全防范系统工程技术规范 Technical code for engineering of public security and protection system of urban rail transit	国标	GB 51151—2016
26	城市轨道交通客流预测规范 Code for prediction of urban rail transit ridership	国标	GB/T 51150—2016
27	城市轨道交通通信工程质量验收规范 Code for constructional quality acceptance of urban rail transit communication engineering	国标	GB 50382—2016
28	中低速磁浮交通供电技术规范 Power supply technical code for medium and low speed maglev transportation	行标	CJJ/T 256—2016
29	城市轨道交通无线局域网宽带工程技术规范 Technical code for wireless local area network broadband engineering of urban rail transit	国标	GB/T 51211—2016
30	城市轨道交通梯形轨枕轨道工程施工质量验收规范 Code for constructional and quality acceptance of ladder-sleeper track of urban rail transit	行标	CJJ 266—2017
31	中低速磁浮交通运行控制技术规范 Technical code for automatic train control of medium and low speed maglev transit	行标	CJJ/T 255—2017
32	城市轨道交通工程测量规范 GB 50308—1999 Code for urban rail transit engineering survey	国标	GB/T 50308—2017

续表

序号	标准名称（英文名称）	标准类别	标准编号
33	城市轨道交通桥梁设计规范 Code for design of urban rail transit bridge	国标	GB/T 51234—2017
34	中低速磁浮交通设计规范 Code for design of medium and low speed maglev transit	行标	CJJ/T 262—2017
35	轻轨交通设计标准 Standard for design of light rail transit	国标	GB/T 51263—2017
36	城市轨道交通工程远程监控系统技术标准 Technical standard for remote monitoring system of urban rail transit engineering project	行标	CJJ/T 278—2017
37	城市轨道交通综合监控系统工程技术标准 Technical standard for urban rail transit integrated supervision and control system	国标	GB/T 50636—2018
38	自动导向轨道交通设计标准 Standard for design of automated guided transit	行标	CJJ/T 277—2018
39	城市轨道交通信号工程施工质量验收标准 Standard for construction quality acceptance of urban rail transit signal engineering	国标	GB/T 50578—2018
40	城市轨道交通自动售检票系统工程质量验收标准 Code for constructional quality acceptance of urban rail transit automatic fare collection system engineering	国标	GB/T 50381—2018
41	地铁设计防火标准 Standard for fire protection design of metro	国标	GB 51298—2018
42	地下铁道工程施工标准 Standard for construction of metro engineering	国标	GB/T 51310—2018
43	地下铁道工程施工质量验收标准 Standard for constructional and quality acceptance of metro engineering	国标	GB/T 50299—2018
44	地铁限界标准 CJJ 96—2003 Standard of metro gauges	行标	CJJ/T 96—2018
45	城市轨道交通给水、排水系统技术标准 Technical standard for water supply and drainage system of urban rail transit	国标	GB/T 51293—2018

国家、行业城市轨道交通2018年实施标准产品标准统计表　　表3-4

序号	标准名称	标准类别	标准编号
1	城市公共交通标志 地下铁道标志	国标	GB 5845.5—1986
2	地铁车辆通用技术条件	国标	GB/T 7928—2003
3	城市轨道交通信号系统通用技术条件	国标	GB/T 12758—2004
4	城市轨道交通车辆组装后的检查与试验规则	国标	GB/T 14894—2005
5	城市轨道交通直流牵引供电系统	国标	GB/T 10411—2005
6	城市轨道交通列车噪声限值和测量方法	国标	GB 14892—2006
7	城市轨道交通车站站台声学要求和测量方法	国标	GB 14227—2006
8	城市轨道交通自动售检票系统技术条件	国标	GB/T 20907—2007
9	城市轨道交通接触网检测车通用技术条件	国标	GB/T 20908—2007

续表

序号	标准名称	标准类别	标准编号
10	城市轨道交通照明	国标	GB/T 16275—2008
11	城市轨道交通客运服务标志	国标	GB/T 18574—2008
12	城市轨道交通客运服务（已转）	国标	GB/T 22486—2008
13	城市轨道交通内燃调车机通用技术条件	国标	GB/T 23430—2009
14	城市轨道交通轻轨铰接车辆通用技术条件	国标	GB/T 23431—2009
15	城市轨道交通安全防范系统技术要求	国标	GB/T 26718—2011
16	城市轨道车辆客室侧门	国标	GB/T 30489—2014
17	城市轨道交通 直线电机车辆	国标	GB/T 32383—2015
18	城市公共交通主要经济技术指标综合统计报表（地铁）	行标	CJ/T 3046.4—1995
19	城市轨道交通站台屏蔽门	行标	CJ/T 236—2006
20	城市轨道交通浮置板橡胶隔振器	行标	CJ/T 285—2008
21	城市轨道交通轨道橡胶减振器	行标	CJ/T 286—2008
22	跨座式单轨交通车辆通用技术条件	行标	CJ/T 287—2008
23	城市轨道交通直线感应牵引电机技术条件	行标	CJ/T 311—2009
24	城市轨道交通车辆贯通道技术条件	行标	CJ/T 353—2010
25	城市轨道交通车辆空调、采暖及通风装置技术条件	行标	CJ/T 354—2010
26	自导向轮胎式车辆通用技术条件	行标	CJ/T 366—2011
27	高速磁浮交通车辆通用技术条件	行标	CJ/T 367—2011
28	中低速磁浮交通车辆通用技术条件	行标	CJ/T 375—2011
29	中低速磁浮交通道岔系统设备技术条件	行标	CJ/T 412—2012
30	地铁与轻轨车辆转向架技术条件	行标	CJ/T 365—2011
31	城市轨道交通直流牵引供电整流机组技术条件	行标	CJ/T 370—2011
32	城市轨道交通设备房标识	行标	CJ/T 387—2012
33	聚氨酯泡沫合成轨枕	行标	CJ/T 399—2012
34	φ5.5m～φ7m 土压平衡盾构机（软土）	行标	CJ/T 284—2008
35	梯形轨枕技术条件	行标	CJ/T 401—2012
36	城市轨道交通基于通信的列车自动控制系统技术要求	行标	CJ/T 407—2012
37	中低速磁浮交通车辆电气系统技术条件	行标	CJ/T 411—2012
38	中低速磁浮交通道岔系统设备技术条件	行标	CJ/T 412—2012
39	中低速磁浮交通轨排通用技术条件	行标	CJ/T 413—2012
40	城市轨道交通钢铝复合导电轨技术要求	行标	CJ/T 414—2012
41	城市轨道交通车辆防火要求	行标	CJ/T 416—2012
42	低地板有轨电车车辆通用技术条件	行标	CJ/T 417—2012
43	泥水平衡盾构机	行标	CJ/T 446—2014
44	地铁隧道防淹门	行标	CJ/T 453—2014
45	中低速磁浮交通车辆悬浮控制系统技术条件	行标	CJ/T 458—2014
46	城市轨道交通桥梁盆式支座	行标	CJ/T 464—2014
47	城市轨道交通桥梁球型钢支座	行标	CJ/T 482—2015
48	城市轨道交通车地实时视频传输系统	行标	CJ/T 500—2016
49	城市轨道交通桥梁伸缩装置	行标	CJ/T 497—2016
50	城轨交通机电设备节能要求	国标	GB/T 35553—2017
51	城市轨道交通用电综合评定指标	国标	GB/T 35554—2017
52	城市轨道交通车辆车体技术条件	行标	CJ/T 533—2018

3.2 城市轨道交通团体标准体系

城市轨道交通工程建设项目一般具有建设规模大、建设周期长、参与单位多、技术要求高且涉及的学科门类多、受周围环境制约大、对社会影响大及社会关注度高等特点。在行业层面，城市轨道交通工程建设板块接受住房和城乡建设部的业务指导和监督管理；住房和城乡建设部也在其发布的《工程建设标准体系（城乡规划、城镇建设、房屋建筑部分）》中纳入了城轨交通工程建设的相关子体系及标准。但由于体系构建时间较早且一直未适时修订，对应于现阶段行业技术及管理的发展，不可避免地存在体系覆盖不全面、子体系划分不贴近生产实践、体系内标准滞后于技术发展等问题。可见，城轨交通行业工程建设板块现正亟需一个综合性、先进性、实用性并存的标准体系，规范各项核心业务，从而推进行业不断发展。

近年来，国家高度重视标准化工作，标准化工作改革打破了政府单一供给标准的格局，新《标准化法》的出台赋予了团体标准法律地位。团体标准的出现，形成政府标准与企业标准之间的桥梁，满足了市场和创新的需要；团体标准体系更是对行业层级标准体系的优化补充，能够更快速地反映市场需求，引领产业链发展。因此，在行业层面标准体系的指导下，构建中国城市轨道交通协会团体标准体系是推动协会乃至全行业快速、有序发展的迫切需要。

城市轨道交通团体标准体系按照行业主要业务板块分为基础、建设、运营、装备、开发五大子体系。其中建设子体系框架的构建依据以下两个原则：一、框架结构应遵循全过程、全要素模块化设计理念；并与协会管理机构相适应，与管理职能相结合；二、子体系设置应根据城轨交通行业工程建设项目的生产应用实践，按照建设板块特点，依据建设项目核心流程进行划分。

城轨交通工程建设有自身的生命周期，大致可分为前期策划，设计、计划、招标投标，施工建设及初期运营几个阶段。围绕城轨交通工程建设板块相关业务，结合建设管理现状，参考相关标准及论著，主要包括：《城市轨道交通技术规范》GB 50490—2009、《城市轨道交通建设项目管理规范》GB 50722—2011、《工程建设标准体系（城市轨道交通）》（住建部 2010 版）及《上海市工程建设标准体系表（城市轨道交通）》DG/TJ 08—01—2014，最终梳理出大类以城市轨道交通建设管理的核心流程为主、小类以核心流程中的子流程为主的城市轨道交通规划建设的核心流程。

城市轨道交通建设板块的核心流程，可依序分为前期筹备、勘测设计、工程施工、系统联调及试运行、验收及移交、初期运营、项目后评估等阶段。在各核心流程下，还能细分核心子流程，其中：前期筹备下可分为线网规划、近期

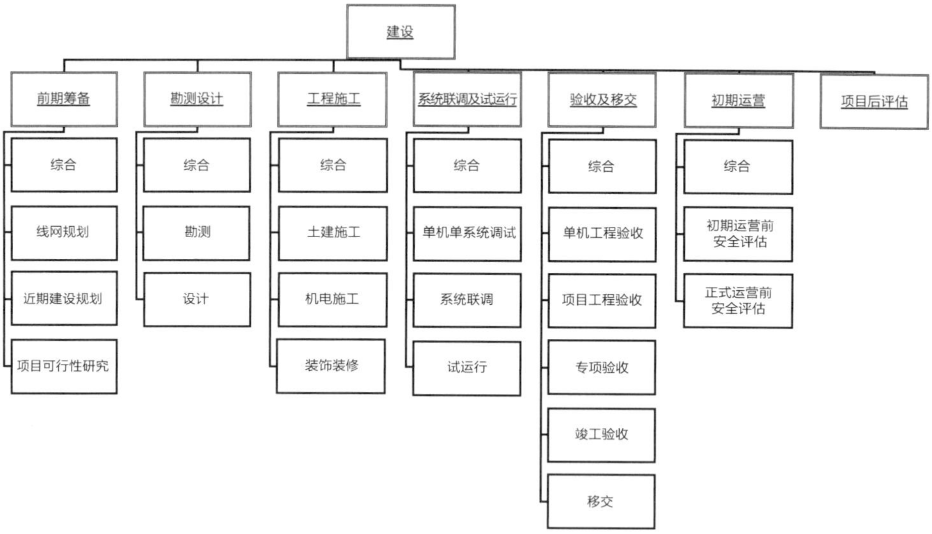

图 3-1 城轨交通建设子体系的团体标准体系框架

建设规划、项目可行性研究三个子流程；勘测设计下可分为勘测、设计两个子流程；工程施工下可分为：土建施工、机电施工、装饰装修三个子流程；系统联调及试运行下可分为单机单系统调试、系统联调、试运行三个子流程；验收及移交下可分为单位工程验收、项目工程验收、专项验收、竣工验收、移交五个子流程；初期运营下可分为初期运营前安全评估和正式运营前安全评估两个子流程。

依据梳理好的建设核心流程及其子流程，结合标准体系构建原则，形成城轨交通建设子体系的团体标准体系框架（图 3-1）。

经过梳理，将城市轨道交通工程建设专用的国家、行业及团体标准（包含已发布、计划发布及待编的中国城市轨道交通协会团体标准）纳入建设子体系中，共计 108 项，具体数据见表 3-5：

建设子体系统计表　　　　表 3-5

	子体系	国家标准	行业标准	团体标准	待编（团标）	总计
2.1	综合	12	8	7	6	33
2.2	前期筹备	1	1	0	2	4
2.3	勘测设计	17	10	5	10	42
2.4	工程施工	3	3	1	1	8
2.5	系统联调及试运行	2	0	2	0	4

续表

子体系		国家标准	行业标准	团体标准	待编（团标）	总计
2.6	验收及移交	6	4	4	0	14
2.7	初期运营	1	2	0	0	3
2.8	项目后评估	0	0	0	0	0
2.9	建设板块合计	42	28	19	19	108

3.3 团体标准

2018年是城市轨道交通工程建设的发展年，也是城市轨道交通团体标准重要的一年。2018年9月5日，中国城市轨道交通协会下发了《关于下发中国城市轨道交通协会标准化技术委员会技术装备分技术委员会试点方案的通知》，为更好地开展城市轨道交通标准化工作，提高效率、保证更高质量的发展提供了基础。

截至2018年12月31日，工程建设专业委员会在编标准4项。其中《城市轨道交通预埋槽道及套筒技术标准》送审稿已报送至中国城市轨道交通协会；《城市轨道交通工程周边环境调查技术规程》、《城市轨道交通预应力混凝土U型梁施工技术与验收规程》正在筹备初步审查会；《城市轨道交通隧道与地下工程三维激光扫描测量技术规范》正在编写征求意见稿。

2018年，工程建设专业委员会组织了第一批团体标准申报，共12项标准，其中《城市轨道交通工程结构检测技术规范》1项获批准立项。

4. 规划篇

4.1 综述

2018年，城市轨道交通规划行业持续快速发展，在规划政策和标准、建设规划审批、各城市线网规划编制等方面取得了持续进展，特别是轨道交通规划方面国家新政策和新标准的出台，将对今后城市轨道交通发展产生深远影响。

7月，国办以2018年52号文发布《关于进一步加强城市轨道交通规划建设管理的意见》，《意见》明确了今后一段时期内城市轨道交通行业规划建设管理的具体方向，特别强调要按照高质量发展的要求，以服务人民群众出行为根本目标，实现城市轨道交通规范有序、持续健康发展。

8月，住房和城乡建设部发布《城市轨道交通线网规划标准》GB/T 50546—2018，《标准》共10章，包括：总则、术语、基本规定、交通需求分析、服务水平与线网功能层次、线网组织与布局、线路规划、车辆基地规划、用地控制、综合评价。《标准》在城市轨道交通向高质量发展的转型时期，坚持以人为本、效率和效益优先，建设可持续发展的城市轨道交通系统。此外，《市域快速轨道交通规划与设计导则》、《城市综合交通体系规划标准》等相关标准的颁布，都将对规范和提升规划编制水平起到促进作用。

轨道交通建设规划审批方面，在国办52号文发布后，下半年密集批复了7个城市共877.9km的线网规模，本次批复建设规划全部为主要城市新一轮轨道建设规划，反映了大城市、特大城市轨道交通建设需求依然更为强劲。

轨道交通线网规划编制方面，伴随各城市新一轮城市总体规划（空间规划）的编制，各城市纷纷启动了新一轮轨道交通线网修编工作，包括北京、天津、重庆、广州、杭州、郑州、长沙等众多城市。

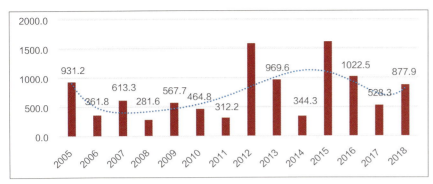

图 4-1　历年国家发展与改革委员会批复建设规划规模（单位：km）

4.2 统计数据

自 2003 年国办发 81 号文颁布至 2018 年末，据不完全统计，中国内地城市轨道交通建设项目获国家发展与改革委员会批复的城市为 44 个，已批复的轨道线网规模达到约 10486km，从历年批复的线网规模来看，整体趋势为稳步增长态势，2011 年以前为平缓发展阶段，2011 年后为波动发展阶段。2012 年、2015 年、2016 年 3 年的批复规模均超过了 1000km，其中 2012 年、2015 年均达到 1600km 左右（图 4-1）。

至 2018 年末，从各城市已获批复的城市轨道交通建设规划总规模来看，上海、北京、广州、武汉、深圳、天津 6 个城市均超过了 500km，其中上海、北京、广州超过 700km。成都、杭州、重庆、苏州、南京、长沙、西安、青岛、大连、厦门、长春等 11 城市批复规模介于 200～500km 之间。13 个城市获批建设规模在 100～200km，其余 14 个城市获批规模小于 100km（表 4-1）。

中国内地城市已获国家批复城市轨道交通建设规模汇总表　　表 4-1

序号	城市	总批复规模（km）
1	上海	925.7
2	北京	912.9
3	广州	716.5
4	武汉	587.2
5	深圳	578.6
6	天津	511.7
7	成都	497.3
8	杭州	453.2
9	重庆	451.4
10	苏州	353.6

续表

序号	城市	总批复规模（km）
11	南京	315.7
12	长沙	263.5
13	西安	236.9
14	青岛	236.4
15	大连	235.2
16	厦门	227.5
17	长春	221.2
18	昆明	187.6
19	宁波	172.2
20	贵阳	170.1
21	合肥	170.0
22	郑州	166.1
23	温州	156.5
24	福州	144.6
25	南昌	132.9
26	东莞	126.9
27	南宁	126.1
28	沈阳	118.0
29	无锡	113.0
30	佛山	102.2
31	乌鲁木齐	89.7
32	哈尔滨	89.6
33	兰州	81.8
34	济南	81.8
35	石家庄	80.4
36	徐州	67.0
37	南通	59.6
38	常州	53.9
39	呼和浩特	51.4
40	太原	49.2
41	芜湖	46.9
42	包头	42.1
43	洛阳	41.3
44	绍兴	41.1

注：数据来源为2005—2018年底国家发展与改革委员会正式批复文件。

2017年，由于下半年受金融风险因素及相关政策影响，国家发改委只批复了3个城市共528.3km的建设规划，分别为广州市第三期建设规划258.1km、长沙市第三期建设规划121.3km、深圳市第四期建设规划148.9km。

2018年，国务院办公厅印发《国务院办公厅关于进一步加强城市轨道交通规划建设管理的意见（国办发〔2018〕52号）》。《意见》修订了原有城市轨

图 4-2　北京城市轨道交通远景线网规划示意图（2015 年版）

道交通建设基本条件，并新增地方政府债务、城市轨道交通企业负债率、责任主体等要求，提高人口、地区生产总值、一般公共财政预算收入等条件。

随着政策的不断深化与落实，2018 年国家发改委在 52 号文发布后，批复 7 个城市共 877.9km 的线网规模。批复的建设规划分别为苏州市第三期建设规划 137.4km、重庆市第三期建设规划 70.5km、杭州市第三期建设规划调整新增 68.3km、济南市近期建设规划调整新增 1.2km、长春市第三期建设规划 116.0km、上海市第三期建设规划 286.1km、武汉市第四期建设规划 198.4km。

4.3 主要城市情况

4.3.1 北京

1）城市轨道交通线网规划

当前北京执行的是 2015 年《北京市城市轨道交通线网规划》（图 4-2），规划远景线网由 35 条线路组成，线网总长度约 1524km。其中 21 条地铁线路，7 条市域快线，5 条中低运量线路，2 条专线。

《北京市城市总体规划（2016 年—2035 年）》提出到 2020 年轨道交通里程提高到 1000km 左右，到 2035 年不低于 2500km。规划构建分圈层发展模式：第一圈层（半径 25～30km）以地铁（含普线、快线等）为主导；第二圈层（半径 50～70km）以区域快线（含市郊铁路）为主导；第三圈层（半径

图 4-3 北京市城市轨道交通第二期建设规划（2015～2021年）

100～300km）以城际铁路、铁路客运专线构成综合运输走廊。

规划要求按照中心加密、内外联动、区域对接、枢纽优化的思路，优化调整轨道交通建设近远期规划，重点弥补线网结构瓶颈和层级短板，统筹利用铁路资源，大幅增加城际铁路和区域快线（含市郊铁路）里程，有序发展现代有轨电车。

2）城市轨道交通建设规划

截至目前国家批复过北京市轨道交通建设规划（包括规划调整）共3期，当前执行的是2015年批复《北京市城市轨道交通第二期建设规划（2015～2021年）》（图4-3），根据规划，到2021年，形成27条运营线路、总长998.5km的轨道交通网络。

4.3.2 上海

1）城市轨道交通线网规划

根据《上海市城市总体规划（2017-2035年）》，上海将形成城际线、市区线、局域线等3个层次的轨道交通网络，同时预控研究若干轨道交通通道。至2035年，主城区、新城轨道交通站点600m用地覆盖率分别达到40%、30%。

规划提出3个1000km的发展目标：规划总里程1000km以上的城际线，形成由21条左右线路构成的市域公共交通骨架；在主城区规划25条、总里程

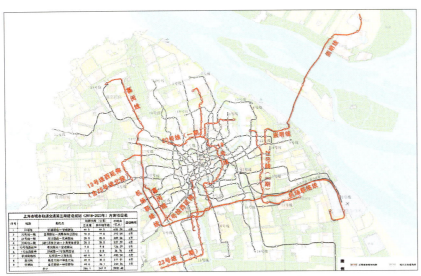

图 4-4　上海市城市轨道交通第三期建设规划（2018～2023 年）

1000km 以上的市区线，中心城区线网密度达到 1.1km/km² 以上；在市域构建 1000km 以上的局域线网络（表 4-2）。

上海轨道交通网络功能层次一览表　　　　表 4-2

系统模式		功能定位	设计速度 km/h	平均站间距 km	设计运能 万人/小时	规划里程 km
城际线	城际铁路/市域铁路/轨道快线	服务于主城区与新城及近沪城镇、新城之间的快速、中长距离联系，并兼顾主要新市镇	100～250	3～20	≥1	≥1000
市区线	地铁	服务高度密集发展的主城区，满足大运量、高频率和高可靠性的公交需求	80	1～2	2.5～7	≥1000
	轻轨	服务于较高程度密集发展的主城区次级客运走廊，与地铁共同构成城市轨道网络	60～80	0.6～1.2	1～3	
局域线	现代有轨电车、胶轮系统等	作为大容量轨道交通的补充和接驳，或服务局部地区普通客流、中客流走廊，提升地区公交服务水平。	—	0.5～0.8	0.5～1.5	≥1000

2）城市轨道建设规划

截至目前国家批复过上海市轨道交通建设规划（包括规划调整）共 3 期，当前执行的是 2018 年批复《上海市城市轨道交通第三期建设规划（2018～2023年）》，根据规划到 2023 年，形成 27 条运营线路、总长 1154km 的轨道交通网络，其中市域铁路 342km。上海本轮建设规划批复的线路主要为中心城区与新城、新城与新城之间联系线路（图 4-4）。

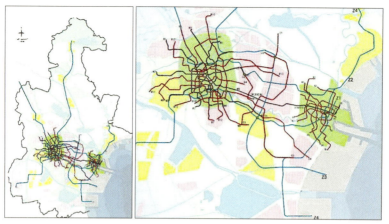

图 4-5　天津市城市轨道交通线网规划(2013 年版)

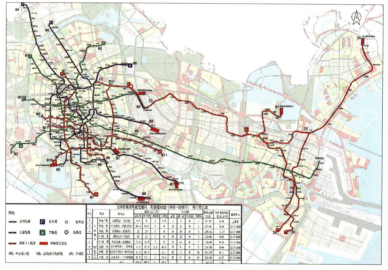

图 4-6　天津市城市轨道交通第二期建设规划(2015 ～ 2020 年)示意图

4.3.3 天津

1）城市轨道交通线网

当前天津市执行的是 2013 年《天津市城市轨道交通线网规划》（图 4-5），根据规划，天津市城市轨道交通远景年线网由 28 条线路组成，包括 4 条市域线、24 条城区线，线网总长度 1380km。

2）轨道交通建设规划

截至目前国家批复过天津市轨道交通建设规划共 2 期，当前执行的是 2015 年批复《天津市城市轨道交通第二期建设规划（2015 ～ 2020 年）》（图

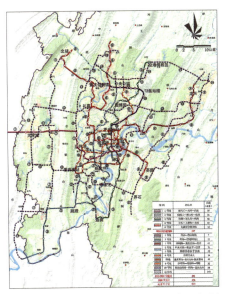 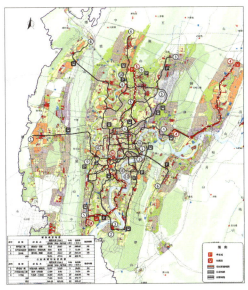

图 4-7　重庆市主城区轨道交通线网规划（2011 年版）示意图　　图 4-8　重庆市城市轨道交通第三期建设规划（2018~2023 年）示意图

4-6），根据规划，到 2020 年，形成 14 条运营线路、总长 513km 的轨道交通网络。

4.3.4　重庆

1）城市轨道线网规划

当前重庆执行的是 2011 年《重庆市主城区轨道线网调整规划》（图 4-7），规划远景线网由 18 条线路组成，构成轨道交通"1 环 +17 放射"网络结构线网。线网总规模约 820km，其中主城区约 780km，主城区轨道交通线网密度约 0.69km/km²。2017 年，为提高主城区周边 12 个区及万盛经开区和主城区之间以及主城区内部出行效率和能力，重庆市编制了《重庆大都市区轨道交通一体化暨都市快轨规划》，规划形成"二十五线一环"的城轨网，总里程 1142km，其中规划都市快轨总规模 705km，新建 354km，利用铁路 351km。

2）城市轨道建设规划

截至目前，国家批复过重庆市轨道交通建设规划共 3 期，当前执行的是 2018 年批复的《重庆市城市轨道交通第三期建设规划（2018~2023 年）》（图 4-8），根据规划到 2023 年，形成 9 条线路、总长 486km 的轨道交通网络。

4.3.5 广州

1）城市轨道线网规划

当前广州市执行的是 2016 年国务院批复的《广州市城市总体规划（2011-2020 年）》（图 4-9）中的轨道交通线网，根据规划，2020 年广州轨道线网由 21 条线组成，总长度约 973km，共设站 465 座，其中换乘站 104 座；远景年轨道线网由 23 条线路组成，总长度约 1025km，共设站 481 座，其中换乘站 108 座，整体形成"环 + 放射状"的线网结构形态。

2）城市轨道建设规划

截至目前，国家批复过广州市轨道交通建设规划共 3 期，当前执行的是 2017 年批复《广州市城市轨道交通第三期建设规划（2017～2023 年）》（图 4-10），根据规划到 2023 年，形成 18 条线路、总长 792km 的轨道交通网络。

4.3.6 深圳

1）城市轨道交通线网规划

当前深圳执行的是 2016 年《深圳市轨道交通线网规划（2016-2030）》，规划按照"对外强轴、中心加密、外围联通"的总体原则，全市共规划城市轨道交通线路 32 条，总规模约 1142km（含弹性发展线路约 53km），由市域快线和普速线路两个层次构成。其中，市域快线 8 条，总规模约 412km，普速线路 24 条，总规模约 730km。

2）城市轨道交通建设规划

截至目前，国家批复过深圳市轨道交通建设规划共 4 期，当前执行的是 2017 年批复《深圳市城市轨道交通第四期建设规划（2017-2022 年）》，根据规划，到 2022 年，形成 15 条线路、总长 570km 的轨道交通网络。

4.3.7 南京

1）城市轨道线网规划

当前南京执行的是 2014 年《南京市城市轨道交通线网规划》（图 4-11），规划远景线网由 25 条线路构成，总长度 916km，其中城区轨道交通 15 条，总长 593km，市域轨道交通 10 条，总长 323km。

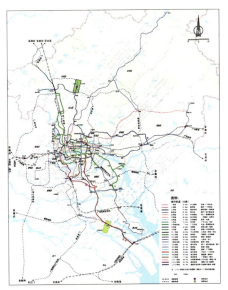

图 4-9　广州市远景城市轨道交通线网规划方案图（2016 年版）

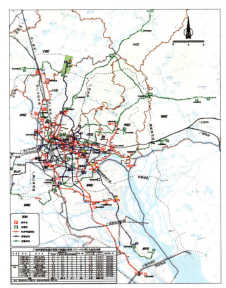

图 4-10　广州市城市轨道交通第三期建设规划（2017～2023 年）

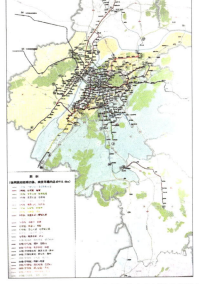

图 4-11　南京市城市轨道交通线网规划（2014 年版）示意图

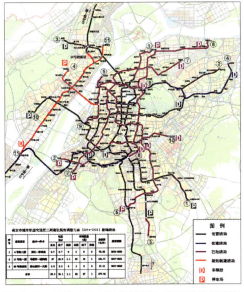

图 4-12　南京市城市轨道交通第二期建设规划调整（2016～2021 年）示意图

2）城市轨道建设规划

截至目前，国家批复过南京市轨道交通建设规划共 3 期（含建设规划调整），当前执行的是 2016 年批复《南京城市轨道交通第二期建设规划调整方案（2016～2021 年）》（图 4-12），根据规划到 2021 年，形成 11 条运营线路，总长 373km 的轨道交通网络。

图 4-13 武汉市城市轨道交通线网规划（2015 年版）示意图　　图 4-14 武汉市城市轨道交通第四期建设规划（2019-2024 年）示意图

4.3.8 武汉

1）城市轨道线网规划

当前武汉执行的是 2015 年《武汉市轨道交通线网规划修编（2014-2049年）》（图 4-13），规划远景线网由 25 条线路组成，总长约 1045km，设车站 603 座，其中换乘车站 123 座。

2）城市轨道建设规划

截至目前，国家批复过武汉市轨道交通建设规划共 4 期，当前执行的是 2018 年批复《武汉市城市轨道交通第四期建设规划（2019-2024 年）》（图 4-14），根据规划，至 2024 年，武汉市将形成 14 条运营线路、总规模 606km 的轨道交通网络。

4.3.9 成都

1）城市轨道交通线网规划

当前成都执行的是 2016 年《成都市城市轨道交通线网规划（修编）》（图 4-15），提出服务成都市四大圈层的三级轨道网络。

2030 年线网由 29 条线路组成，包含 14 条普线、10 条快线、3 条市域铁路线、1 条市域内控制线线路（简阳线）、1 条市域外线路 13-1 号线（资阳线）组成，总长约 1635 km，市域范围内线路总长约 1510km。

远景线网由 39 条线路组成，包含 22 条普线、11 条快线、3 条市域铁路线、1 条市域内控制线线路（简阳线）、2 条市域外线路 13-1 号线（资阳线）和眉山延伸线组成，总长约 2379km，市域范围内线路总长约 2187km。

图 4-15 成都市轨道交通线网规划调整远期线网方案

图 4-16 成都市城市轨道交通第三期建设规划（2016～2020 年）示意图

2）城市轨道建设规划

截至目前，国家批复过成都市轨道交通建设规划共 3 期，当前执行的是 2016 年批复《成都市城市轨道交通第三期建设规划（2016～2020 年）》（图 4-16），根据规划，至 2020 年，成都市将形成 13 条运营线路、总规模 508km 的轨道交通网络。

4.3.10 杭州

1）城市轨道交通线网规划

当前杭州执行的是 2018 年《杭州市轨道交通线网规划调整》（图 4-17），根据规划 2025 年杭州轨道线网由 15 条线路组成，包含 11 条城区线路 489km，4 条都市区轨道线路 133km，总里程约 562km。

2）城市轨道建设规划

截至目前，国家批复过杭州市轨道交通建设规划共 4 期（含调整），当前执行的是 2018 年批复《杭州市城市轨道交通第三期建设规划（2017～2022 年）方案调整》（图 4-18、图 4-19），至 2022 年，杭州市将形成 11 条运营线路、总规模 456km 的轨道交通网络。

4.4 发展与趋势

4.4.1 规划建设轨道交通城市日益广泛多元

一方面，发展轨道交通城市快速增长。2001 年我国大陆地区开通城市轨道

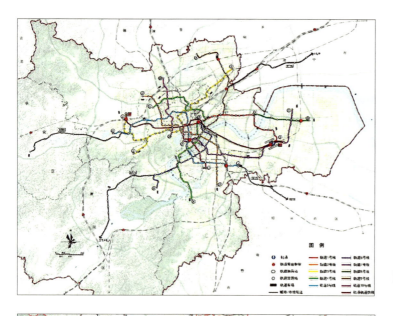

图 4-17 杭州市轨道交通远期线网规划（2018 年版）

图 4-18 杭州市城市轨道交通第三期建设规划（2017～2022 年）示意图

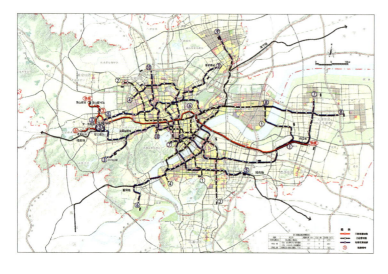

图 4-19 杭州市城市轨道交通第三期建设规划（2017～2022 年）调整示意图

交通的城市共 5 个，2010 年增加到 11 个，2017 年底迅速扩展到 34 个，截至 2018 年底，我国大陆地区开通城市轨道交通城市共计 35 个。根据目前规划建设情况，预计 2020 年左右开通城市将达到 45 个以上。

另一方面，规划建设轨道交通城市不再仅仅是部分特大城市、大城市的特有现象，国内众多城市都在探索适合城市自身发展特征的轨道交通服务模式。北上广深以及一批特大型城市在探索多层次、多制式轨道交通的规划建设，部分大城市积极发展以地铁为骨架的公共交通网络，而三亚等中小城市在探索发展适合有轨电车等低运量系统。

由于不同城市在资源禀赋、发展阶段和发展目标等方面有很大不同，导致轨道交通发展面临的主要问题、轨道交通承担的功能、轨道交通网络布局等方面差异性很大，在面向高质量发展的整体要求下，轨道交通规划工作需要进一步创新技术方法。

4.4.2 轨道快线成为特大城市规划建设重点

目前，北上广深以及多个特大城市在线网规划阶段都提出要加强市域轨道交通快线，例如北京在总体规划中明确重点弥补线网结构瓶颈和层级短板，统筹利用铁路资源，大幅增加城际铁路和区域快线（含市郊铁路）里程；上海在总体规划中明确提出 1000km 以上的城际线（包括城际铁路、市域铁路和轨道快线）；深圳、成都、广州等城市也都规划了大规模的快线网络。

2018 年国家发改委批复的 8 座城市轨道交通建设规划中，7 座城市的建设项目包含轨道快线项目，不仅有中心城区联系外围城镇的快线项目，也有贯通城市中心区的快线项目。

同时，近两年关于轨道交通快线方面的标准规范也逐步完善。2018 年颁布的《城市轨道交通线网规划标准》明确了城市轨道交通快线的技术特征指标和规划要求；此外，《市域快速轨道交通规划与设计导则》RISN-TG 032—2018、《市域快速轨道交通设计规范》T/CCES 2—2017、《市域铁路设计规范》T/CRSC 0101—2017、《地铁快线设计标准》等对于轨道交通快线（包括市域铁路）的规划设计提出了详细的原则和标准。

总体来看，不论是特大城市空间扩展的实际需求，还是国家政策标准方面的前期储备，都为轨道交通快线发展奠定了良好基础，可以预期在今后一段时期轨道交通快线建设将成为特大城市的重点方向。

5. 勘测篇

5.1 综述

勘察测量专业是智力密集、技术密集型的行业，在城市轨道交通建设全过程中起着先导和灵魂作用。勘测为轨道交通建设提供技术保障、质量和安全保障。其主要内容分为勘察工程、测量工程、监测工程三部分。

近年来，我国城市轨道交通工程建设的迅猛发展使得中国已步入世界城市轨道交通建设大国和强国行列，工程建设、装备制造、运营管理技术水平不断提升，地铁建设从机械化、自动化、信息化逐渐进入智慧化时代，"智慧地铁 勘测先行"是利好城市轨道勘测行业的重大机遇。使城市轨道交通建设勘测进入了大发展的时代，我国城市轨道交通工程已经成为世界上最大的轨道交通建设市场。相应地，由于城市轨道交通工程建设具有规模大、周期长，地质条件复杂，对周边环境影响大，施工工法多、难度高、参建单位多、专业广等特点，目前我国轨道交通建设的设计水平、施工能力及管理经验与轨道交通建设的发展速度、规模不相匹配，使得各地安全事故时有发生。为保证工程施工安全、周边环境稳定及线路结构自身安全，勘测显出日益重要的作用。

由于在建设过程受复杂的地质条件和环境条件影响，安全风险和质量风险日渐突出；大规模工程建设使得各项资源投入不足，进一步加剧了工程建设各阶段的风险。在这种情况下，服务贯穿于城市轨道交通建设全生命周期的勘察、测绘和监测技术，作为工程建设的基础，高质量的勘测、准确无误的勘测，其作用凸显得更加重要。

5.2 统计数据

5.2.1 城市轨道交通勘察力资源

2018年,城市轨道交通勘察人员总数呈上升趋势,主要原因是近几年各地都在兴建轨道交通项目,各方参建人数均有不同程度的增加。

在各地的勘察招标文件中对于项目的关键人员如项目负责人和技术负责人,均有具体要求,项目负责人均要求具有注册土木工程师(岩土)资格的高级工程师,技术负责人一般要求高级工程师及以上职称,且要求具有相关业绩。

随着2012年项目负责人注册制的全面执行以来,轨道交通勘察项目的项目负责人已全部满足注册(岩土)工程师持证的要求,虽然各勘察单位注岩人员依然紧缺,但是相对于2013年以前仅有58%满足注册要求的情况来说,已经有很大的提升。项目负责人专业主要为地质类专业,以工作年限10年以上的高级工程师为主,配合技术人员则以工作5~10年的中级职称人员为主。

对于勘察专业三维信息化平台建设等系统集成服务,招标文件一般要求投标人具有研发、建设或运营BIM技术应用平台的相关业绩,项目负责人具有轨道交通项目BIM技术应用与实施工作业绩,或具有轨道交通行业大数据集成信息化平台工作业绩,一般要求平台项目经理具有PMP资格证书。同时要求营业执照中包含计算机服务,具有信息安全管理体系认证证书。

5.2.2 城市轨道交通测量人力资源

根据不同地区,代表性的城市轨道交通第三方测量项目招标文件对人力资源配置的要求如下:

1)北京、乌鲁木齐(华北地区及西北地区)

项目负责人应具有中级以上(含中级)专业技术职称,从事测量工作10年或以上,技术负责人应具有高级(含)以上专业技术职称,工程测量专业大学本科(含)以上毕业,从事过类似工程测量工作。

2)合肥(华东地区)

项目负责人具有工程测量专业高级及以上职称,具有工程测量管理、工作协调和处理复杂技术问题的能力;技术负责人应具有工程测量专业高级及以上职称；具有处理复杂技术问题的能力，熟悉各单项工作的程序、操作和计算，对从业年限并未要求。

3）厦门（华东地区）

项目负责人应具有中级工程师以上职称，10年以上测量经验，并承担过已完类似工程测量项目；技术负责人应具有工程测量专业高级工程师以上职称，并担任过类似工程第三方测量技术负责人业绩。

4）昆明（西南地区）

项目负责人须具备高级工程师或以上职称，且具有5年及以上地下工程（地铁或深基坑或隧道工程）第三方测量经验；技术负责人须具备工程测量专业高级职称，且具有10年及以上地下工程（地铁或深基坑或隧道工程）第三方测量经验。

5）郑州（中南地区）

项目负责人须具备工程测量或测绘专业工程师（含）以上职称，至少担任过一项类似项目的项目负责人职务；技术负责人须具备工程测量或测绘专业高级工程师（含）以上职称，至少担任过一项类似项目的技术负责人职务。

6）沈阳（东北地区）

项目负责人应具有工程师以上（含工程师）技术职称，具有5年以上工程测量工作经验，且担任项目负责人3年以上；技术负责人应具有高级工程师技术职称，具有8年以上工程测量工作经验，且担任技术负责人5年以上。

除以上要求外，要求BIM+GIS服务单位及服务人员取得地理信息软件开发甲级资质、工程测量甲级测绘资质、BIM技术认证证书。要求无人机航飞倾斜摄影技术服务人员须取得相应的AOPA认证的民用无人机驾驶员合格证书。

5.2.3 城市轨道交通监测人力资源

1）第三方监测管理和技术人员

通过各地项目招标文件对专业技术人员要求分析，第三方监测参建管理和技术人员按照从业年限划分为：5年以下工作经验的有占37.01%；5~10年工作经验的占29.4%；10年以上工作经验占33.97%。按职称划分为：高级职称占28.1%；中级职称占30.8%;初级或无职称占41.09%（表5-1）。

第三方监测技术人员从业年限和职称表　　　　表 5-1

从业年限	5 年以下	5 ~ 10 年	10 年以上
比例	37.01%	29.40%	33.97%
职称	初级或无	中级	高级
比例	41.09%	30.80%	28.10%

2）第三方监测项目负责人专业

根据调查数据第三方监测的项目负责人专业主要为测绘类及其相关专业。项目负责人的具体专业分布如表 5-2 所示。其中占比最大是测绘专业，占总人数的 52.58%，岩土工程专业，占总人数的 11.34%。

监测项目负责人专业情况　　　　表 5-2

专业名称	测绘	岩土工程	土木工程	其他
比例	52.58%	11.34%	6.19%	29.90%

3）第三方监测项目负责人注册情况

第三方监测项目负责人的注册资格情况如表 5-3 所示。其中持有国家注册测绘专业资格人员最多，占 35%，持有注册岩土资格人员次之，占 12%。其他注册专业人数占比不足 5%；无注册资格人员占 44%。

监测项目负责人注册情况　　　　表 5-3

注册专业	测绘	岩土	工程检测	公路水运检测	结构	铁道工程	土木工程师	无损检测	无注册
比例	35.00%	12.00%	2.00%	1.00%	1.00%	1.00%	2.00%	1.00%	44.00%

5.3 主要城市情况

5.3.1 城市轨道交通勘察案例

案例一：岩溶风险勘测

随着城市轨道交通的快速发展，岩溶作为一种分布广泛的典型不良地质现象，对轨道交通项目建设、运营的不利影响越来越明显。由于岩溶发育规律性较差，

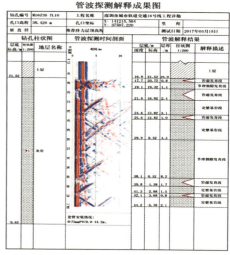

图 5-1 地震波 CT 成果　　　　图 5-2 管波测试成果

常规的勘察手段难以查明岩溶发育的位置、特点、规模等，会遗留大量的盲区。

深圳市轨道交通 16 号线全长 29.7km，其中有 11km 位于岩溶发育地段，针对其岩溶发育特征，在勘察过程中采用了"钻探+综合物探+水文地质试验"的工作思路，在常规钻探基础上，对比多种物探手段的探测结果探查岩溶发育情况，为设计施工提供了较为可靠的基础资料，并以本项目岩溶勘察工作探索和实践为基础，在轨道交通岩溶风险勘测方面建立了一套行之有效的岩溶探测思路和方法体系。

该项目开展过程中采用多种物探手段进行必选，如高密度电法、全方位电法、电磁波 CT、地震波 CT、电阻率 CT、管波探测、地质三维探测等，通过对比试验并结合当地经验，确定最适用本项目的物探手段，采用声纳法、连通性试验查明地下水特性，基本探明沿线岩溶发育的特征、规模、分布等（图 5-1～图 5-4）。通过和岩溶处理施工过程中的数据对比，采用"钻探+多种物探+水文地质试验"揭露的岩溶发育情况得到了很好的验证。

该项目所采用的岩溶探测思路和方法体系，还在深圳地铁 14 号线（局部岩溶发育）勘察中得到了应用，并在广州、武汉、南宁、徐州等地岩溶岩发育地段的地铁项目工程勘察实施中通过类似方法的应用成果获得了部分经验和验证。项目提出的岩溶探测思路和方法体系，随着各地城市轨道建设实践中的应用和完善，将继续产生明显的经济效益和社会效益。

案例二：物探典型案例——综合物探手段在轨道交通岩溶勘察的应用

深圳地铁 X 号线 A 工程穿越岩溶发育区域，为合理确定岩溶位置、大小，

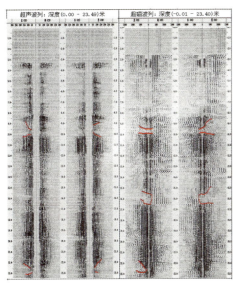
图 5-3 地质三维探测成果

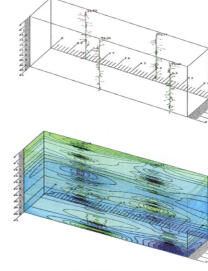
图 5-4 声纳法测试成果

在 A 场地采用了高密度电法、弹性波 CT 进行探测。首先利用高密度电法进行 A 场地普查，圈定岩溶发育区，其次再利用弹性波 CT 准确查询，最后利用钻探验证。

（1）高密度电法

地下岩溶发育时，一般会出现全部填充、半填充或不填充，根据填充物的不同填充会出现局部高阻或低阻区，通过高密度电法探查地下电阻率分布情况可推测岩溶发育情况。

（2）跨孔弹性波 CT

在跨孔弹性波 CT 应用中，硬质完整的地层波速较高，而受到节理裂隙发育、溶蚀洞穴的影响出现波速异常，波速呈现相对低速，从而可以确定探测区域内的溶洞、裂隙等不良地质体的分布范围及发育情况。由于溶洞发育区与周围的完整基岩之间存在明显的波速差异，在反演的波速影像图中十分容易识别。

图 5-5 左侧是深圳轨道交通 X 号线 A 场地高密度电法探测岩溶结果，采用温娜装置，电极距为 2m，图中可见 5 处明显的电阻率差异，近地表 I 号异常均表现为高阻，根据现场踏勘情况，推测为近地表水泥地、碎石、杂填土引起高阻反应；V 号异常表现为高阻和附近钻孔已发现基岩位置吻合，推测为基岩，II 号和 IV 号异常表现为大面积低阻，且存在连续性，推断为黏土层，结合钻孔资料证实推断；III 号局部形成圆形低阻，推测为岩溶发育，溶洞位置为测线 138～148m 之间，赋存深度约为地下 8～15m。

根据 A 场地高密度探测结果，在高密度测线 120m 和 150m 处分别布置钻

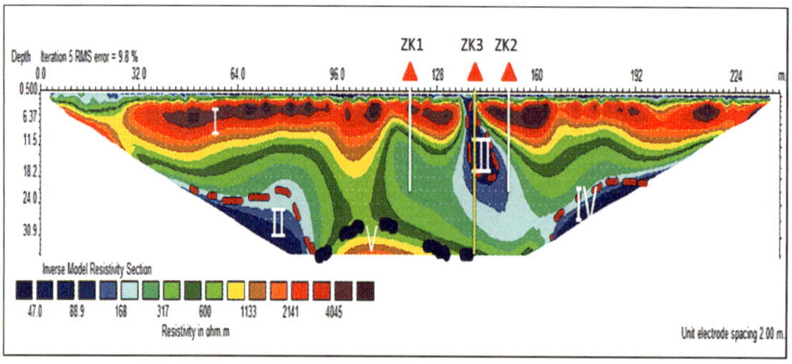

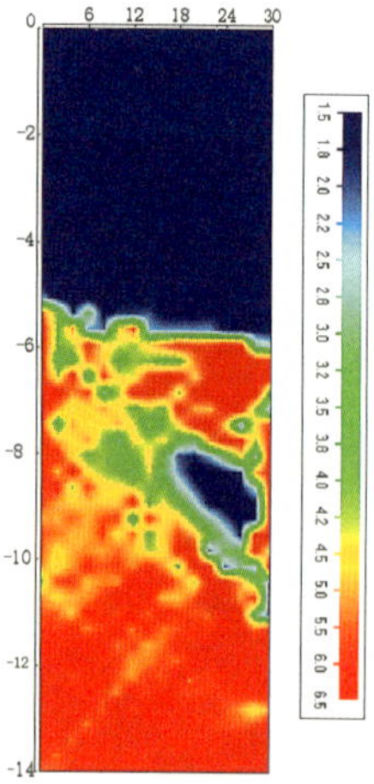

图 5-5 A 场地高密度电法和弹性波 CT 探测结果

孔 ZK1 和 ZK2 进行弹性波 CT 探测。激发点和接收点间距均为 1.0m，探测结果如图 5-5 右侧所示。根据弹性波 CT 波速分布图推测白色线条圈定区域存在溶洞，宽度约 8m，深度约 3m。对比高密度电法和弹性波 CT 结果，推测岩溶发育的位置基本吻合。

案例三：地下水勘测与风险分析技术实施案例

地下水的勘测对岩土工程的设计施工以及结构安全具有十分重要的影响。岩土工程在设计施工过程中需全面了解地下水问题对工程建筑可能产生的作用效果，同时要此类作用的威胁性进行科学的预测和分析，这样才能采取有效的防控措施，以减少地下水问题的不利影响。

（1）基于高精度注水试验的渗透系数测定

对于渗透性较差的粉土，粉细砂层，通常采用降水头注水试验计算渗透系数。传统的人工观测的方式记录数据，在水位恢复时间较短的情况下，很难精确记录，而注水试验对现场观测时间频率要求较高。本次研究采用高精度地下水位自动记录仪及配套设备开展注水试验，通过连接电脑进行实时数据传输，再通过软件计算得出渗透系数。对于渗透性较好的中砂、粗砂和卵石层，则采用定水头注水试验或定流量注水试验，而定水头注水试验对注水管和井管的密封性要求较高，由于中粗砂层渗透性较好，水位快速下降，经常造成管内存在大量空气，进而导致监测流量偏小，渗透系数计算值严重偏离经验值，因此，对于渗透性较好的地层，可基于高精度水位观测设备，进行定流量注水试验来确定地层渗透系数。

如，合肥市轨道交通工程抗浮设防水位研究项目中渗透系数测定。

合肥市南淝河二级阶地地下水含水介质主要为发育有裂隙的风化残积层，渗透性较差，采用了高精度降水头和常水头注水试验测定其渗透系数。表5-4 为采用高精度降水头注水试验计算渗透系数的结果。

注水试验计算成果表　　　　　　　　　表 5-4

序号	线路	车站	地下水类型	渗透系数 cm/s	渗透系数 m/d	对应地层
1	一号线三期	天水路站	承压水（三）	0.0000646	0.0558	粉质黏土⑦$_2$层
2	五号线	纪念馆站	承压水（三）	0.0000499	0.0431	粉质黏土⑦$_2$层

（2）基于GIS技术、三维地质建模、数值模拟技术和孔隙水压力监测技术的抗浮设防水位分析预测

在收集地下水长期观测资料的基础上，在城市轨道交通工程沿线车站布设及区域上补充地下水位动态长期观测孔，通过对沿线多年来地下水的动态分析，充分考虑历史地下水位的动态变化、线路附近地表水体的分布、河流的洪水位等，预测未来地下水可能出现的最高水位，结合含地铁结构特点及孔隙水压力传导规律，提出安全可靠、经济合理的抗浮设防水位高程。在充分分析影响研究区内地下水动态变化规律的各种因素前提下，预测极端条件下可能出现的最高水位。根据预测出的对基础产生浮力作用的最高水位，结合孔隙水压力检测结果，通过渗流分析，计算确定抗浮设防水位。

"长春市轨道交通工程（第三轮建设规划）抗浮设防水位研究"项目采用资料调研—现场试验—数值模拟—理论分析—专家咨询—综合研究相结合的研究方法。根据长春地铁2号线东延、5号线、6号线、7号线、空港线平面图，结合相关规范要求，基于GIS技术完成了遥感影像解疑，进而确定了大气降水入渗参数分区；基于GMS地下水数值模拟软件，完成了长春地区三维地质模型的构建和地下水三维数值模拟模型的构建；利用通过验证的模型，分析了百年一遇的最高地下水位，并结合孔隙水压力检测结果最终提出了抗浮设防水位建议值。

5.3.2 城市轨道交通测量案例

案例一：合肥市轨道交通1号线一、二期工程测量

1）工程概况

合肥市轨道交通1号线一、二期工程北起合肥站，南至徽州大道站，线路全长24.58km，全部为地下线，设23座车站，最大站间距2462m，最小站间距714.5m，平均站间距1106m，设滨湖车辆段及综合维修基地1座，大连路停车

场 1 座，胜利路主变电所和庐州大道主变电所 2 座，运营控制中心 1 座。

2）项目特点与难点

该线路多次下穿重要的市政道路、河流、既有铁路，其中里程 K6+150 附近下穿既有铁路，在里程 K7+150～K7+210 段下穿南淝河，在里程 K8+270～K8+290 下穿二里河暗涵，在里程 K13+790～K13+860 下穿望湖城桂香居小区景观河流，在里程 K14+570 附近下穿机场专线铁路，在里程 K15+365～K15+430 段下穿合宁高速（G312），在里程 K16+090～K16+510 段下穿骆岗机场用地，在里程 K19+025～K19+040、K19+675～K19+690、K19+775～K19+785 多次下穿十五里河，加之该线路为合肥市轨道交通首条线路及试验线，业主方对控制测量要求尤为严苛。

3）项目技术成果

（1）创建了"合肥轨道盾构测量监控平台"系统。在合肥市轨道交通 1 号线一、二期工程测量中首次研发了"合肥轨道盾构测量监控平台"系统，实现了盾构导向系统的实时信息联网。利用互联网技术对地铁在施盾构进行在线跟踪，有利于及时了解地下工作的各盾构机的工作状态，及时发现轴线偏位等问题，让盾构施工过程中的相关技术人员及领导能实时掌握当前盾构施工状况，同时该系统还提供了 APP 手机客户端软件，相关人员可以 24 小时随意查看盾构机的工况。

（2）首次应用自主研发的 PDA 记录系统进行测量外业数据采集。结合地铁工程测量的特点，自主研发了基于 PDA(掌上电脑) 的测量数据记录系统。在合肥市轨道交通 1 号线一、二期工程测量中，我院采用了 PDA 记录系统。该系统实现了全站仪和掌上电脑实时交换测量数据，可以接受多个品牌全站仪输出的数据格式，无须人工读数和记录，实现了控制测量数据的现场自动记录。该系统可以按照规范要求的各种等级控制测量的观测顺序，测回数，测站限差进行平面、高程控制测量观测、记录，测站限差判断和多测回平均值计算由掌上电脑程序自动完成。该系统可自动生成符合测量规范要求的外业记录手簿，彻底摆脱了传统测量作业中纸质手簿的束缚。

（3）首次应用针对该工程自主研发的竣工结构断面测量数据处理软件。在合肥市轨道交通 1 号线一、二期工程测量过程中结合多年结构断面测量经验，开发了一款结构断面数据处理软件并首次在合肥市轨道交通 1 号线一、二期工程测量中应用。该软件实现了数据输入—数据处理—成果输出的统一处理过程；实现了根据所测结构断面形式不同修改相关参数即可输出所需成果的功能；实现了自动绘制断面图及自动提取相对任意轨道高度的隧道结构尺寸数据的功能；实现了所生成实测断面图形和标准断面图形的直接对比。

（4）成功应用CPⅢ技术进行地铁铺轨。在合肥市轨道交通1号线一、二期工程芜湖路站、南一环站区间进行实验，结果显示CPⅢ完全适用于地铁区间，而且更加便捷，提高了生产效率，为以后在地铁中推广CPⅢ技术提供了实践基础。

（5）成功应用三维激光扫描技术进行断面测量。在合肥市轨道交通1号线一、二期工程芜湖路站、南一环站区间进行断面测量实验，然后按照设计要求用软件进行数据处理，得出设计调线调坡需要的数据，精度满足规范要求，极大地节省了劳动力，缩短了工作时间，提高了工作效率。

4）项目小结

在合肥市轨道交通1号线一、二期工程测量实施过程中，项目设计单位北京城建勘测设计研究院自主研发了相关软件和测量系统、运用先进的测量技术和方法、制定合理的各项测量方案。在充分掌握地铁施工全过程的情况下，每个环节工程测量方案都考虑了施工工艺过程及已有测量成果的应用，避免了测量工作的浪费，一定程度上节省了测量费用。另外，测量新仪器和新技术的应用，不仅为地铁施工提供了可靠的施工依据，同时为缩短工期、节约工程费用、保证地铁施工和使用安全而产生了无法估算的经济效益和社会效益。

案例二：武汉有轨电车T1、T2试验线工程第三方测量

1）工程概况

武汉东湖国家自主创新示范区有轨电车T1、T2是东湖新技术开发区首次公布在建的两条有轨电车的运营路线，其位于武汉市光谷片区，于2018年1月18日开通运营。至2018年，日均可运送10万人次客流。武汉东湖国家自主创新示范区有轨电车T1线工程线路全长15.824km（含单线里程2.414km，双线里程13.410km）；武汉东湖国家自主创新示范区有轨电车T2线工程线路全长19.592km（含与T1共线的2.526km及接轨线0.5km）。T1、T2线共设置车站45座。

2）项目特点及难点

有轨电车测量不同于一般工程施工测量，它有以下特点：

（1）有轨电车工程全线分区段施工，开工时间、施工方法、施工承包商不同，各个工点之间，各道工序之间存在测量成果的衔接问题，测量单位要密切配合施工进度；

（2）有轨电车工程对限界有严格的规定，对施工测量精度要求较高；轨道结构均采用整体道床，轨道铺设一次到位，几乎没有调整余地，所以对CPⅢ及铺轨测量精度的要求为毫米级；

（3）区间及车站的控制点在各道工序中经常使用，应按照相关要求布设足够数量的合格控制点，精心做好标志，要求点位稳定，标识唯一，清晰易找。

3）项目成果

本项目的控制网测量技术报告、施工测量检测报告、CPⅢ控制网（铺轨基标）报告、沉降观测报告等，经过业主组织的专家评审，均获一致通过，得到了业界专家的肯定和好评。我院在该工程的实施过程中取得的阶段性成果得到了专家认可。

该工程测量的每一个单项除实行三级审核外，还实行出手质量评分制度。明确工程质量目标，确保各项工程合格率达100%，优良率达到95%以上。

本项目的主要创新点为将高速铁路施工中第三级测量控制方法（CPⅢ技术）引进了工程，其主要效益如下：

（1）CPⅢ测量配合轨检小车铺轨，通过自由设站、边角交会网进行相邻测站重叠观测多个CPⅢ的方法，能极大提升有轨电车轨道的平顺性，提高运营期间有轨电车乘坐的舒适性；

（2）CPⅢ控制网可作为施工、运营一体的控制网，可令施工期及运营期的沉降观测具有连续性，运营期的维护测量也同施工期测量控制为同一系统，测量系统完全是统一的；

（3）CPⅢ控制网同传统基标测量方法比较，测量精度高、点位密度高、测量过程中复核条件多，能很大程度避免施工过程中因精度不够、测量粗差造成的返工，避免经济损失。

武汉东湖国家自主创新示范区有轨电车T1、T2试验线工程经过1年多的紧张建设，已于2018年顺利建成通车。

5.3.3 智慧城市轨道交通研究开发

1）勘测成果BIM化

（1）国内外发展现状

BIM技术自引入国内起，就逐渐被设计行业所持续关注，民用建筑行业率先深入应用，现已影响到地铁、铁路、公路、水电等其他各个行业。BIM技术对于勘察、设计行业的革命性影响，是对传统的设计、建造和管理模式的一种颠覆。BIM作为一种全新的理念，在城市轨道交通施工建设管理阶段正逐步发挥出越来越大的作用。真正的BIM模式，会给当前的建筑行业带来综合效率的提升，项目周期的缩短。BIM贯穿建筑全生命周期，岩土工程勘察BIM也是BIM的重要组成部分，因此对其进行研究是必要的。

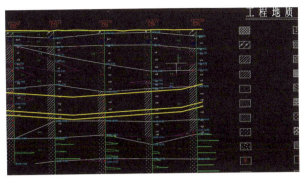
图 5-6 地质 CAD 剖面图

图 5-7 地质 BIM 模型

（2）研究内容

目前，国内的大部分关于 BIM 的研究和应用，主要集中在上部建筑结构及设施，地质勘测以及地下管线 BIM 数据也是 BIM 的重要组成部分，因此对其进行研究是必要且不可或缺的。尤其是随着城市地下空间的开发利用，在建筑物的全生命周期中，在既有建筑物周边出现诸如地铁、综合管廊、市政管线沟、地下商场、地下洞室等地下建构筑物的可能性大大增加。既有建筑物与周边环境的相关关系较历史上的任一时期都更为紧密，因此将勘测成果有效地整合到建筑物 BIM 模中也是现代城市建设发展的需要。

为了解决地铁勘测 BIM 化的问题，将地铁勘测业务运用 BIM 技术，实现勘测成果由二维 CAD 向三维 BIM 的转化，实现勘测业务与设计、施工等过程的 BIM 无缝对接，以提高整个工程的工作效率，利用 Revit 软件来进行 BIM 化研究，建立地质 BIM 模型；在 Revit 中建立相应的地下管线分布；建立地表三维模型，以便于地铁设计时的站台 BIM 模型，区间 BIM 模型相结合，实现地上地下的三维可视化，实现建筑物与自然环境形成交互比对，将用户置身于自然地理和社会环境之中，是勘测成果 BIM 化的重要内容。

（3）BIM 技术具体应用

城市轨道交通勘测成果 BIM 化，取得了一系列的科研成果和多项新技术的突破应用，主要成果如下：

地质模型 BIM 化：主要内容包括，工程地质测绘和调查、勘探和取样、各种原位测试、室内土工试验和岩石试验、检测和现场监测、分析和计算、数据处理等。勘察报告需提供建设场地岩土层分布和岩土工程设计参数，地基与基础评价和各种统计表和工程地质剖面图、柱状图等内容（图 5-6、图 5-7）。

地下管线 BIM 化：基于 BIM 技术的管线综合，能够整合各专业的信息，建立建筑、结构和机电专业协调沟通的统一平台，以三维模型为基础，实现可视

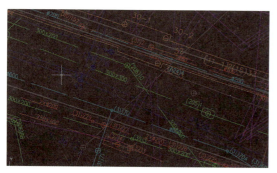
图 5-8 管线 CAD 图

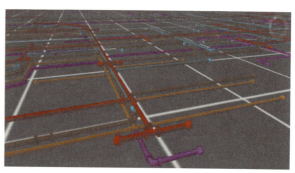
图 5-9 管线 BIM 模型

化的管线综合优化。特别是在大型、复杂建筑工程中，基于 BIM 技术的管线综合充分发挥了计算机对庞大数据的处理能力，是目前国内工程 BIM 软件应用的最主要功能之一（图 5-8、图 5-9）。

地表三维化：在项目规划阶段，场地的地形、地貌以及气候条件是影响设计决策的重要因素。规划、建筑设计人员往往需要通过场地分析对建筑、景观规划、环境现状、施工配套及建成后的交通流量等各种影响因素进行分析评价。工程勘察专业提供三维数字化地形图，以便于设计、规划技术人员直观地根据拟建场地条件确定建构筑物总的平布置方案。建立地铁线周边真实的三维地表模型，可以实现宏观的三维地表场景与微观的 BIM 模型完美融合，可以真实地再现线路、车站与周边环境的相对位置关系。同时勘察人员也可通过三维地表场景直接选择勘探钻孔点位置以及建筑物属性信息调查，极大地减少了人力物力，对于缩短建设工期，节省成本具有重要意义。

目前，除了在 BIM 软件中进行周边地上环境的简单建模外，随着新型测绘技术的出现，倾斜摄影测量技术，三维激光扫描技术以及 3D max 等软件与技术的推广应用，出现了多种三维建模技术，尤其是倾斜摄影数据与三维激光扫描数据具有建模速度快、数据更新时效性强的特点，使得人们可以很容易地获得地铁沿线的地表三维场景模型，这对于规划设计的线路选择尤为重要，减少了设计人员的现场踏勘次数，缩短了工期。

利用 CAD 地形图以及建构筑物调查信息表，建立相应的地表 BIM 模型，将之前抽象的二维地形平面图，实例化为三维城市空间模型，与车站、区间 BIM 模型，无缝对接；

利用倾斜摄影及三维激光扫描技术进行地表三维模型的建立，可以再现地表真实场景，减少了勘察、设计人员的现场踏勘次数，直接进行勘探点选取以及线路规划设计；

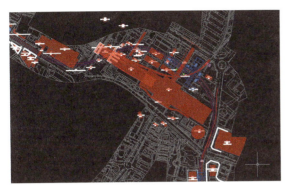
图 5-10 地形 CAD 图

图 5-11 倾斜摄影三维模型

图 5-12 三维激光扫描模型

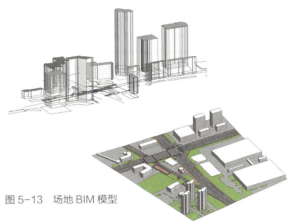
图 5-13 场地 BIM 模型

可以根据地表三维模型，进行交通导改方案的确定，更加方便、直观有效；

直观展示地铁线路的方案设计与周边环境关系，便于规划设计人员对地铁沿线地上、地下环境进行统筹考虑，确保业主全面掌握工程沿线地上、地下工程环境，减少磋商时间。

钻孔、地质、管线的 BIM 可视化，将简单的二维图形向真实的三维空间模型转换，与地表三维模型、BIM 设计模型相结合，真实展现三者之间的空间位置关系，对于后期指导规划设计与施工，缩短工期，节约成本具有重要意义（图 5-10~图 5-13）。

应用情况：勘测成果 BIM 化、三维化，目前已经在多个市进行了开展应用，如在烟台市地铁 1 号线、西安地铁 10 号线、西安市云轨线以及北京地铁 28 号线等地铁建设中成功应用，并取得了良好的效果。并推动了全国其他地铁建设的勘测成果 BIM 化工作，与国内多个在建地铁城市如青岛、济南、长春、天津等地的政府主管部门或建设单位已经在不同程度地展开了勘测成果 BIM 化工作。为后续为地铁 BIM 应用和工程项目管理系统建设提供良好的借鉴和参考意义。

2）勘察生产管理系统开发

以面向勘察生产，辅助勘察专业的生产工具，实现了勘察专业从数据采集、数据处理、成果输出到报告生成全过程的生产流程自动化系统的实例。

（1）勘察生产管理系统开发总体目标

以项目为主线，建设一套系统能串联起勘察院管理的全国所有项目部的全部生产环节，实现勘察所有项目部跨地区、跨局域网在一个系统、一个数据库下协同工作，提高勘察专业的生产效率、规范生产流程；

建立一套针对工程勘察数据的标准和规范，既能满足业主提资需要、行政管理需要，也能满足智勘云数据中心入库需要、后续三维模型建设需要；

开发辅助勘察专业的生产工具，优化原有传统的数据加工和产品生产方式，通过信息化的生产模式，将零散的信息、数据、中间成果和提资成果汇聚起来；

整合勘察专业院现有信息系统和生产工具，打通各系统之间的数据壁垒、消除信息孤岛，实现系统之间的互通互联，为数据中心的建设提供基础数据。

（2）主要勘察技术开发内容

① 研发以钻孔为基础，构建含复杂构造的地质剖面图自动绘制算法，以提高地质剖面图自动绘制的可靠性与实用性，为三维地质建模打下基础；

② 研发勘察生产计算工具集，实现液化判别、桩基荷载计算、桩长估算、水和土的腐蚀性分析等自动计算，提升计算分析效率及精度；

③ 基于 AutoCAD 二次开发模式，开发交互式绘图系统，实现钻孔任意点选位置批量布置、沿线路批量布置、沿线路走向自动分图等功能。

（3）技术创新点

① CAD 自动连层技术：以几种典型地层为例，包括：地层连续分布、地层透镜体、地层尖灭、地层连续缺失、地层间断缺失 5 种情况，主要针对这几种典型特征考虑自动连层的处理方法（图 5-14）：

针对两个钻孔之间的地层，使用经验法分析地层的特点来确定地层的连接方式，通过自动连层可以根据已有数据自动分析绘制分层线，不需要用户再去手动连接每层的分层线。

以连续的 3 个钻孔为分析单元，按照约定的算法自动分析地层的连接关系，并自动在剖面图中创建地层线。地层线可以是多段线或样条曲线，其图层、颜色、线型等属性都可以在程序中进行配置。

获得图面上的所有钻孔线，根据钻孔线形成的包围框判断这些钻孔线是否已有分层线，如果已有分层线将其删除掉给出提示语，再进行自动连层算法，如果没有分层线直接进行自动连层算法。

针对上面的几种特殊情况，自动连层的算法及实现步骤如图 5-15 所示。

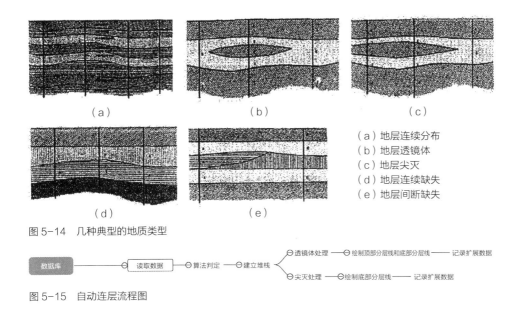

(a) 地层连续分布
(b) 地层透镜体
(c) 地层尖灭
(d) 地层连续缺失
(e) 地层间断缺失

图 5-14 几种典型的地质类型

图 5-15 自动连层流程图

- 对获得钻孔线进行排序，按照 x 值由小到大进行排序，并建立堆栈；
- 依次拿到相邻两个的钻孔地层数据，两个钻孔的地层从顶部开始依次往下进行比较，如果另一侧的地层堆栈为空，直接用三角形的方式连接，这种情况即为透镜体；
- 如果某个钻孔的地层已经到达底部，那个该点处就直接连接另一个钻孔的地层点；
- 如果没有到达底部尝试再取下一个地层判断是否可以形成透镜体，如果可以形成透镜体判断是左侧透镜体还是右侧透镜体，判断条件是左侧钻孔的下个地层和右侧钻孔的下个地层是否相同，如果不相同，再取下下个地层进行判断是否可以形成透镜体，如果可以形成那么绘制非透镜地层下面的地层线，然后找到非透镜体地层上面的地层线，计算中间的平均高程，绘制透镜体的两条地层线；
- 如果没有形成透镜体，就是默认连层方式，左侧地层点连接右侧地层点；
- 单侧尖灭，如果是交叉层号，直接按大层号连接，即左侧一层和右侧二层相同，左侧二层和右侧一层相同，那么就按照右侧一层进行处理层号从上到下顺序处理。如果不是交叉地层，且小层号与对侧钻孔地层 2 相同，那么先处理大层号。

生成剖面图前首先要准备好数据，几乎用到项目窗口下所有数据表的数据以及生成的平面图的数据。数据准备好之后生成剖面图的流程比较灵活且有多种选择，可以对剖线自动分层后生成剖面图、可以对剖线手动分层入库后生成剖面图、也可以对剖线自动分层后再手动分层进行人工干预和修改入库后生成剖面图。生成的剖面图如果需要进行填充可以在设置里面勾选自动填充，系统会根据分层数据对应到数据库的配置参数进行自动填充，不同类型的层号定义不同的线宽和颜色配置，一般主层为白色粗线，亚层为蓝色细线，次亚层为黄色细线。方便用户操作，节约工作时间。

② 动态生成柱状图技术

通过预先准备好需要的钻孔、地层各种数据，在后台预置能够使用的输出模板类型，然后根据钻孔的相关数据自动生成钻孔柱状图。分为 CAD 端和客户端两种方式自动生成柱状图：

CAD 端：先选择生成柱状图的数据来源，是钻孔分层数据还是最原始的外业岩土描述数据，再获得钻孔对应的数据，根据数据进行计算是否需要进行分图设置，如果需要则计算分图插入点，主要采用属性块和计算分图数据算法，根据钻孔数据自动生成柱状图，并对柱状图进行分幅处理。

客户端：客户端采用 VectorDraw 结合 OpenGL 技术进行图形绘制，VectorDraw 具有 VectorDraw Developer Framework（VDF）应用程序可视化的图形引擎库和 VectorDraw Web Library (javascript) 矢量图形库，VectorDraw 和 CAD 的实体机制类似，通过 OpenDwg 接口读取 dwg 图，通过自己特有的实体机制绘制出类似 dwg 的图纸，然后通过 OpenGl 转换为可见图形，转存为 dwg 通过文件流的方式保存为图片供客户端使用。

③ CAD 图结构化技术

CAD 成图软件与生产管理系统共享一个数据库，实现双向交互和功能联动，钻孔数据和实验数据的采集在勘察生产客户端进行，平面图、草剖面、正式剖面和柱状图的生成在 Auto CAD 中进行，CAD 端可以直接从数据库中读取钻孔数据、剖线数据、分层数据、土工实验数据等后自动生成，将绘制成果阶段平面图、草剖面、正式剖面、柱状图等从原来的非结构化数据，转换为结构化数据，数据实时入库、自动更新，为后期三维地质模型创建积累数据基础。

④ 参数转换技术

在勘察专业实际生产中，钻孔坐标是地方坐标，不同城市、不同项目之间的投影转换参数可能都不相同。为解决不同项目、不同城市之间的坐标转换问题，使所有的数据都在一张地图中展示，本项目从测量学方面做了深入研究，最终集成了四参数转换技术，实现了 CAD 和地理坐标的互相转换，让钻孔在 CAD 和地图中分别展示，提高对钻孔数据的可视化分析能力。

目前，系统不仅支持 WGS84、西安 80、北京 54、CGCS2000 之间的互相转换，还集成了百度、高德等地图之间的互相转换，做到一个项目一套参数，提高了数据的转换精度。最终形成以 WGS84 为数据标准，提供不同地图、不同坐标系之间的转换服务。

⑤ Word 在线编辑技术

系统基于微软的开源控件 Dsoframer 二次开发出 Word 编辑器组件，该组件在勘察生产系统中应用于纲要管理模块，实现了 Word 文档在线编辑、痕迹隐现、新建批注、状态控制、模板套红、打印控制、文档保护等功能，大大提高了工作人员的办公效率。

Dsoframer 是微软提供的一个基于 C 语言实现的、开源的 Activex 组件，为 Excel、Word、Ppt 等 Office 程序提供了嵌入到其他支持 OLE 技术的程序和系统中的能力。该组件为开源组件，在技术应用上达到了自主可控的要求，相比于市场上其他同类组件，该组件的应用更加灵活。

Word 编辑器组件是在 Dsoframer 组件的基础上进行的二次开发，该组件可以嵌入到桌面程序和 Web 页面 UI 界面中使用，提供了 Office 编程的接入点和其中的 Office 对象，很好地控制 Office 对象、使用 Office 本身提供的各种能力：函数、书签／标签／标注、打印／打印预览、统计、图表等等，甚至是 Vba、宏来动态控制的能力。

Word 编辑器组件大大地扩展了 Office 技术的应用范围。不仅可以应用在传统的桌面和 Web 页面中，还可以在 J2ee 项目和 Java Swt/rcp 项目使用。在对 Office 应用要求比较高，需要动态交互控制，嵌入到已有非 Office 应用 (桌面程序和 Web 应用) 中时，首选该组件。

Word 编辑器组件在 OA、统计类项目的需求的基础上，可以实现 Office 办公套件。其中包括 Excel 动态报表、Word 凭证套打和动态报表技术。

⑥ 电子签名技术

系统对审核纲要模块实现了电子签名，目前使用插入图片的方式，后期会接入手写板，以提高系统安全性。

手写签名是系统进行数字加密文档型表单的一种技术途径，提供给用户更高强度的安全认证信息，在文档型表单中，可以在正文中插入个人的电子印章或签署手写签名，手写签名表现在文档中就是一个图片。也可以另行配备手写板，如果要实现较好的手写效果，建议采用手写板。

电子签名系统改变传统的纸质留言方式，在一定程度上提高了办公效率并实现无纸化办公。

⑦ 数据同步技术

勘察专业院要求系统能适用于不同的网络办公环境，即使在无网的场地中也能使用系统对数据进行操作。为了满足这种对需求，系统采用了 CS 开发模式，分离线和在线两种方式，客户端和服务端各有一个数据库，数据采集、绘图、编辑和运算等内业数据处理功能，在本地离线状态下完成，主要完成无网情况下对本地数据的操作，新建工程、纲要审核、地图查询及展示、人员库、系统管理等功能对数据的时效性要求高，必须联网才能使用。

客户端与服务端通过网络通信进行数据的上传和下载，下载的时候，系统自动判断客户端数据库。如果本地没数据，系统从服务端下载最新的数据；如果有数据，系统进行客服端和服务端数据版本的比较，让用户确定最终的版本。同样，上传时，用户对各版本进行判断，最终确定服务端上保留的版本，从而保证服务器的数据库和本地数据库的同步。多台客户端之间的数据同步和共享，通过在有网状态下，将一台电脑上的数据同步更新到服务器上，其他电脑从服务器端下载数据到本地，从而保证客户端获取的是最新数据。

5.4 政策和标准

5.4.1 标准

由于地铁工程涉及的构筑物种类多，在勘察过程中所需提供的参数较为复杂，主要包括线路设计、基础设计、结构设计、降水设计、防腐、通风通电、抗震设计等，因此，不同构筑物类型的不同设计参数可能会应用不同的规范。

从事地铁岩土工程勘察工作，首先应执行强制性国家标准《城市轨道交通岩土工程勘察规范》GB 50307—2012，遇到该规范没有具体规定时，可参照其他规范执行。

1）国家标准

在进行地铁工程岩土工程勘察工作时应首先满足国家标准的技术要求。城市轨道交通工程岩土工程勘察工作中常用的强制性国家标准如下表5-5所示。

国家勘察标准一览表　　　　　　　　表5-5

序号	规范名称	规范编号	适用范围
1	《城市轨道交通岩土工程勘察规范》	GB 50307	轨道交通岩土工程勘察
2	《岩土工程勘察规范》	GB 50021	车辆段及附属工程等建构筑物的勘察
3	《建筑地基基础设计规范》	GB 50007	地基承载力验算及变形分析
4	《建筑抗震设计规范》	GB 50011	建筑物的液化判别、场地类型划分等抗震评价
5	《工程岩体分级标准》	GB 50218	岩土质量等级划分
6	《工程岩体试验方法标准》	GB/T 50266	岩石的试验

续表

序号	规范名称	规范编号	适用范围
7	《土工试验标准法标准》	GB/T 50123	室内土工试验
8	《湿陷性黄土地区建筑规范》	GB 50025	黄土地区勘察
9	《膨胀土地区建筑技术规范》	GBJ 112	膨胀土地区勘察
10	《建筑边坡工程技术规范》	GB 50330	边坡稳定性分析及支护方案建议
11	《建筑基坑工程勘察技术规范》	GB 50497	基坑勘察建议
12	《岩土工程勘察安全规范》	GB 50585	岩土工程勘察的安全管理
13	《城市轨道交通设计规范》	GB 50157	结构分类
14	《铁路工程抗震设计规范》	GB 50111	线路、路基、挡土墙、桥梁、隧道等的抗震评价
15	《城市轨道交通工程测量规范》	GB 50308	轨道交通工程测量
16	《基础地理信息数据库基本规定》	GB/T 30319	地理信息、信息化、数据库
17	《地理信息公共平台基本规定》	GB/T 30318	地理信息、信息化

由于当前使用的三维地质建模软件众多，所采用的数据模型都不同，难以实现三维地质模型数据的集成管理和交换共享，国内外也缺乏三维地质模型交换共享标准。可采用中国地质调查局批准印发《三维地质模型数据交换格式（Geo3DML）》DD2015-06标准。

2）行业标准

国家标准没有明确规定的，可执行行业标准的技术要求。地铁岩土工程勘察涉及的行业标准主要为建筑行业和铁道行业。

在进行地铁工程勘察时，对于城市轨道交通标准规范没有明确规定的线路、路基、桥涵等，通常参照执行铁路规范。具体适用范围见表5-6。

铁路类勘察规范一览表　　　表5-6

序号	规范名称	规范编号	适用范围
1	《铁路工程地质勘察规范》	TB10012	市郊线路勘察、岩土施工工程分级
2	《铁路工程不良地质勘察规程》	TB10027	不良地质作用的勘察可参照执行
3	《铁路工程水文地质勘察规程》	TB10049	水文地质勘察
4	《铁路工程地质原位监测规程》	TB10041	原位监测工作可参照执行

续表

序号	规范名称	规范编号	适用范围
5	《铁路工程特殊岩土勘察规程》	TB10038	特殊性岩土的勘察可参照执行
6	《铁路桥涵与地基基础设计规范》	TB10002.5	桩基设计参数选取
7	《铁路隧道设计规范》	TB10003	隧道围岩分级等隧道设计参数选取

地铁工程多位于城市中，其中指挥中心、列检库等均属于地面建筑，明挖法施工的基坑与建筑基坑十分相似。所以，在地铁工程岩土工程勘察工作中遇城市轨道交通标准未做具体规定的建筑问题，参照执行建筑规范。具体适用范围见表5-7。

建筑类勘察规范一览表　　表5-7

序号	规范名称	规范编号	适用范围
1	《建筑桩基技术规范》	JGJ 94	桩基承载力验算、变形分析及评价
2	《建筑基坑支护技术规程》	JGJ 120	基坑稳定性评价及支护方案建议
3	《建筑与市政降水工程技术规范》	JGJ/T 111	基坑降水分析及方案建议
4	《建筑地基处理技术规范》	JGJ 79	地基方案建议
5	《建筑工程地质钻探技术标准》	JGJ 87	野外地质钻探
6	《静力触探技术标准》	CECS 04	静力触探试验
7	《建筑变形测量规程》	JGJ 8	变形勘察建议
8	《建筑桩基检测技术规范》	JGJ 106	桩基检测建议
9	《房屋建筑和市政基础设施工程勘察文件编制深度规定》	—	勘察成果文件的编制

3）地方标准

我国很多省、市发布了当地的勘察规范、地基基础设计规范和基坑支护规范。但专门针对轨道交通建设勘察的地方规范还很少，个别地方仅有自己的政府性指导文件。调查结果显示浙江省有针对轨道交通建设的勘察地标，重庆、西安等地正在编制。

因全国各地区地质条件各不相同，勘察专业是需要具有很强的地区经验做指导的，地方标准一般严于国家标准，并且往往总结了当地大量的工程经验，在进行地铁岩土工程勘察工作量布置、勘察成果分析和岩土参数提供时，在不违反国家标准和行业标准的前提下，应参照执行地方规范。建议没有地方规范的地区应该编制自己的勘察标准，提高勘察工作的针对性。

各城市目前已有的具体地方标准情况见下表 5-8。

各城市与轨道交通建设相关的具体地方勘察标准情况   表 5-8

城市	有无地方勘察标准	标准名称
苏州	有	江苏省 2016 年发布的《岩土工程勘察规范》DGJ32/TJ 208—2016
青岛	有	《青岛地铁隧道围岩分级指南》
福州	有	福建省标准《岩土工程勘察规范》DBJ 13—84—2006、福建省标准《建筑地基基础技术规范》DBJ 13—07—2006
广州	有	《建筑地基基础设计规范》DBJ 15—31—2016、《建筑基坑支护工程技术规范》DBJ/T 15—20—2016
重庆	正在编制	重庆市勘测院主持编制了《重庆市城市轨道交通工程勘察测量规范》，目前已完成征求意见稿
天津	有	《天津市轨道交通地下工程质量安全风险控制指导书》、《天津市岩土工程勘察规范》DB/T 29—247—2017
杭州	有	《浙江省城市轨道交通岩土工程勘察规范》DB 33/T 1126—2016
北京	有	《北京地区建筑地基基础勘察设计规范》DBJ 11—501—2009《建筑基坑支护技术规程》DB 11/489—2007

5.4.2 城市轨道交通勘察政策

1）《建筑工程五方责任主体项目负责人质量终身责任追究暂行办法》〔建质 (2014)124 号〕的相关内容：

① 建筑工程五方责任主体项目负责人是指承担建筑工程项目建设的建设单位项目负责人、勘察单位项目负责人、设计单位项目负责人、施工单位项目经理、监理单位总监理工程师。

② 建筑工程开工建设前，建设、勘察、设计、施工、监理单位法定代表人应当签署授权书，明确本单位项目负责人。

③ 勘察、设计单位项目负责人应当保证勘察设计文件符合法律法规和工程建设强制性标准的要求，对因勘察、设计导致的工程质量事故或质量问题承担责任。

④ 由于勘察、设计或施工原因造成尚在设计使用年限内的建筑工程不能正常使用；县级以上地方人民政府住房城乡建设主管部门应当依法追究项目负责人的质量终身责任。

⑤ 工程质量终身责任实行书面承诺和竣工后永久性标牌等制度。

⑥ 发生本办法第六条所列情形之一的，对勘察单位项目负责人、设计单位项目负责人按以下方式进行责任追究：项目负责人为注册建筑师、勘察设计注册工程师的，责令停止执业 1 年；造成重大质量事故的，吊销执业资格证书，5 年以内不予注册；情节特别恶劣的，终身不予注册；构成犯罪的，移送司法机关依法

追究刑事责任；处单位罚款数额 5% 以上 10% 以下的罚款；向社会公布曝光。

2）住房城乡建设部关于开展工程质量安全提升行动试点工作的通知建质〔2018〕169 号的相关内容

① 试点目的

通过开展提升行动试点，进一步完善工程质量安全管理制度，落实建设工程五方主体责任，强化工程质量安全监管。通过试点先行、以点带面，充分运用市场化、信息化、标准化等手段，促进全国工程质量安全总体水平不断提升。

② 勘察质量管理信息化试点

通过影像留存、人员设备定位和数据实时上传等信息化监管方式，推动勘察现场、试验室行为和成果的质量管理标准化，切实提升工程勘察质量水平。试点地区：北京、上海、浙江、山东、广西、云南、新疆。

3）住建部关于印发城市轨道交通工程 BIM 应用指南的通知 建办质函〔2018〕274 号

城市轨道交通工程应结合实际制定 BIM 发展规划，建立全生命期技术标准与管理体系，开展示范应用，逐步普及推广，推动各参建方共享多维 BIM 信息、实施工程管理。

5.4.3 城市轨道交通测量政策

1）法律法规文件

（1）《城市轨道交通工程质量安全管理暂行办法》（建质〔2010〕5 号）；

（2）《城市轨道交通工程质量安全检查指南》（2016 年）。

（3）国家和地方的其他测量规范、强制性标准等。

2）重要技术标准

（1）《城市轨道交通工程测量规范》GB 50308—2008；

（2）《城市轨道交通工程监测规范》GB 50911—2013；

（3）《地下铁道工程施工及验收规范》GB 50299—2003；

（4）《工程测量规范》GB 50026—2007；

（5）《城市测量规范》CJJ/T 8—2011；

（6）《全球定位系统（GPS）测量规范》GB/T 18314—2009；

（7）《铁路工程测量规范》TB 10101—2009 J961—2009；

（8）《卫星定位（GPS）城市测量技术规范》CJJ 73—2010；

（9）《国家一、二等水准测量规范》GB/T 12897—2006；

（10）《1∶500、1∶1000、1∶2000数字地形图测量规范》GB 15967—2008；

（11）《测绘成果质量检查与验收》GB/T 24356—2009；

（12）《测绘作业人员安全规范》CH 1016—2008；

（13）《三维地理信息模型数据库规范》CH/T 9017—2012；

（14）《中华人民共和国测绘法》。

5.4.4 城市轨道交通检测政策

目前国内各个城市开展城市轨道交通工程监测工作主要依据下列法律、法规、技术标准来开展监测工作。

1）法律法规文件

（1）《关于加强重大工程质量安全保障措施的通知》（〔2009〕3183号）；

（2）《城市轨道交通工程质量安全管理暂行办法》（建质〔2010〕5号）；

（3）《城市轨道交通工程质量安全检查指南》（2016年）；

（4）国家、地方其他与监测相关的法律法规。

2）主要技术标准

（1）《城市轨道交通工程监测技术规范》GB 50911—2013；

（2）《地铁工程监控量测技术规程》DB 11/490—2007；

（3）《建筑基坑支护技术规程》JGJ 120—2012；

（4）《建筑基坑工程监测技术规范》GB 50497—2009；

（5）《地铁设计规范》GB 50157—2013；

（6）《地下铁道工程施工及验收规范》GB 50299—1999（2003版）；

（7）《盾构法隧道施工与验收规范》GB 50446—2008；

（8）《城市轨道交通工程测量规范》GB 50308—2008；

（9）《城市轨道交通岩土工程勘察规范》GB 50307—2012；

（10）《工程测量规范》GB 50026—2007；

（11）《国家一、二等水准测量规范》GB 12897—2006；

（12）《城市轨道交通地下工程建设风险管理规范》GB 50652—2011；

（13）《建筑变形测量规范》JGJ 8—2016；

（14）《城市测量规范》CJJ/T 8—2011；

（15）《城市地下水动态观测规程》CJJ 76—2012；

（16）国家、地方其他监测规范以及建设方制定的体系标准。

6. 设计篇

6.1 我国城市轨道交通制式类型和发展状况

截至 2018 年末，中国内地共计 35 个城市开通城市轨道交通并投入运营，开通城市轨道交通线路 185 条。城市轨道交通七种制式分项统计为地铁 4354.3km，占比 75.6%；轻轨 255.4km，占比 4.4%；单轨 98.5km，占比 1.7%；市域快速轨道 656.5km，占比 11.4%；现代有轨电车 328.7km，占比 5.7%；磁浮交通 57.9km，占比 1%；APM 线 10.2km，占比 0.2%。当年新增运营线路长度 728.7km，地铁、市域快轨、有轨电车增长较快，2018 年新增地铁线路 470.7km，增幅 12.1%，新增市域快速轨道 154.5km，增幅 30.8%，新增有轨电车 82.6km，增幅 33.6%。

截至 2018 年底，中国大陆地区有 53 个城市（部分由地方政府批复项目未纳入统计）在建线路总规模 6374km，同比增长 2%。在建线路 258 条（段）。共有 25 个城市的在建线路超过 100km。在 6374km 的在建线路中，地铁 5315.6km，占比 83.4%；轻轨 18.8km，占比 0.3%；单轨 46.8km，占比 0.7%；市域快轨 575.2km，占比 9.0%；现代有轨电车 400.9km，占比 6.3%；磁浮交通 10.2km，占比 0.2%；APM 6.6km，占比 0.1%。

截至 2018 年底，据不完全统计，共有 63 个城市的城轨交通线网规划获批（含地方政府批复的 19 个城市），其中，城轨交通线网建设规划在实施的城市共计 61 个，在实施的建设规划线路总长 7611km（不含已开通运营线路）。建设规划线路 3 条及以上的城市 38 个，27 个城市扣除已运营线路后的建设规划规模均超 100km。7611 公里规划线路包含地铁、轻轨、单轨、市域快轨、现代有轨电车和 APM 6 种制式。其中，地铁 6118.8km，占比 80.4%；轻轨 28.8km，占比 0.4%；单轨 101.9km，占比 1.3%；市域快轨 665km，占比 8.7%；现代有轨电车 691.6km，占比 9.1%；APM4.9km，占比 0.1%；无磁浮交通规划线路。

2016 年初，中国城市轨道交通协会对城轨交通"十三五"规划进行调研，全国 100 多个城市，规划"十三五"建设城轨交通 1.1 万多公里。其中：

（1）地铁：50 个城市左右，"十三五"规划建设 5700km；

（2）轻轨、单轨：30 个城市左右，"十三五"规划建设 1200km；

（3）有轨电车：90 个城市左右，"十三五"规划建设 2600km；

（4）市域快轨：25 个城市左右，"十三五"规划建设 2100km；

（5）磁浮交通：10 个城市左右，"十三五"规划建设 105km。

近两年中运量轨道交通系统的制式多样化成为新的趋势，涌现出了"云轨""智轨""空轨"等多种新的轨道交通制式，并且出现多家新进入轨道交通领域的参与者，比如汽车供应商比亚迪在 2017 年以新型跨座式单轨——"云轨"强势进入轨道交通市场，并且取得多个城市的订单。

6.2 各种城市轨道交通制式的技术特点

《城市轨道交通工程项目建设标准》建标 104-2008 明确了各类系统制式与线路运量等级的对应关系。城市轨道交通新线建设，按线路远期单向高峰小时客运能力，划分为四个类别、三个量级（表 6-1）。

各级线路相关技术特征 表 6-1

线路运能分类	I	II	III	IV
	高运量	大运量	中运量	
	（钢轮钢轨）		（钢轮钢轨/单轨）	
线路型式	全封闭型		部分平交道口	
列车最大长度 (m)	185	140	100	60
单向运能 (万人次/h)	4.5～7	2.5～5	1.5～3	1～2
适用车型	A	B 或 L_b	B、C、L_b 及单轨	C 或 D
最高速度 (km/h)	80～100		60～80	
平均站间距 (km)	1.2～2		0.8～1.5	
旅行速度 (km/h)	35～40		20～30	
适用城市城区人口规模（万人）	≥300		≥150	

6.2.1 钢轮钢轨地铁系统

钢轮钢轨地铁采用标准轨距 1435mm，全封闭独立路权，配备电力牵引和列车运行控制设备，线路的运能最高可达 7 万人次/h，最高速度可达 120km/h，平均旅行速度可达 40km/h 以上,最小运营间隔可达 2min。可以 4～8 辆编组,动拖组合,驱动方式有直流电机、交流电机、直线电机等。线路大多穿越市中心,采用以地下线为主的敷设方式,造价高,工程费用约 6～8 亿/km,适用于出行距离较长、客运量大的城市中心区域。

钢轮钢轨地铁 A 型车和 B 型车的主要优点有:

(1)应用历程长,技术性能成熟、可靠、规范、标准配套齐全,国产化程度高,产品供货期较短;

(2)国内外供货厂家多,已形成成熟的市场竞争。设计、制造成本比较透明,有利于控制采购成本;

(3)运量大,超载能力强;

(4)适合作为超大城市轨道交通骨干车型,形成规模发展,实现网络资源共享;

(5)网络化效益明显,有利于缩短建设周期,降低建设成本。

6.2.2 中低运量城市轨道交通系统

1)中低运量轨道交通的功能作用

中低运量系统,如低地板有轨电车、C 型车(即铰接式轻轨)、直线电机、单轨、中低速磁浮、胶轮自导向系统等,品种多,可以满足不同的服务需求,系统提供运能在 5000～30000 人/h。中低运量轨道交通在城市公共交通中的功能作用体现为:

(1)大城市中,可以承担地铁等骨干公共交通网络的"补充、延伸、联络、过渡"等辅助功能;

(2)中、小城市中,可构建以中运量系统为主骨架的公共交通网络,有效承接繁忙地段早晚高峰时段客流的输送;

(3)在旅游城市、历史文化名城,可以发挥中运量系统良好的环保特性,保护景区和古迹环境。

2)中低速磁悬浮系统

采用无接触的电磁悬浮、导向和驱动装置,依靠电磁吸力或电动斥力将列车悬浮于空中并进行导向,从根本上克服了轮轨系统的粘着限制、机械噪声和磨损等问题,轨道更容易维修。

按照运行速度的不同,磁悬浮列车分为高速和中低速两类;中低速磁悬浮列车的最高运行速度可以达到 100km/h 以上,适用于城市内部和城市组团之间的轨道交通运输。

关键组成包括车辆、线路轨道、信号与通信、供电等四大系统。

核心技术是悬浮导向控制技术。

主要技术发展方向体现在以下7个方面：

（1）车辆轻量化；

（2）转向架制造；

（3）车辆总装集成；

（4）轨道轧制、轨排加工和铺设安装；

（5）各种类型的道岔制造和安装；

（6）运行控制；

（7）供电系统。

主要工程特点：

（1）环保且舒适：运行平稳、舒适、噪音低。距离轨道7.5m处的峰值噪声为64dB（A）。

（2）线路适应性好：转弯半径小，爬坡能力强，线路纵坡可达70‰，最小曲线半径R=75米。

（3）运输能力较高：车辆长14~15.5m，宽3.0m，轨面以上高约3.81m，3辆编组列车载客量约450人，系统能力可以接近2.0万人次/h，属于中等运量交通系统。

（4）能耗和运营成本较高：同比轻轨系统，能耗高14%~17%，运营成本相对较高。

中低速磁悬浮系统技术发展还存在不确定性，目前还未全面推广，处在深化研究、技术储备和进行示范应用的阶段。

3）胶轮导轨电车系统

采用橡胶充气轮胎，具有行驶噪声低、震动小、制动快、爬坡能力强等特点。系统运能在单向5000~8000人次/h。

导轨电车结构简单，其模块化的设计可以提供多模块编组方式和两列车连挂运行。

车辆可在普通混凝土道路上行驶，降低建造成本，缩短施工工期。

4）跨座式单轨交通系统

车辆的转向架骑跨在轨道梁上，利用走行轮承重与走行，由转向架两侧的水平轮胎进行导向、稳定轮稳定车体。车辆转向架为二轴转向架，轨道梁既是承重的桥梁结构，又是车辆行驶的导向轨道。

工程特点：区间结构体量小，高架桥透光性好，美化城市景观。使用橡胶轮胎，车辆运行过程中震动小、噪声低，适用于高架、半径小、坡度大、声环境要求高的线路或者地形复杂的线路。

系统性能特点：

（1）走行轮的摩擦系数较大，车辆爬坡能力强，可达 60%。

（2）车辆轴距小，能通过较小的曲线半径，正线最小曲线半径100m，车场线最小曲线半径 50m。

（3）轨道梁的梁宽约 850mm（重庆），支柱结构细长（1500mm×1500mm），占地面积较小，城市景观好。

（4）采用橡胶轮胎，低噪声、低震动，环境影响小等。

（5）受限于信号系统的配置、单轨特殊道岔梁的转辙时间等因素，最大设计能力不大于 24 对 /h，最大运输能力不宜超过 2.3 万人次 /h（重庆）。由于特殊的道岔结构不容易组网运营，无法与传统地铁衔接和互通。

（6）轮胎和轨道梁之间的摩擦系数较大，轮胎磨耗较大，牵引能耗较大。

（7）轨道两侧没有可站立的设施，且离地面较高，紧急疏散非常困难。

为了解决救援问题，重庆单轨总结了列车自救、列车纵向连接推行救援、列车纵向疏散救援（线间距较大位置）或横向疏散救援（并行线路）、乘客通过疏散平台自救（无道岔区间），以及垂直救援（社会救援和人力救援）等不同区间条件的乘客疏散救援方法。

从世界范围看，全世界已有 11 个国家开通单轨线路共计 600 多 km。该系统适用于以高架线为主体的中、低运量的城市轨道交通线路，尤其是对地势起伏较大、环境条件复杂等选线受限制的线路较为适合，也适用于对环境等有特殊要求的机场线和旅游线。

另外，单轨交通的一个分支为悬挂式单轨交通。其特点是使用下部开口的钢制轨道梁，车体悬挂在安装有橡胶轮胎的走行部下方，整个车辆吊挂在轨道下方运行。运量小，只能用于一些低运量的交通项目。

5）直线电机运载系统

通过直线感应电机技术的应用，将定子线圈（初级线圈）安装在车辆上，而转子则安装在导轨上，由感应而产生电磁力并直接驱动车辆前进。转子磁场与定子磁场不同步运行，故也称为直线异步电机。

系统技术特点：

（1）将电能直接转换成直线运动机械能，不需要中间齿轮传动机构，结构简单、轮径小，车辆高度可降低，地下区间工程限界减少；具有无接触、少磨损、噪声低、速度快、推力大、定位精度高、组合灵活等优点。

（2）非粘着牵引，爬坡能力可达60%～70%，空气制动（液压制动）依靠轮轨间的粘着力，还可增加磁轨制动等非粘着制动来增大制动力。

（3）轮对无需传递纵向牵引力，且没有齿轮传动箱和联轴节等设备，可以使用径向转向架技术，车辆过曲线能力加强，最小半径可以50m。

（4）牵引能耗较高，总的公里能耗指标同比旋转电机约增加10%～15%。

（5）直线电机系统无法与传统地铁网络互联互通。

系统的减震降噪技术：

（1）采用直线电机运载系统，对城市造成的噪声、震动等负面环境影响较钢轮钢轨系统小，在环保方面有一定的优势。但是采用直线电机系统的线路往往坡度较大、曲线半径较小，运营条件相对苛刻，距离居民、办公场所较近，轮轨接触带来的震动和噪声依然存在，因此对轨道结构的减震降噪要求仍然较高。

（2）采取的减震降噪主要措施有：对低频电流采取滤波处理，消除电磁噪声；根据环评预测结果采取相应的轨道减震降噪措施。

系统的适应性：

（1）工程拆迁量少，环境破坏小，建造成本低，经济、实用，在土地资源日益紧张的状况下，该系统模式具有一定的应用前景。

（2）选线条件灵活，车辆轻量化，工程断面尺寸小，适合地势起伏大、地形复杂，城市开发强度高，选线受限制的项目。

（3）对踏面和钢轨的磨耗较低，降低维护工作量；且没有齿轮箱等中间传动结构，车辆的检修工作量也有所下降。

（4）理论计算的系统运输能力可达4.2万人次/h，但是，要充分发挥直线电机运载系统的效能，体现车辆轻量化与小型化优势，系统的运输能力以不高于2.5万人次/h左右的中运量为宜。

世界范围内投入运营的直线电机运载系统约有250km。鉴于牵引能耗较高，该项技术的应用需着力发挥"线路适应性强、系统轻量化与小型化"的技术特点，适合作为城市轨道交通网络的一种补充。适用于环境条件复杂、选线受限制的线路，如地势起伏大、地形复杂的山地丘陵城市，或者埋深较大、周边环境复杂的城市中心区内辅助线路。

6）胶轮路轨APM系统

胶轮路轨APM系统属于新交通系统范畴，全称为自动化导轨交通系统

（Automated GuideWay Transit，简称 AGT），也称为 APM（Automated People Mover System）。采用无人驾驶的车辆在专用路权及自动化控制条件下运行。车辆采用橡胶轮胎走行于混凝土路面上，电力牵引，具有自动导向，可单车或数辆编组运行。相应的技术特征是"胶轮+导轨+全自动驾驶运行技术"。

（1）车辆长度较短，一般在 7.6~13m 之间；宽度在 2.4~2.9m 之间，车辆定员一般约 70~150 人。车辆轴重 13t，一般采用 2~4 辆小编组。采用混凝土路面，钢制导轨，每辆车配备两个单轴转向架，胶轮作为走行轮和导向轮。

（2）走行轮的摩擦系数较大，爬坡能力强，可达 60%。

（3）单轴转向架且转向架间距短，能通过较小的曲线半径，正线最小曲线半径 30m，车场线最小曲线半径 25m。

（4）采用橡胶轮胎，低噪声，相对钢轮钢轨通常低 3~5dB，无震动，环境影响小，适合高架线路，线路能接近居住区，方便乘坐。

（5）高架区间占地面积较小，城市景观好。

（6）可利用高架桥面实施乘客疏散，救援条件好。

（7）采用全自动无人驾驶运行技术，且道岔工作灵活，行车间隔可以 90s，对于 6 辆编组列车而言可以提供的系统能力约 3 万人 /h。

（8）轮胎和轨道梁之间的摩擦系数较大，轮胎磨耗较大，牵引能耗较大。

从全球范围来看，用于城市轨道交通的胶轮路轨 APM 系统已逾 340km，另有超过 50 个机场使用或新建胶轮 APM 系统。该系统适合作为城市轨道交通骨干网络的一种补充，修建于环境要求较高的居民区、商务区附近并与骨干线路相衔接，从而有效扩大骨干网络的服务范围。

7）低地板有轨电车

是对传统有轨电车改进、演变出来的新系统，充分利用地面道路资源，采用地面敷设和公交化管理，独立或混合路权等运营方式。关键技术有：道路交叉口交通组织和信号控制策略、无网供电技术、低地板车厢、独立轮转向架、弹性车轮、车体模块铰接技术等。系统提供运能较低，约 1 万人 /h 以内。

系统技术特点：

（1）可实现 100% 低地板，方便乘客上下车。

（2）车辆结构模块化，可灵活编组。

（3）供电方式多样化，除了接触网供电外，无网供电有地面供电、APS 地面供电、蓄电池供电、电磁感应供电超级电容器供电、混合型蓄能装置供电等多种形式。

（4）地面敷设，可路中也可路侧布置，可结合道路、广场和绿地等做成草皮、地砖、混凝土等多种铺装。

（5）爬坡能力强，可以适应70‰的坡度；转弯半径小，最小可以达到20m，能适应城市环境的选线要求。

（6）专用路权或混用路权。可与传统地铁衔接和互通。截至目前，世界上有近50个国家400多个城市应用了低地板有轨电车系统。由于路权与运能之间的矛盾，有轨电车适合高峰断面客流在0.8～1.0万人次/h左右的线路。

（7）高地板有轨电车（铰接式轻轨）。高地板有轨电车即《城市公共交通分类标准》中的C型车。其地板面高度约为900～1100mm，适用于高架线路，全封闭、独立路权。车辆轴重一般为11～14t，多采用短编组（2～4辆编成一列）。

高地板有轨电车宽度和长度均较地铁车辆小。采用铰接式车体和先进的制动技术，具有较灵活的线路设计标准。采用与地铁相同的标准轨距（1435mm），能够实现与既有轨道交通网络的联通，共享既有地铁线网的资源。线路主要在城市地面或高架桥上运行，线路穿越繁华街区时也可钻入地下。

高地板有轨电车在国外应用比较多。国内部分厂商承揽了出口订单生产、制造并出口此种车型。如果加以应用，可以实现较高的国产化程度。

技术上各有千秋，各具特色，有着各自不同的适用条件，对这些系统的选用，工作重点是适用性的分析，将合适的车型用于适合的项目中，充分发挥技术经济优势。

6.3 系统制式选择和技术路线

6.3.1 系统制式选择的基本原则

系统制式的选择是保证城市轨道交通合理规划的一项非常重要的工作，从上到下引起普遍的重视和关注。对于一座城市而言，规划阶段做好系统制式选择，将决定这座城市未来在轨道交通领域的发展方向；对于一个具体的项目，系统制式的选择将决定该项目的建设和运营标准。

各类系统都是多种技术的综合体，系统制式的选择涉及面广，一旦选定将直接影响线路、土建、车辆段、供电系统、信号系统等各项设计标准，也会影响乘坐舒适度等服务性指标以及环境保护等具体工程方案，是决定项目的建设规模、控制工程投资的重要因素。

基本原则：

（1）经济适用。系统制式选择首先取决于线路的功能定位和客流水平，以交通功能和环境功能作为确定制式的基本出发点，综合比选系统制式所具备的技术先进性、成熟性和国产化条件。

（2）层次分明。骨干线路可选用大、高运量系统，以实现低成本和高效益。辅助线和外围发展线则宜采用中运量系统，以实现高架和地面敷设从而节省建造成本。区域快速轨道系统宜充分发挥既有铁路能力，实现统筹规划，技术标准上既要体现城市轨道交通的特点，也要考虑与既有铁路的互联互通。

（3）资源共享。相同功能等级的线路，宜统一系统制式，包括统一的轨距、统一的受电方式和车型，方便网络内的互联互通和资源共享，有利于网络运营效率的提高和城市资源的综合利用。

（4）从长计议。首条建设线路的系统选型对后续线路的建设具有很强的引导作用，必须给予足够的重视，既要全面把握现有技术水平，又要充分预见技术发展，开展细致、全面的调研、分析和论证工作。

6.3.2 系统制式选择的技术路线

城市轨道交通的建设和运营应体现"标准合理、方案简洁、投资适度、工程影响小、服务功能好"的目标要求。

系统制式研究遵循"明确线路功能定位→选择系统制式→确定主要技术标准"的技术路线。由需求→方案→成本的研究路径，分别围绕多个子项的研究最终归纳为四项以需求为导向的综合性分析：功能需求、资源共享、技术可行、经济合理。

每一个建设项目，首先要立足于上位规划明确的功能定位。功能定位将决定项目的工程规模、站距大小、客流特点和运营目标。在明确功能定位的基础上，系统制式的选择要与之适应，实现"物尽其用"。线网中相同功能等级的线路，宜选用相同的系统制式，有利于技术标准的统一，包括轨距的统一、限界的统一、受电方式的统一、车辆主要技术参数的统一，实现线路的互通互联和资源共享，提高网络运营效率。

系统制式选择的具体工作可以围绕上述"五项需求"展开：

（1）满足运能需求。可根据线路运量等级"对号入座"，针对高运量、大运量、中运量的等级划分进行相应范围内系统制式比选，满足项目高峰小时高断面运量的要求，并有一定的能力储备。

（2）满足技术需求。分析项目特有的工程特征和线路平、纵断面条件，根据工程条件选择相适应的系统。系统制式的选择要有助于改善项目的工程建设条件，满足项目对旅行速度和运行时间等运营指标的要求。

（3）满足环境需求。系统制式的选择应有利于降低系统运行对环境的污染，满足项目在控制噪声、震动、粉尘污染等方面的要求，所选系统应有助于通过项目环评。

（4）较理想的技术经济性。系统应具有乘坐舒适、运行安全、技术成熟、维护方便、节能高效等性能要求。系统全寿命周期成本相对合理。对于新系统的应用，可以分阶段实施国产化，但是最终必须达到国家对车辆国产化率各项指标要求，并且要缩短国产化达标工作时间。

（5）满足可持续发展的要求。应以发展的观点来选择城市轨道交通制式。系统选型应积极促进城市轨道交通网络的技术发展，有助于城市轨道交通网络实现"主次分明、合理配置"的优化。每种系统模式的应用宜具有一定的规模，实现资源的合理配置和综合利用。在国家相关产业政策指导下，开展车辆和机电设备国产化工作，逐步提高国产化率。

6.3.3 系统制式选择建议

我国城轨交通制式结构，地铁独大。前37年建的都是地铁，2002年才出现第一条轻轨（长春）和电车（大连）；2005年出现第一条单轨（重庆）；2010年出现第一条市域快轨（成都）和APM（广州）。

国外城轨交通制式结构可作为参考。据中国城市轨道交通协会收集的数据：2012年末，62个国家建有城轨交通运营线路32623km，其中地铁10902km，占33%；其他制式总共计21721km，占67%。分区域看：

（1）欧洲29国20764km，其中地铁4229km，占20%；有轨电车11519km，占55%，市域快轨和轻轨单轨5016km，占25%。

（2）南北美洲12国5336km，其中地铁2371km，占44%；轻轨单轨1319km，占25%；有轨电车355km，占7%；市域快轨1291km，占24%。

（3）亚洲，中国大陆以外14个国家和地区3814km，其中地铁2483km，占65%；其他制式1331km，占35%。

城轨交通发展到现阶段，应大力提倡多制式协调发展理念，多轨衔接科学发展，推动制式结构合理化，实现城轨交通的持续健康发展。城轨交通的制式选择，要从市情、域情出发，因地制宜选择符合城市发展需要的制式。如在超大、特大和I型大城市的中心城区，应采用大运量的地铁；在中心城区与卫星城之间、卫星城相互之间以及郊区和旅游区采用中运量的单轨、磁悬浮和现代有轨电车等制式；在城市群都市圈、城市群中的中心城市与卫星城之间以及各卫星城之间，出行和通勤需求处于更大区域范围，采用市域铁路及城际铁路等。国家级新区，从几百平方公里到$2000km^2$，有轨电车可成为区内骨干制式。

7. 施工篇

7.1 综述

2018～2019年中国城市轨道工程建设调研报告施工专题,以上海、天津、西安、武汉等10个城市的调查问卷为基础数据,汇总现阶段国内轨道交通施工阶段的基本情况,如表7-1所示。

施工专题调查问卷反馈城市表　　　　表7-1

序号	城市	序号	城市
1	上海	6	南宁
2	天津	7	厦门
3	西安	8	宁波
4	长沙	9	贵阳
5	武汉	10	东莞

7.2 统计数据

各城市统计数据　　　　表7-2

城市	2017年						2018年					
	车站数量	区间数量	区间长度（km）	停车场及车辆段	主变电站	其他配套工程数量	车站数量	区间数量	区间长度（km）	停车场及车辆段	主变电站	其他配套工程数量
上海	86	44	—	6	2	8座中间风井	76	90	88.2	5	1	8座中间风井
天津	38	84	118.7	2	2	0	74	71	91.2	2	2	0

续表

城市	2017年						2018年					
	车站数量	区间数量	区间长度(km)	停车场及车辆段	主变电站	其他配套工程数量	车站数量	区间数量	区间长度(km)	停车场及车辆段	主变电站	其他配套工程数量
西安	5	8	7.704	0	0	0	6	7	6.192	0	0	0
长沙	35	55	77.2	2	2	0	20	38	36.3	2	3	0
武汉	39	6	101.5	2	0	0	—	—	—	0	0	0
南宁	47	—	56.595	2	2	0	5			4	2	0
厦门	94	98	157.68	2	2	0	70	73	127.43	2	2	0
宁波	59	79	20	2	0	0	72	79	23	4	3	0
贵阳	60	56	64.6	4	0	0	50	47	53.6	3	3	0
东莞	21	—	298.6	2	4	线网共建控制中心1座	108	—	298.6	—	—	—

7.3 主要城市情况

7.3.1 施工成就与进步

1）上海地铁

上海地铁 2018 上半年全网区间工程平均地层损失率为 4.2%，通过远程监控周报排名与诚信记分制等一系列管理举措的促进，相比 2017 年 5.3% 有所提高。全网有 79% 的区间平均地层损失率能控制在优秀标准，较 2017 年 66% 的水平也有较大提高。2017 ~ 2018 年，上海轨道交通建设面临的交叉施工任务重，但总体完成情况良好。2017 年 13 号线的出场线穿磁悬浮桩基 (+0.5mm)、13 号线的成山路站—长清路站区间小半径穿越众多栋居民房屋（-7.4mm）和 18 号线的两港截流穿越 3 栋民房（-6.8mm）都较为成功。2018 年 15 号线上海西站—铜川路站区间和 15 号线曙建路站—景西路站区间四台盾构已全部成功穿越重要的居民房屋，其中上海西站—铜川路站区间被穿越民用建筑最大沉降 -9.2mm，曙建路站—景西路站区间被穿越民用建筑最大沉降 -9.8mm；15 号线丰翔路站—锦秋路站区间顺利完成已运营轨道交通 7 号线的穿越节点，7 号线隧道最大隆起 4.6mm，最大沉降 0.1mm，为满足设计要求，穿越范围内区间最大地层损失率为 4.2%，达到优秀水平。18 号线龙迎中间风井—龙阳路站区间下行线成功穿越已运营的轨道交通 7 号线与 2 号线龙阳路车站，7 号线隧道最大隆起 1.7mm，

最大沉降 –1mm，2 号线车站最大隆起 2.1mm，最大沉降 –0.8mm，地层损失率 3.5%，是 2018 年度穿越工程中的最好水平。

2）天津地铁

天津地铁 M6 线一期南段梅林路站至南翠屏站（不含）开通试运营，M5 线通过竣工验收和试运营安全评审，M1 线东延线完成竣工验收。

3）西安地铁

西安地铁针对当地地铁工程管理，地铁建设分公司先后编制下发了《建设项目管线安全管理实施细则》、《建设工程关键节点风险管控实施方案》、《样板工程验收管理办法》、《工程用地征地拆迁管理暂行办法》、《市政设施代管区域管理办法》、《监理工作管理办法》、《安全质量管理制度》、《建设项目安全生产管理办法》、《安全质量事故调查处理管理办法》、《建设工程质量管理办法》、《工程质量验收管理办法》、《工程质量检测管理办法》、《工程竣工结算管理办法》、《城市治理、铁腕治霾专项监管办法》、《西安地铁建设工地现场标准化实施手册》等管理办法，使地铁建设工程管理更加规范化、标准化、专业化、精细化。

4）长沙地铁

长沙地铁近一年来，荣获了一批国家、省、市级奖项，1 号线信号系统安装工程和机电安装及设备区建筑装修 2 标（文昌阁站）荣获"中国安装工程优质奖（中国安装之星）"，4 号线 2 站 1 区间（湘江新城站、汉王陵公园站、湘汉区间）和 5 号线华雅站荣获"全国安全生产标准化工地"，4 号线一标荣获"全国青年安全生产示范岗"，5 号线时代阳光大道站荣获"全国建筑业绿色建造暨绿色施工示范工地"，18 个项目被评为"湖南省建筑施工质量标准化示范工地"，14 个项目被评为"长沙市绿色施工工地"。

5）南宁地铁

南宁轨道交通 3 号线工程于 2018 年 4 月全线盾构贯通，2018 年 7 月全部车站主体封顶，2018 年 9 月区间联络通道全部完成，2018 年 8 月全线短轨通，2018 年 9 月全线长轨通；南宁轨道交通 4 号线工程截至 2018 年 9 月已完成 13 座车站及 1 个明挖区间主体结构封顶，16 个盾构单线区间贯通；南宁轨道交通 2 号线东延线于 2017 年 5 月开工，2018 年 5 月首台盾构始发、首座车站封顶；2018 年 3 月，南宁轨道交通 5 号线工程首座车站围护结构封闭。

6）厦门地铁

厦门轨道交通1号线2017年12月31日开通试运营。

7）宁波地铁

宁波轨道交通工程4号线全线于2018年进入攻坚阶段，各盾构区间施工全面铺开，各项工作平稳有序进行。在这一年中区间盾构工程攻坚克难，进行了较多的技术创新工作。

8）贵阳地铁

贵阳地铁1号线于2013年10月全线开工建设，2017年12月28日，轨道交通1号线观山湖段13公里开通试运营。1号线后通段于2017年12月实现洞通，2018年2月实现"电通"及"通信通"，3月上旬正线热滑试验完成，3月中旬开始综合联调，6月1日启动空载试运行，计划2018年底全线开通试运营。2号线一期工程截至目前累计完成土建工程总量的72%，2号线二期工程截至目前累计完成土建工程总量的38%。

7.3.2 工程质量控制、安全生产、文明施工的管理措施

1）上海地铁

上海地铁在质量控制方面，主要通过精细化管理增强现场施工质量。例如18号线下盐路站—沈梅路站区间，在具备施工条件的前提下提早2～3个月对端头井加固区进行旋喷桩施工，大大提高了端头加固质量，保证盾构进出洞的安全。盾构始发接收时，对洞门中心进行复测，经监理及第三方复核合格后，进行托架的安装定位，出洞时托架高于实测标高2cm，进洞时托架低于实测标高2cm，托架安装完成后，及时进行钢环处混凝土导台的施工，防止盾构进出洞时发生"栽头"现象。盾构始发接收过程中，严格检查洞门止水装置的完好性，现场备好扇形板，当注浆系统被卡时更换为扇形板，便于盾构顺利出洞。盾构接收时分为了四个阶段进行控制，第一阶段：盾构刀盘抵达地连墙前，在盾尾后方进行二次双液注浆，形成两道环箍，有效控制洞门渗漏水；第二阶段：填充注浆，盾构上托架后立即进行二次填充注浆，以控制因同步注浆量减少后出现的地层损失；第三阶段：进洞10环范围内间隔1环进行二次双液注浆，形成环箍止水；第四阶段：剩余部位二次单液注浆填充，待浆液凝固后打开注浆孔检查封环效果；在推进过程中，对注浆量采用冲程数以及自制刻度双重指标控制，在台车浆罐内安装自制刻度尺，注浆手用钢卷尺进行实际测量，土建工程师对

图 7-1　14 号线铜川路站高压近电预警装置

每环注浆量进行确认。同时，加强注浆压力监控，采用注浆量及注浆压力双重控制指标对同步注浆进行控制。调整贴片厚度，使成型隧道、盾构机以及设计轴线三者高度拟合，有效地规避了管片局部破损现象发生。在贴片厚度增大的情况下，为达到防水要求，在三元乙丙弹性橡胶密封垫表面加贴一层遇水膨胀止水条，防止因贴片过厚而导致管片环缝过大产生渗漏水。

安全管理方面，18 号线下盐路站—沈梅路站区间的龙门吊支腿间安装了红外接近开关用于限位，当毗邻龙门吊运行作业相距近 2m 时，供电系统自动跳闸停止作业，有效规避两台龙门吊的碰撞和剐蹭。洞口及台车尾部安装声光报警器的同时，在电瓶车机头安装红外感应器，每当电瓶车将进入隧道或接近台车时，即发出提示音，警示提醒人员置身于安全区。14 号线铜川路站在履带吊机上安装"高压近电预警装置"（图 7-1），当进行吊装作业时，如果吊钩等超过预先设定好的安全距离，驾驶室内的警报会及时进行报警，有效地降低了高压输电线附近的吊装作业危险系数。14 号线紫竹高新区站—永德路站区间等工程均采用了"人机分离"的场地布置概念，旨在维持现场正常施工秩序的前提下，将人行通道、车行通道、施工区域（即龙门吊作业区域）分离开来，施工区域内设置吊装区域与人行区域分离，交叉区域为重点风险提示，降低安全风险，提高作业效率。

文明施工方面，18 号线下盐路站—沈梅路站区间为规避夜间施工建筑噪声扰民，主动改变作业时间，并在盾构穿越居民区期间，钢轨下方设置橡胶板，降低电瓶车运行震动噪声，力求地铁建设"静默穿越"；隧道内照明采用 36V 安全电压 LED 灯带，消灭照明"死角"，不仅使用安全，灯带亮度还可随机调

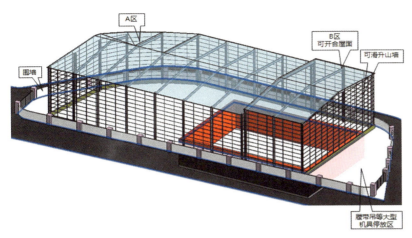

图 7-2　14 号线长乐路中间风井钢结构围挡方案

节，有效节能。采用了三相异步电机储浆罐，比原用储浆罐容量提高 50% 的储量，减少运浆车进场频次。该储浆罐使用至今未发生过漏油漏浆故障，大大提高了施工效率。14 号线陆家嘴站施工区域位于花园石桥路、陆家嘴环路交界口。周边主要建筑物有上海国金中心商场、花旗银行大厦、东亚银行大厦、汤臣一品、上海中心等。陆家嘴站基坑开挖期间，将采用钢结构全封闭施工区进行施工。极大程度地减小施工对周边所产生的扬尘、噪声污染。14 号线长乐路中间风井亦采用钢结构大棚方案，其中 B 区设计为可开合屋面，东侧山墙可与开合屋盖一道向东滑移至低屋面上方，吊装孔可完全露天（图 7-2）。

2）天津地铁

天津地铁从设计阶段和施工阶段进行分阶段风险管控。制定隐患排查标准体系，建立完善责任体系，建立有效的奖惩体系，搭建隐患排查管理系统平台。建立应急管理体系，组建专业应急抢险队伍，配备应急资源，建立应急联动网络。每条地铁线打造若干个示范样板工地，每季度组织各参建单位观摩学习示范工地。极大地提升了参建单位的安全文明施工管理水平。

3）西安地铁

（1）健全管理体系，明确各方责任

① 进一步健全安全质量管理体系。2018 年，西安地铁公司进行了组织架构调整，确定了西安地铁建设工程质量安全监督实行地铁公司、建设分公司、资源开发公司二级监督管理体系，进一步明确了公司安全质量管理委员会是公司

安全生产、质量监督管理的最高决策机构。按照"管生产必须管安全"和"谁主管谁负责"的原则,梳理了各方责任主体职责,有效传导压力、层层落实责任,形成从公司到相关部门(单位),再到参建单位的质量安全管理保证体系。

② 进一步推进企业安全生产责任落实。按照《国务院安委会办公室关于全面加强企业全员安全生产责任制工作的通知》要求,西安地铁今年出台了《关于印发安全生产责任制(暂行)的通知》,明确了公司各级、各部门安全职责,严格落实全员、全岗位的安全生产责任制。

(2)强化全过程监督检查

① 强化履约检查,重点检查施工和监理单位的质量安全管理人员配置到位情况,严格审查承包商、设备供应商、监理单位的资质和拟进场人员的执业资格,严厉查处挂靠和违法分包、无证施工、人员变更情况等方面的排查,督促参建单位质量安全体系良好运转,从源头确保安全质量主体责任落到实处。

② 不断加大施工阶段质量安全检查的力度和深度。采取定期、不定期、专项、"四不两直"暗查、夜查等多种形式,开展质量安全大检查。

③ 加强和改进监督检查模式,着力提高检查工作的针对性和有效性,消除以往检查的交叉性和重复性。完善日常检查、专项整治和重点抽查机制,做好日常巡检、检查工作,联合政府监督管理部门监管力量,进一步强化现场监督管理。根据今年调整后的组织架构,西安地铁逐步形成施工、监理单位日常全面自查,建设分公司履行建设单位主体责任开展专项检查,公司相关部门开展重点督查暗查的三级检查模式。

(3)全面构建风险分级管控和隐患排查治理双重机构

① 继续完善风险控制管理工作,完善地铁建设全过程风险分级管控,在既有风险管理体系的基础上,通过聘用专业化机构全过程提供咨询服务,通过引进远程视频监控系统、安全质量隐患排查治理系统、安全风险管理系统,进一步加强现场管理,有效控制安全风险。

② 为适应西安地铁多线并建的特点,建立了安全生产应急指挥中心,通过引入视频监控系统、安全风险管理系统,全面提升了信息化管理工作。通过监控中心,可实时监控施工现场作业情况,及时发布安全风险管理信息,全面掌握工程风险管理现状,大大提高了安全风险管理的效率。

(4)预防为主、平战结合,切实提升应急管理

① 及时修订完善《西安地铁应急管理实施办法》、《暴雨等灾害性天气应急响应规定》、《关于进一步做好高温天气防范应对工作的紧急通知》、《地震应急预案》等应急文件,以制度规范公司应急管理,提高处置突发事件水平。

② 利用科技手段,提升应急处置效率。公司联合市气象、应急等部门,建

立了高温、汛情和地震等突发自然灾害预警体系，通过应急指挥为系统平台发布预警信息到灾害性天气预警专用手机设备，实现快速高效的预警应对。

③ 每年组织不少于一次的公司级综合应急演练，提高公司内部处室协同处置突发事件的作战能力。积极参与市级各专项应急演练，提升与市级部门之间的综合协调联动能力。同时根据地铁工程建设和运营风险，适时开展针对性应急演练，提高突发事件的现场处置能力。

4）长沙地铁

长沙地铁一是明确目标。确立了"安全第一，质量至上"的指导原则，将"安全地铁、精品地铁"作为项目建设的生命线。常抓不懈，誓要打造长沙轨道"百年"民生工程。二是建立体系。建立健全市、司两级充分的安全生产管理体系，以及政府监督、法人管理、社会监理企业自检的四级质量保证体系；同时以推行样板工程引路，狠抓现场施工中管理的标准化，积极推进安全质量标准化建设，确保项目建设的规范化、制度化、精细化。三是严格落实《城市轨道交通工程质量安全检查指南》，有效加强城市轨道交通工程安全工作。推动建设、勘察、设计、施工、监理以及施工图审查、第三方监测、检测等单位落实安全主体责任和相关责任，提升工作水平。四是强化环保督查和文明施工。公司制定《环境保护管理办法》、《水土保持管理办法》，开展"长沙市全国文明城市创建"、"环保督查"、"防治大气扬尘污染""蓝天保卫战"等专项整治活动，全面推动轨道交通工程项目环保、水保工作持续进步。五是深化应急救援工作。梳理完善了《综合应急预案》、《防淹门应急启用现场处置方案》和《现场处置方案》等应急预案；外聘专家开展机电设备、盾构施工、消防管理及应急管理等各类专项培训；联合安监、消防、广电等单位开展消防、基坑垮塌、盾构、行车、设备等各类应急演练，有效提升应急处置能力。六是强力推行标准化管理。采取日常巡检、季度检查、精细化考核等监督管理措施，形成"以考核促现场，以现场促标准"的长效考核机制，确保工地标准化建设落到实处。

5）南宁地铁

南宁地铁通过以下制度举措提高质量控制、安全生产、文明施工方面的施工管理能力：

（1）南宁地铁对重大风险源实行了"六专"管理制度，重大风险源"六专"管理制度即：对各重大风险源专项技术方案、专项应急预案、专项施工方案论证、施工前安全条件专项验收、施工过程落实专项监测方案、设定专人全过程值班。我公司要求各部门和参建单位严格落实"六专"管理制度，安全质量部定期对

"六专"制度落实情况进行监督检查。通过重大风险源"六专"管理制度的实施，有效地遏制了有可能导致群死群伤的特重大事故的发生。

（2）为了强化重大风险源"六专"管理，南宁地铁建立了轨道交通建设的安全风险管理系统，推进使用了移动手机版隐患排查系统工具和建立完善安全隐患排查治理体系。

（3）为履行建设的主体责任，南宁地铁每月定期组织安全生产大检查，每周组织安全风险单位进行日常巡查，充分利用移动手机版隐患排查系统工具，今年以来排查上传隐患4077个，其中一般隐患3016个，较大隐患1047个，重大隐患14个；通过各种类型的检查、巡查，有效督促各单位进一步落实安全生产主体责任，建立完善安全责任和风险管控体系，采取有效措施整治安全隐患。

（4）南宁地铁每月召开月度安全质量管理工作例会。对分公司建设项目当前存在的安全质量问题进行及时反馈和通报，对下一步的安全质量工作计划和管控措施进行统一部署，对安全质量工作进行总结，达到强化安全质量意识、落实安全质量职责、总结经验教训，不断提高参建各方管理人员的安全质量意识。

（5）应急抢险方面：南宁地铁组建了两支应急抢险队伍和两支应急注浆队伍，每季度组织开展一次实战型的应急救援演练。通过演练，使各参建单位相关人员进一步熟悉、掌握、运用应急救援知识及救助流程、处置方法，检验"两专两特"应急救援队伍的快速出警、抢险能力和现场协调能力，增强参建各方应对地铁项目施工安全生产突发事故的快速反应能力、应急处理能力和协调作战能力。

（6）推行"四化一绿"建设，为进一步提升轨道交通工程建设管理水平，保障安全生产目标的顺利实现，推行"四化一绿"（信息化、标准、规范化、装配化、绿色施工管理）的施工管理理念，在日常管理工作中认真执行"四化一绿"，提高施工管理标准，促进建设施工质量安全管理水平更上一个台阶。

6）厦门地铁

厦门地铁在质量方面，执行首件验收制度，各个工序在正式施工前，对第一段（首件）施工完成后，组织召开首件验收会，分析首件施工的优点和不足之处，总结经验教训，验收合格后方可按照首件标准进行大面积施工。施工中加强质量管控，严格执行"三检制"、"隐蔽验收"等质量验收制度。针对现浇箱梁混凝土裂缝控制、车站渗漏水等常见质量通病，通过参加相关质量观摩会、专家知识讲座进行学习，过程中通过优化施工工艺，加强质量管控等形式，减少质量通病产生，提高工程质量。

安全方面，做好基坑、泥浆池、钢栈桥等临边防护，对高空作业、起重吊装作业等制定专门作业流程，过程中对高空作业、起重吊装作业安排专人进行监督管理。定期对已施工工程开展针对性、专项安全检查，台风、暴雨等特殊天气来临前，做好应急防范措施，必要时工地停止施工，各级生产负责人做好值班值守。

在文明施工方面，大门口设置洗车台，对出入车辆进行冲洗，严禁带泥上路；现场完善三级沉淀池，施工用水经过处理合格后方可排放。并成立保洁队，每天安派专人对道路清扫，确保施工现场及周边干净、整洁。施工现场配置固定和移动雾炮，定时开启喷淋系统洒水降尘，施工现场做好裸土覆盖、围挡内种植绿化植物，有效防止尘土飞扬。

7）宁波地铁

（1）标准化建设。成立标准化领导小组，研究标准化提升措施，重点突出"管理行为标准化、实体质量控制标准化、安全文明施工标准化"三个方面。通过组织现场观摩、标准化示范项目评比等活动，确保各项标准化要求在现场得到较好落实。

通过制度建设、体验式教育、安全宣讲进项目、实物安全交底、人员档案管理信息化、现场远程监控、施工现场门禁系统、工序标准化手册、安全风险监控和隐患排查治理信息化等管理手段，提高人员安全质量意识，促进管理行为标准化。

推行实体质量控制标准化，推行样板引路及可视化交底，实行材料、构配件样品质量公示，加强源头质量把关，坚持"未创样板不施工，不达标准不验收"；出台关键节点及首件工程验收管理办法，加强质量验收等过程管控，同时明确了成品的保护要求。

安全文明施工标准化覆盖施工围挡、施工区、生活区布置、安全防护、临时用电、环境保护、机械设备等各个方面，大力推行绿色施工，落实节能减排措施，实现安全设施规范、节能、循环利用，提高安全保障能力。

目前，宁波轨道交通已编制《门禁系统标准化手册》、《高处作业安全防护标准化》、《起重吊装安全管理标准化》、《临时用电管理操作典型案例手册》、《轨道交通质量细节控制标准化手册》等共18套标准化手册，在下一步工作中，还将根据工程实际，继续完善和提升标准化要求，使标准化覆盖工程建设全过程。

（2）构建双重预防机制

建立安全风险分级管控和隐患排查治理双重预防机制，管控重大风险，及时消除各类隐患，做到关口前移，实现标本兼治。

① 切实开展风险分级管控

构建全过程动态的风险分级管控体系，建立风险管控责任制度，明确各责任单位、部门的具体职责，明确各个阶段的工作要求。组织勘察设计等单位明确工程风险源，建立预警、控制、临界等指标，组织施工监理等单位建立安全风险管控程序、工作方案和安全风险清单，开展风险交底、巡视与条件核查、报警与处置等工作。以危大工程管控为核心，着重管控基坑、盾构、机电施工和高支模、新工艺应用等重大风险。建立定期邀请住建部或国家级知名专家对危大工程现场控制、系统管理等进行诊断式检查。编制工程保险单位风控查勘细则，充分运用风控查勘结果。

宁波轨道交通根据工程特点及管理经验，组建了监测监控管理中心、测量控制中心、盾构中心。全面负责轨道交通工程土建施工期间第三方监测、测量及风险管理咨询服务工作。开发安全风险监控综合信息管理系统，系统通过集成基坑监控系统、盾构监控系统及视频监控系统，实行风险信息化监控管理，对土建施工安全风险进行在线监控。

② 深入开展隐患排查治理

建立事故隐患排查治理工作制度，建立事故隐患排查基础清单、整改报告、重大隐患治理方案、治理台账等过程记录，明确施工、监理、安全监理等有关单位的工作标准，建立联动机制并常态化运作。

上线安全质量隐患排查信息系统，同时开发移动端 APP，可以在移动端完成隐患查询、隐患上报、隐患整改和批示等操作。实现随手拍、随时拍、随时处理、随时查询隐患功能。

（3）开展质量创优争奖行动

确立创优争奖目标和规划，建立质量奖惩办法等配套制度，调动参建单位创优争奖的积极性。施行新开工项目条件核查制度，每月组织质量安全检查，定期开展质量安全通病整治活动。加强与行业主管部门、协会的主动沟通，奋力争创省部、国家奖项。

（4）其他安全质量管理措施

① 加强节假日、重大活动等敏感时段的安全管控。对所有标段实行现场包保制度，并在节假日期间安排专职安全质量管理员巡查。推行差异化管理，对高风险施工、重点标段、多个施工主体同时施工的工点加大检查和督导力度。

② 交叉检查常态化。为避免先入为主，组织各现场部门、各施工、监理开展交叉检查，多视角全方位发现问题。

③ 推行季度安全生产流动红旗。对所有参建单位安全管理进行季度专项考评，每季度发放流动红旗，与企业信誉评价挂钩，通过树典型来促进参建单位主动落实安全生产主体责任。

④ 教育培训一月一期。认真编制年度培训计划，紧贴施工现场和管理需求，及早落实培训专家，培训课件预先校核，确保培训实效。培训对象侧重业主代表及施工监理单位主要管理人员。利用微信、QQ群等信息平台，定期推送行为安全管理、结构安全管理、质量管理、典型案例等安全质量管理知识。

⑤ 每季度组织召开安全质量专题会议，总结和部署阶段性安全质量管理工作，印发季度安全质量管理手册，曝光安全质量管理存在的问题，相对落后标段的项目负责人上台作表态发言。

⑥ 开展安全生产专项竞赛，出台《关于印发宁波市轨道交通工程安全生产专项竞赛实施办法（修订）的通知》文件，根据工期长短、规模大小、风险高低要求各施工单位缴纳安全风险抵押金，根据考核办法每年度兑现，促进全员安全管理积极性。

8）贵阳地铁

贵阳地铁在质量控制管理方面。一是监督各参建单位实施首件工程验收，以首件标准统一施工过程中的操作规范和原则，实现工序检查和中间验收标准化，从而提高工程整体质量与水平；二是重点监督《关于进一步加强贵阳市建设工程质量管理的意见（试行）》（筑建通〔2017〕227号文）相关质量管理要求的落实情况；三是对工程实体和主材进行检测，杜绝不合格材料投入工程使用，确保工程质量；四是通过"质量月"活动，提高参建单位质量意识和质量管理水平；五是大力开展质量专项检查、技术巡检等工作，及时发现、解决质量问题。

安全管理措施方面。一是建立健全质量安全管理体系；二是做好风险分级管控，定期开展安全生产大检查及专项检查；三是引进了风险咨询单位，通过信息化手段，专业化能力，强化安全风险分级管控；四是通过采用地震散射波法、地球物理方法、跨孔电磁波CT法、管道机器人、听漏仪、钻探验证等方法和手段，探明地下空间岩土地质情况；五是对沿线周围重要的地下（面）建（构）筑物、管线、道路进行监测，确保处于安全受控状态；六是通过关键节点施工前条件验收；七是做好应急管理工作。

文明施工管理措施。一是编制了《贵阳市城市轨道交通工程文明施工管理办法》、《贵阳市城市轨道交通工程安全文明施工标准化图集》，并监督各参建单位严格执行；二是编制文明施工方案，对临建设施、围挡、洗车池等进行规范；三是加强重点区域工点防扬尘、防噪声控制工作，降低施工对周边环境和居民的影响，最大限度实现绿色文明无污染施工；四是公司引进环境监理对在建项目的防尘、降噪、污水排放、生活与施工垃圾处置等工作参与监督管理；五是公司通过大检查、专项检查、日常检查等形式，对文明施工管理工作进行监督，确保文明施工工作落实到位。

7.3.3 各城市轨道交通的建设管理亮点

1）上海地铁

上海地铁通过6项制度、27项管理举措在建设管理方面取得了较大进展。6项制度具体内容如下：

（1）致命性风险管控办法：通过差别化管理，对责任状的签订、方案审查、管控范围、应急配置等方面进行了进一步要求，加强了致命性风险工程的安全保障。

（2）险长制：强化安全生产责任制，明确责任人，实行"一险一长、一险一档、一险一考"。

（3）诚信积分制：侧重问题结果，与信用评价相互补充，对参建各方进行记分，并配套较重的处罚措施。

（4）百日安全大检查：将2018年与2019年划分为6个100天，通过与风险管控相结合进行隐患排查。

（5）视频点名：利用"全球眼"视频系统实时监控的优势，对关键风险节点阶段的现场相关责任人进行视频点名，作为"险长制"的配套措施。

（6）清单制：明确本轮建设各单位、各层级的风险关键节点，在时间维度锁定风险，并与其他制度相互配合形成体系。

6项风险管控制度，27条管理举措，编织成6张风险管控网。构建以施工总承包单位为中心，建设、监理、勘查、设计、监测等参建单位各负其责的责任体系。多角度、多维度地实现对每一项风险工程、每一个风险节点在空间、时段、过程的全覆盖。

2）天津地铁

天津地铁探索智慧工地建设、微型消防站及标准化工地推广。建立定期通报奖惩机制，加强对施工单位的考核评价。

3）西安地铁

西安地铁建设分公司在管理上始终追求科学、规范、高效的管理模式，不断提高工程管理水平。首先，建立了西安地铁工程建设安全管控平台，在施工现场安装了视频监控系统，并与地铁公司应急指挥中心联网，对施工现场安全质量进行实时全面管控,保证了现场安全始终处于受控状态。其次,在施工现场安装了扬尘在线监测系统,并与市级相关部门及工地所在区(县)联网,对施工现场扬尘治理实时监控,从而保证了施工现场铁腕治霾工作的有序开展。再次,对施工、监理等参建单位进行季度综合考评和月度城市治理、铁腕治霾专项考核。最终,确保地铁建设工程平稳有序开展。

4)长沙地铁

长沙地铁一是推行《工程项目施工和监理精细化管理目标责任综合考核暨"轨道杯"劳动竞赛办法》,促进安全生产,强化质量通病治理,营造比学赶超的良性竞争氛围,提升安全质量管理水平。二是创新钢筋集中加工,配备先进的数控职能设备,建立基于BIM的钢筋集中配料应用系统,实现集约化配置、机械化加工、信息化配料、工厂化生产。

5)南宁地铁

(1)推行"四化一绿"的建设理念,即信息化、标准化、规范化、装配化、绿色施工,出台土建、机电的施工标准化图集,管线迁改"九不挖"管理等规章制度。

① 信息化

积极推动BIM技术落地应用。按照月度应用计划,结合生产管理,BIM技术积极用于施工管理过程中。BIM技术多项功能已成功深入落地应用在2号线东延工程项目管理的多个环节,有力提升了项目安全、质量管理水平;4号线利用BIM技术模拟场地布置和基坑开挖施工,加强了施工生产管理;在3号线机电安装施工中采用了BIM技术进行指导施工,具有可视化、协调性、模拟性、优化性、可出图性等特点。全线以创业路站为样板站,真正做到了BIM在工程研究与应用的落地,极大地提高了施工效率和质量,效益显著。

全力推广土建各施工单位采用动态二维码技术。将安全技术交底、设备操作规程等在施工现场相应部位进行张贴,灭火器、配电箱上张贴巡检码,方便及时掌握灭火器、配电箱等状态;将施工作业人员安全教育培训情况、安全知识、材料加工等纳入信息管理,做到事事有跟踪、责任有人担的责任追溯制度,增强安全意识和责任感。

建立并使用信息化平台指导工程建设。3号线综合联调采用调试问题跟踪信息平台,在联调联试过程中发现问题时及时上报该平台,对各类问题做到及时、有效跟踪及整改,以确保各项调试工作顺利开展;各工区项目部(物资、合约、工程、技术、财务NC系统)采用一体化办公管理系统;将施工监测数据结合第三方监测数据建立信息化平台（QQ群、微信群）同步对基坑和周边建构筑物及管线等实施监测，信息化指导施工；落实实名制与门禁系统相结合使用；充分利用安全隐患排查系统，实时上传隐患图片，指定整改责任人限时整改，对安全生产工作实时动态管理，收到了良好的效果。

② 标准化

各项目积极推进技术标准化。2018年截至9月底，制定了建筑基坑技术规范（地方标准）、挡水槛设置技术标准、高性能混凝土技术要求、穿墙管设置的技术标准等17项技术标准，为工程实施标准化建设保驾护航。

各工区大力推行施工标准化。以标准化施工图集为标准，加强对相关人员的培训工作，全力推行标准化施工工序及标准化作业。现场完成CI覆盖，警示标牌、围护结构、主体结构和盾构施工相应的质量卡控要点悬挂张贴，做到全面提升现场安全文明施工及质量管理水平；临边防护统一标准，孔洞设置了防护钢板或两层防坠网，确保材料、物体掉落伤人；统一机电设备、弱电系统全线标识标牌，通信系统、综合监控系统专业标识标牌采用绿色扎带、信号系统标识标牌采用黄色扎带区分，既整齐美观，又能更好地满足运营日常使用。

③ 规范化

整章立制，以制度和规范为抓手，规范工程建设。2018年前三季度我司拟定《土建工程工地建设标准图册》等规范化手册5项，拟定《南宁轨道交通工程施工组织设计管理办法》等规章制度35项，修订《南宁市轨道交通工程施工图设计进度管理办法（修订）》等规章制度9项。第四季度计划编制修订规范化手册9项。

强化图纸核查，以技术力量为保障，提升工程质量。2018年，为确保施工图设计质量，规范设计管理程序，结合1号线、2号线建设运营经验，我公司全面实施轨道交通工程施工图审查管理制度，进一步强化技术方案的科学化、规范化、合理化，为工程实施提供重要前提条件。完成轨道5号线施工图设计阶段技术标准、盾构管片预埋滑槽技术标准、防水通用图标准制定等技术标准制定共计17项；完成方案优化与变更审查共完成337项；完成3号线微型消防站用户需求书等审查共计17项；完成地铁保护技术审查共计221项。

现场积极推行规范化作业。各项施工以质量验收规范为标准，规范图纸会审、技术交底、过程控制等技术管理流程，强化施工技术管理，提高施工质量。在现场对各关键工序设置工艺流程展示板，引导工人规范标准施工；对导墙线形、地连墙成槽垂直度、钢筋笼焊接质量、支撑梁外观等关键工序列举详细控制清单，编制控制要点并定专人盯控，定期检验纠偏及现场考核，有效提升了钢筋加工质量；落实施工用电管理，使用电设备做到"一机、一闸、一箱、一漏"，对不达标的坚决给予取缔，确保临时用电规范化；结合安全标准化创建，积极开展"零隐患、零事故、零缺陷"三零班组活动，不断细化施工现场安全生产管理制度，规范安全防护和员工行为。

④ 装配化

新建围挡采用装配式围挡，加快了围挡建设周期，使施工区域在第一时间进行围闭，同时围挡拆除时避免了对现浇混凝土基础的破除，减少了对现有路面的破坏及施工过程中产生的扬尘；运用铝模板于混凝支撑施工中，轻便快捷，快速转换工序，既保证质量又缩短时间；开展4号线玉象路站—总部基地站区间右线吊装、机电安装等方面推广装配化施工试点工作。

根据《南宁市人民政府关于加快推动装配式建筑发展实现建筑产业现代化的实施意见》（南府规〔2017〕2号）的精神，南宁轨道交通3号线选取秀峰路站、滨湖路站、金湖广场站及五象湖站作为轻质陶瓷装配式隔墙样板试点站，站内设备区房屋砌筑工程中非承重部位的隔墙均采用了轻质陶瓷隔墙进行施工。轻质陶瓷隔墙施工工艺简单，现场施工过程快捷、环保，大大缩短了工期，材料损耗率低，减少了建筑垃圾。对于安全文明施工也是一个有力的保障和贡献。

3号线出入口钢结构采用装配式，构件全部在工厂进行加工制作，现场只做拼装，便于提高施工质量，加快施工进度。

⑤ 绿色施工

大力提升项目管理水平，全面落实黑臭水体治理相关要求。要求现场施工及生活废水全部至少经过三级沉淀后排入市政管网，全力保障施工区域周边环境不受污染；部分工区设置了污水水净化回收利用系统，通过石英砂初级预处理，高精石英砂二次处理，椰壳活性炭三级处理，净化的水质可直接用于洒水浇花、场地内喷淋降尘、文明施工用水等。

督促各参建单位明确区域和责任，并于每日、每周开展扬尘巡查工作，全面落实各项扬尘防治措施，坚决做到现场封闭管理、场区道路硬化、渣土物料覆盖、洒水清扫保洁、物料密闭运输、进出入车辆冲洗"6个100%"。

车站的临电全部采用线槽桥架敷设，配电箱采用航空插头，临时照明全部采用新型LED灯具，在满足亮度的同时最大限度地节约用电，极大地提高了用电的安全性、节能性及环保性。临水采用永临结合的形式，既满足临时用电的要求，又为后期的正式用电做好准备，高标准按照"四节一环保"宗旨进行建设。

建设绿色工程，打造全国首例海绵车辆段。心圩车辆段对雨水采取"渗、滞、蓄、净、用、排"的措施，进行雨水调蓄与利用。目前湿塘、微生态滤床、雨水回收系统、下凹式绿地、雨水花园、植草沟等主要海绵内容已完成施工。

（2）出台考核管理办法，公司每月组织开展月度安全质量大检查，每季度开展季度履约信誉考评检查，对施工单位生产情况进行考核打分评比，下发文件表彰优秀单位，通报差的施工单位，对存在的问题进行全线通报，要求相关单位按要求落实整改。

（3）对通报后仍未按要求整改的单位，约谈其上级领导，要求上级领导派驻工作组在现场协调解决问题，调配更多人力、设备等进场，扭转施工被动局面。

（4）贯彻落实治欠保支"一金三制"制度，维护好建筑产业工人合法权益。定期排查治理拖欠工程款和农民工工资以及农民工工资支付问题。

6）厦门地铁

一是印发《轨道交通工程监理、施工单位信用考评方法》等制度，并通知到各参建单位；二是落实项目部建立管理机构，配备技术、质量、安全人员，在一线工作中以党员带头，落实提高现场生产安全、文明；三是为充分了解客户需求与满意程度，每月都与各参建单位联系，制作满意调查表；四是积极采用科学的质量管理方法，落实全面有效的质量管理制度；五是为实现项目各项管理目标，规范本项目全体员工的管理行为，落实项目部制定项目策划书、管理目标责任书。六是成立安全生产监督管理部，并按要求编制安全生产策划书及安全生产保证体系；七是定期开展安全检查工作，具体分为每日安全巡查、周检查、月检查及专项检查。并定期组织安全会议，将本周或者本月的安全生产情况及隐患排查整改情况进行通报。

7）宁波地铁

深化战区制管理体系，确保各项生产任务顺利推进。一是推进组织保证措施，建立轨道交通工程建设推进会议制度，针对建设过程中外部协调方面存在的难点卡点问题进行责任分工，加大外部协调工作的推进力度；二是深化战区式管理，现场的管理以各项目建设部为主线，盾构部、机电部的专业管理人员为专业"兵种"，现场管理过程中均服从项目建设部的统一协调，使现场各项管理工作更加顺畅，为顺利完成各项生产任务指标奠定良好的组织基础。

深化各项考核制度，确保工作任务高效优质完成。一是以部门目标管理考核为抓手，年初制定刚性的目标任务，年中不调整、不更改。未完成的工作任务，业务部门与职能部门都将一视同仁，严肃扣分，对于党委班子决定执行不力的部门和团队，加大扣分力度；二是以员工绩效考核为抓手，全方位地从员工德、能、勤、绩、廉五个方面进行考核，重点突出工作实绩、工作态度、管理能力和个人素养的考评。

深化团队建设目标，确保建设铁军队伍顺利锻造。一是深化党建工作，继续加强党员干部思想建设，践行"两学一做"学习教育常态化、制度化和轨道交通铁军建设要求，同时积极打造"红色工地"，加强对项目部党建工作的引领；二是加强廉政建设，探索建立健全教育、制度、监督并重的惩治和预防腐败体系，强化廉政教育机制，推广"廉政监督员"工作机制，同时加强项目部纪检管理，探索检企共建；三是提高队伍素质，以培训为抓手，全面提升干部员工的综合素质，进一步加强后备干部队伍培养工作，继续开展综合素质、专业技术类的培训，继续加强复合型人才的培养。

深化工程安全质量管理，确保年度安全生产目标顺利实现。一是继续深化标准化建设，强化现场监督，推广标准化建设成果，持续完善"风险管控和隐患排查治理"机制，全线推行隐患排查系统，实现隐患排查治理信息化、透明化、标准化；二是继续强化现场教育培训，继续开展安全教育培训工作，继续发挥宣讲团功能；三是持续开展现场专项检查、日常巡检和关键性节点验收三项检查，持续开展消防安全、起重机械、临边防护、试验检测、混凝土施工、防台防汛等专项检查及其他针对性的检查活动，落实好安全生产月、质量月相关工作，并对检查出来的问题及时进行整改。

深化生产保障管理措施，确保现场建设氛围的营造。进度管理更加优化，合同管理更加严格，技术服务更加主动，工程保障落实更加有效，盾构管理技术更加提升，机电创新管理更加深入。

除立功竞赛原办法规定的奖罚外，对开展节点赛的节点完成率高的单位，给予通报表扬，并在诚信系统中加分。

8）贵阳地铁

贵阳地铁在轨道交通建设中，主要采取加大现场质量、安全管理力度，通过日巡查、周调度、月考核等方式进行考核，达到加强过程管理，抓好治堵保畅工作。

注重现场质量、安全管理。一是狠抓安全教育，通过每天班前教育、不定期的安全培训等，真正做到人人管安全，层层抓落实；二是督促施工、监理单位切实做好过程管理，特别是关键部位做好质量安全控制；三是狠抓落实责任，做到分工明确，形成长效管理机制。

加强过程管理。通过日巡查、周调度、月考核等方式加强过程管理，确保工期计划实现。过程中对投入不到位、措施不力的单位进行严格考核。

抓好文明施工管理。始终坚持生态建设贵阳轨道交通的理念，加大文明施工投入，狠抓围挡定期保洁和破损更换、防尘降噪、渣土覆盖、废水排放、渣土运输等工作。如在竖井施工中采用了"五防大棚"，起到"防尘、防噪、防雨、防晒、防冻"作用，既减少了施工扬尘、噪声对周边环境的影响，又降低了雨雪、暴晒等特殊天气对施工的影响，进一步提高了施工效率。

做好治堵保畅管理。为减少轨道交通施工对交通的影响，一是针对占用市政道路施工的工点，保通单位增加保通协勤人员，配合交管部门维护交通秩序；二是针对交通流量较大的工点，在上下班高峰期配备专门的交通疏导员；三是安排专人每日巡查，发现路面的坑洞和破损等情况及时进行修补，确保车辆、行人安全顺畅的通行。

7.3.4 城市轨道交通建设风险管理的成功经验和案例

1）天津地铁

天津地铁集团监控中心按照"全天候、全方位、全过程、全覆盖"的要求，完善监测信息管理、盾构监控、人脸识别考勤、视频监控系统，增加安全隐患排查、PM10空气质量监测、渣土运输智能管控系统、应急管理4个模块，充分借助互联网、智能化技术手段，风险管控信息化综合平台及移动终端实时查询，督促各参建单位责任落实。

2）长沙地铁

长沙轨道交通一是开展常态化培训。公司落实企业全员培训，形成常态长效。另外，要求各子分公司督促对包括外来作业人员在内的各类人员组织开展班前会、安全交底等安全生产教育和培训活动，保证从业人员具备必要的安全生产知识，严格执行持证上岗制度，未经安全生产教育和培训合格的从业人员，不得上岗作业，尤其是重点监管特种作业人员必须具备特种岗位作业的专业技能，持证上岗。二是开展常态化巡查。公司定期组织安全生产隐患排查工作，形成多层次的安全检查及隐患排查制度，在工程建设方面，每天要求施工单位专职安全员对施工现场进行巡查，尤其对危大工程等重大危险源，建立了检查台账，形成多层次检查制度。三是强化惩处效果。公司运用信用惩戒手段强化安全监管，积极加强安全信用建设，建立守信激励和失信惩戒机制，并将信用情况作为招投标、资质资格的重要依据。对于严重失信行为，纳入黑名单，禁止进入轨道交通招投标环节，有效发挥了警示震慑作用。

3）南宁地铁

南宁地铁一是强化重大风险源的管理，严格执行重风险"六专"管理制度，针对施工重大安全风险工程，要求编制专项施工方案、应急预案，组织专项评审论证、安全条件专项验收，落实专项监测方案、落实专人值班。定期对各标段风险源进行巡查，并将安全隐患上传公司隐患排查系统，督促各单位按要求落实整改。通过重大风险源"六专"管理制度的实施，有效地遏制了有可能导致群死群伤的特重大事故的发生。二是根据工程建设推进情况，及时完成轨道工程建设各阶段的风险评估工作。加强"两专两特"队伍日常工作的监管，制定南宁市轨道交通工程应急抢险标配物资和应急抢险队伍建设标准化图集，强化应急抢险措施。按计划组织建设分公司级的应急抢险演练活动，以提高"两专两特"队伍的应急抢险实战能力。强化第三方监测单位的人员、仪器设备和日常监测工作的监管，建立更科学有效的监测预警机制和管理制度。

4）厦门地铁

厦门地铁四号线首开段施工风险主要是盾构区间下穿岩内村、岩内隧道，暗挖隧道下穿沈海高速。施工风险较多，需要严格的风险把控措施。盾构穿越前对盾构机进行一次系统的检查，施工前需要做 100m 左右的试验段，调整和优化下穿段设计参数。盾构下穿过程中加强同步注浆与二次注浆，提高盾尾的密封性能。穿越期间，匀速推进。尽量缩短管片拼接时间，防止盾构机后退导致正面土压力降低。在暗挖隧道下穿沈海高速施工过程中，严格按照设计施工，做好超前水平钻孔、地质雷达等超前预报，严格遵循"十八字方针"，及时支护及时封闭成环。加强对初支背后进行充填注浆。同时，在施工过程中加强施工监测及监测数据的分析。

5）宁波地铁

宁波轨道交通网络位于宁波平原，属甬江水系，河渠密布，周边环境复杂。沿线多穿越江河、桥梁桩基、建（构）筑物及文物等。

工程建设场地多为第四纪松散沉积物，地质时代为第四季全新世至上更新世，属第四系滨海平原沉积层，软土具有明显的"五高二低"（高含水率、高灵敏度、高压缩性、高流动性、高孔隙比、低渗透性、低强度）等特点，且普遍存在承压含水层。基坑工程存在施工难度大、高灵敏度土层开挖变形控制难、突涌、流塑状土层地下车站结构上浮等风险，盾构隧道施工面临高流变性地层中隧道轴线控制、特殊地段盾构隧道施工质量及周边建构筑物变形控制、隧道周边加卸载引起的隧道变形控制以及冻结法联络通道施工融沉变形大、周期长等难题。

近一年来，在大量监测监控数据分析、案例总结的基础上，宁波轨道交通工程建设大力推进深基坑支护新技术、新设备的科研及应用实践。如基坑自动伺服系统、超深旋喷桩隔断承压水层、基于无支撑暴露时间的基坑开挖精细化施工技术、分层控制指标等。基坑伺服系统钢支撑的研发与投用，实现 24 小时实

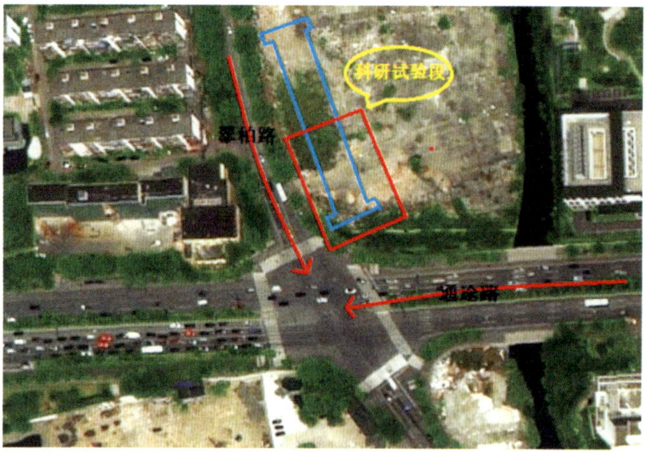

图 7-3 工程位置示意图

时监控，低压自动补偿、高压自动报警，全方位多重保障安全。面对宁波软土地区，通过该系统数据远程采集、设备智能自检、支撑轴力自动化调整复加等多项功能，将基坑变形由以往的 6~8cm，有效控制在 3cm 之间，大大降低了地铁基坑开挖对周边建筑物的影响。

宁波轨道交通牵头研发的"阳明号"类矩形盾构的应用，有效减少双线间的间距，降低地下与地上空间占用范围，可以减少对周边环境的影响。这一新的技术体系将为我国地铁建设特别是都市核心区、老旧城区"地下空间摆不下、邻近设施碰不起"的难题提供了一种全新解决方案。

机械法联络通道成套工艺的研发与投用，解决了在轨道交通建设中盾构区间隧道的联络通道冷冻法工艺施工存在的风险高、沉降大、工期长、造价高等问题。在宁波召开的该关键技术国际咨询会上，专家委员会对科研成果及施工实施效果给予了高度评价，认为该技术已处于国际领先水平。

持续推动智能化、自动化监测技术的科研及应用。如三弦轴力计、光栅光纤、分布式光纤、智能测斜仪、坑底回弹自动化监测等，这些新技术、新手段的应用，进一步提高了监测的准确性、时效性。

案例：自动化监测技术在 4 号线翠柏里站基坑施工中的应用

宁波轨道交通 4 号线翠柏里站基坑净宽 24.3~25.3m，净长 223m。南北端头井基坑深分别为 17.97m、18.42m，标准段基坑深约 16.18~16.53m，宽度 24.3~25.3m，围护结构为 800mm 厚地下连续墙，支撑采用钢筋砼支撑+钢支撑的形式。其中第一道采用钢筋砼支撑，其余四道均采用 Φ609 钢支撑。自动化监选取翠柏里站南侧先行施工的 100m 地墙段（12~21 轴）作为试验段（图 7-3）。

基坑开挖期间，根据现场施工进度同步开展人工、自动化监测工作，具体开

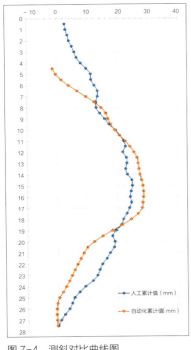

图 7-4　测斜对比曲线图

图 7-5　支撑轴力对比曲线图

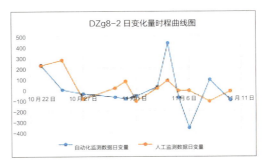

图 7-6　支撑轴力对比曲线图

展情况如下：①墙体深层水平位移自动化监测采用基康 FBG-8600 解调仪进行数据采集，采集频率约为 30min/ 次，人工监测频率为 1d/ 次；②墙顶沉降 / 水平位移自动化监测采用 JPLD-1000 光电式双向位移计进行数据采集，采集频率约为 180s/ 次，人工监测频率为 1d/ 次；③支撑轴力采用光纤光栅解调仪进行数据采集，监测频率 30min/ 次，人工监测频率为 1d/ 次；④监测数据通过自动化监测系统进行传输。

基坑开挖过程中用人工监测数据验证同一时段自动化监测数据，确保自动化监测数据的准确性，结果如下：①基坑开挖期间测斜变形曲线自动化监测与人工监测基本一致，至垫层浇筑时，CX2 自动化监测变形最大点为 28.55mm，人工监测变形最大点为 24.85mm；②光电式双向位移计测量的墙顶沉降 / 水平位移变化较为平缓，最终变形稳定在 1mm 左右，人工监测数据波动大，监测数据在 -1 ~ 2mm 间波动；③支撑轴力自动化监测与人工监测得到的支撑轴力变化趋势基本一致，但人工监测无法考虑温度变化引起的轴力增大，变化幅度较大。自动化与人工各监测项数据对比如图 7-4 ~ 图 7-7。

因此在基坑开挖过程中自动化监测存在以下优点：①监测数据基本可反映基坑围护结构及支撑体系的变形、受力情况；②自动化监测可做到实时监测、实时传输数据，将基坑变形情况第一时间反馈至风险管控相关人员，确保现场决

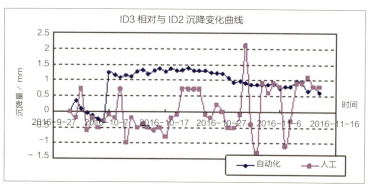

图 7-7　墙顶沉降对比曲线图

策的及时性；③通过温补系数的确定可消除温度对支撑轴力的影响，使监测数据更精确。

基于自动化监测以上优点，施工开挖过程中以自动化监测数据为基坑变形依据，根据基坑变形情况调整开挖步距，及时架设支撑，复加轴力，最终有效控制了围护结构的变形，地墙最大变形为 28.55mm（预警值为 48mm）。

6）贵阳地铁

贵阳地铁一是引入隐患排查治理软件系统。随着近年大数据、信息化等科技手段在施工现场的应用，公司在长期坚持认真开展隐患排查治理工作的基础上，于 2018 年 5 月引入"隐患排查治理系统"，实现隐患排查治理的信息化管理。二是开展安全生产交叉大检查。公司组织贵阳轨道交通建设各参建单位骨干人员，对所有在建土建项目开展质量安全管理工作进行交叉大检查，并对检查发现的重大违规行为或安全隐患采取贴封条行动。三是开展镜头对准隐患行动。公司对现场检查发现的问题，制作成前后对照的镜头对准隐患照片，在每季度末安全生产会议上进行曝光通报。四是组织专家巡检及培训。公司邀请轨道交通行业内具有丰富工作经验的专家对高风险工点精心检查指导，并对公司相关管理人员及各参建单位管理人员进行质量安全管理培训。

7.4 发展与趋势

7.4.1 四新技术应用情况与案例

1）上海地铁

案例一：14 号线桂桥路站管幕段位于上海市浦东新区王家桥路与曹家沟交

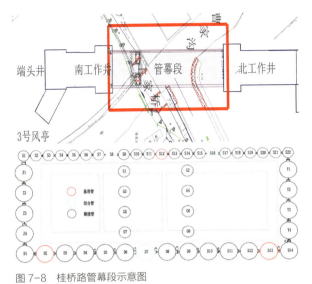

图7-8 桂桥路管幕段示意图

图7-9 浦东南路站东坑侧墙结构养护膜使用图

界处，管幕段长度为100m，下穿曹家沟，埋深约5.4m。构筑开挖断面21.99m（宽）×7.2m（高），采用2种直径的管幕构筑。开挖土体通过水平MJS工法桩对掌子面进行加固，再通过在顶管中设置88根冻结管对开挖土体进行冻结。开挖阶段采用台阶法分三仓开挖，支撑体系由固定支撑和移动支撑组成，固定支撑采用快速钢架体系，考虑到施工期间管幕的变形控制，减少固定支撑的施工时间，固定支撑连接拟采用螺栓连接，钢架斜撑采用丝扣连接；移动支撑采用快速、灵活的可移动"台车"形式。结构施工分段遵循"隔五拆五"的原则，即第一次拆除5榀固定支撑，施工一段结构，之后拆除两段结构之间的5榀支撑施工剩余结构（图7-8）。

案例二：14号线浦东南路站在混凝土养护过程中应用了节水保湿养护膜。混凝土节水保湿养护膜是以新型可控高分子吸水材料为核心，以塑料薄膜为载体，通过设备加工复合而成的卷材产品。其中高分子材料可吸收自重200倍的水分，吸水膨胀后变成透明的晶体状，把液态水变成固态水，每平方米养护膜可蓄水0.5kg，成为一个固态的微型水库，然后通过毛细管的作用向混凝土养护面渗透，同时不断吸收混凝土在水化热过程中产生的蒸发水，因此在一个养护期内总能保持混凝土表面湿润。经过现场的实际应用效果对比，采用节水保湿养护膜养护的侧墙混凝土色泽均匀、模板接缝不明显、表面平滑、裂缝和渗漏点少，且养护过程中无须重复洒水，养护难度低，节水节能，节水保湿养护膜养护工艺无疑是一种适应现代化混凝土施工养护要求的新型技术工艺，具有极大的推广性（图7-9）。

图 7-10 施工现场循环水洗车槽

案例三：14号线豫园站采用了废水循环系统，收集的降水可以直接用于生活用水、冲刷厕所及现场扬尘、现场绿化养护、冲洗出入车辆及用于结构构件中的养护用水、砌体砌筑用水、抹灰及现场清理等，因此可以实现较高的循环利用率。

该项目基本实现了疏干降水的全部回收利用，泥水分离系统4个月累计回收利用循环水量为 $7200m^3$，实际节水率达 5.7%（图 7-10）。

2）天津地铁

天津地铁主要运用了 BIM 技术、CPⅢ 测量技术、HPE 钢管柱定位技术、Cutter Soil Mixing 地下连续墙成墙技术。相比天津地铁以前的线路建设过程，BIM 在天津地铁中的推广使用，使各专业的管线排布更加合理，大幅减少了管线拆改；基于 CPⅢ 测量技术在轨道铺设过程的精确定位提高了铺轨精度；HPE 钢管柱定位技术提高了钢管柱的定位精度；Z1 线盾构区间修复采用 Cutter Soil Mixing 地下连续墙成墙技术，确保新施工地下连续墙与既有地下连续墙之间紧贴。

3）长沙地铁

长沙地铁一是在3号线一期工程全线盾构区间率先采用管片预埋滑槽技术，提高隧道结构的整体性，避免了传统打设膨胀螺栓对隧道结构的损伤，延长了隧道的使用寿命。二是长沙地铁3号线湘龙站—星沙站盾构区间采用暗挖隧道内盾构机空推工法。这是长沙地铁首次采用该工法，经过学习交流、方案比选、参数优化、专家论证等，制定了安全稳妥的方案，使得盾构空推施工得以安全顺利地完成。三是"长沙盾构区间典型地质条件微扰动施工控制技术研究"项目在长沙地铁4号线成功应用,提出盾构下侧穿既有建构筑的安全保护与盾构掘进控制方法,这是长沙地铁首次采用竖井+MJS水平加固的施工工艺,确保了盾构安全的顺利通过。四是"长沙典型地质条件下地铁车站抗渗防裂关键技术研究与应用"项目在长沙地铁4号线成功应用,通过调整混凝土配合比,配制低水化热、低收缩的抗裂混凝土,形成"刚柔复合"式防水方案,提高附加防水层的有效性。

4)南宁地铁

案例一:3号线滨金区间盾构机安装盾构同步注浆可视化监控。在盾构施工过程中,对于渗透系数较大的砂质土层及曲线掘进等特殊工况同步注浆量和注浆压力难以精确控制,注浆质量无法及时检测、反馈,注浆效果不能得到很好保障,极易发生地表冒浆、沉降,建筑物开裂以及盾构拼装质量差等恶性事故。对此,3号线滨金区间盾构机安装盾构同步注浆可视化监控。可视化检测装备及技术,实现注浆效果的实时检测、反馈,实现注浆质量精确控制,从而为盾构隧道安全、质量,精细化施工提供技术保障。

案例二:机电安装中应用可视化接地系统。3号线工程机电工程采用了可视化自动接地操作管理系统。通过可视化验电接地装置及其后台管理系统,实现在OCC控制中心、车控室等地点的接触网远程遥控接地操作,操作过程联动视频监视,同时具有在线验电、自动放电、验放电及接地一体化操作、验电接地联锁、刀闸地刀联锁、控制回路硬节点闭锁、唯一操作权管控、接地操作与两票关联、站间设备联锁、接触网电压显示、视频智能识别地刀状态等功能,支持远方电动、就地电动、就地手动、应急操作、多点并行操作等多种操作方式,无论远方还是就地操作均具有完善的防误操作措施。可视化验电接地装置及其后台管理系统,在设计上满足《地铁设计规范》GB 50157—2013和《轨道交通地面装置直流开关设备》GB/T 25890—2010等标准规范的相应技术指标和要求。系统从全线考虑,整体性解决轨道交通供电系统接地操作中的作业安全及作业流信息化方面的问题,构建出一个信息化、网络化、可视化、标准化的供电系统接地操作安全生产保障体系,满足轨道交通供电系统安全、规范、可靠的运行要求,可有效提升运营单位对作业人员及设备的安全保障能力,同时缩短作业时间,提高工作质量和效率,节约运维成本,达到轨道交通保安全、高效率、低成本的运营目标,对提升轨道交通供电设备作业安全管控水平以及产业技术发展等方面均具有十分重要的意义。

案例三:心圩车辆段打造全国首例海绵车辆段。结合场地自然景观,在尽可能不破坏景观设计理念的情况下进行心圩车辆段海绵化设计。在原总平绿化设计方案的基础上，通过增加透水铺装、下凹式绿地、雨水花园、植草沟及利用景观水体作为湿塘、雨水收集回用来渗透、滞蓄、收集项目场地内的雨水，达到雨水径流量控制率要求。主要将雨水引至实土绿地内"渗、滞、净"处理为主，在室外绿地考虑设置下凹式绿地及雨水花园，保障雨水径流总量控制的同时营造丰富的景观效果，室外停车位尽可能设计为生态停车场。同时，结合西安建筑科技大学的下凹式绿地、透水铺装等专利技术，在办公区内打造海绵城市示范区。湿塘和蓄水池有效储存雨水进行利用，减少雨水径流量外排。湿塘拟收集部分轨道区的雨水，通过雨水管网收集湿塘南侧部分轨道区的雨水，排入湿塘，充分发挥湿塘的调蓄下渗作用。雨水调蓄池根据汇水分区设置，采用玻璃钢蓄水池，经过沉淀过滤及消毒的雨水由回用水泵提升至地面回用水取水栓，供绿化、景观补水及道路浇灌使用。

心圩车辆段在海绵城市建设试点中探索出的经验、技术要求，将为区内其他地区乃至全国范围内的其他城市的车辆段项目提供类似海绵城市建设经验借鉴，成为展示轨道建设系统雨水管理领域先进理念和成功经验的重要窗口。

案例四：清平坡站—龙岗站区间土压平衡盾构引进采用泥水分离系统，盾构机出渣泥浆通过龙门吊将泥浆用土箱升至地面渣土池，用挖掘机将泥浆进料至粉碎机，粉碎机可以把泥浆及石子粉碎到3mm以下，粉碎后的物料流入调节池，经调节后通过渣浆泵泵入带式压滤机，加药脱水，泥饼经皮带机进入渣土池后外运，清水用于药剂稀释和反洗等。

案例五：5号线五一立交站—新阳路站区间采用土压/泥水双模盾构机掘进，是南宁地区首次使用双模盾构机，也是国内首次在土压/泥水双模盾构机模式下，以泥水模式掘进为主，探索泥水模式下的施工组织、成本管理及设备、材料、人员的配置，将为拓展土压/泥水盾构机在应用范围提供工程案例支撑，当前土压/双模盾构机正在生产制造中，预计2018年12月进场。

5）厦门地铁

厦门城市轨道交通建设大力推行"四新"技术的应用，在建设过程中分别应用"四新"技术中的各大项和小项，具体如下：

（1）在围护结构、暗挖爆破施工中应用了新技术大项：地基基础和地下空间工程技术；小项：①复合土钉墙支护技术；②高边坡防护技术；③双聚能预裂与光面爆破综合技术。

（2）在混凝土施工中应用了新技术大项：混凝土技术；小项：①高耐久性混凝土；②自密实混凝土技术；③混凝土裂缝控制技术。

（3）在钢筋施工中应用了新技术大项：钢筋及预应力技术；小项：①钢筋

焊接网应用技术；②建筑用成型钢筋制品加工与配送技术。

（4）在主体结构模板安装中应用了新技术大项：模板及脚手架技术；小项：①清水混凝土模板技术；②组拼式大模板技术；③隧道模板台车技术。

（5）在降水施工中应用了新技术大项：绿色施工技术；小项：①基坑施工封闭降水技术；②基坑施工降水回收利用技术；③预拌砂浆技术。

（6）在主体结构防水中应用了新技术大项：防水技术；小项：①地下工程预铺反粘防水技术；②预备注浆系统施工技术；③遇水膨胀止水胶施工技术；④聚氨酯防水涂料施工技术。

（7）在施工监测中应用了新技术大项：抗震、加固与改造技术；小项：①深基坑施工监测技术；②结构安全性监测（控）技术；③开挖爆破监测技术。

（8）在项目信息化技术、BIM技术中应用了新技术大项：信息化应用技术；小项：①虚拟仿真施工技术；②施工现场远程监控管理及工程远程验收技术；③工程量自动计算技术；④工程项目管理信息化实施集成应用及基础信息规范分类编码技术。

6）宁波地铁

宁波针对地下空间立体网络化开发对联络通道高效施工所提出的迫切需求，常规冷冻或注浆加固结合矿山法开挖的施工工艺局限性越发凸显。鉴于此，提出了以"微加固、可切削、严密封、强支护"为主要特征的地下空间联络通道机械法施工技术理念：在地层微加固的情况下，采用隧道掘进机直接破除既有管片的方式，实现联络通道的一次掘进成型。该方法具备施工快速、成本低、安全性高、环境影响小的优点。该新工法在国内为首次采用，通过技术研发全面攻克了三大技术难题，实现了四大技术创新点：（1）首创集约型模块化适应性盾构机，包含可切削管片锥形刀盘、集约空间高性能拼装机和伺服内支撑体系；（2）首创微加固的联络通道管片结构设计技术体系，包含大隧道镶边混凝土复合管片及复杂的T接洞门接头设计；（3）首创满足轨道交通盾构隧道狭小空间的机械化联络通道施工技术控制技术体系；（4）首创多环伺服控制全环境结构隧道试验模拟装置及试验理论。同时，机械法联络通道施工工法，除可应用于地铁盾构隧道外，还可在交通、市政、水利工程盾构隧道连接工程中推广应用，具有极强的可拓展性，是地下工程向全机械化、盾构工程向全系统化发展迈出的坚实一步，对推动整个地下工程发展有重要意义。

案例：宁波轨道交通所开展的机械法联络通道装备及设计施工关键技术项目正在宁波市轨道交通3号线一期工程鄞南区间联络通道和儿樱区间联络通道上

应用。目前已完成两座机械法联络通道项目施工，施工效果良好。

7）贵阳地铁

（1）悬臂掘进机在轨道交通开挖施工的应用：为减小钻爆施工对周边环境的影响，在贵阳城市轨道交通开挖施工中采用悬臂掘进机，有效解决爆破震动的影响和普通冷开挖效率低的问题。

（2）机器人开挖应用：2号线一期长岭路站1号、4号出入口暗挖通道，下穿金阳南路，为减少施工扰动和施工安全，采用全进口布洛克280型号机器人进行开挖，取得了良好效果。

（3）丙烯酸盐喷膜防水材料在轨道交通中的应用：在轨道交通2号线一期工程的七机路口站—云峰路站区间等区间隧道开展了丙烯酸盐喷膜防水材料试验性应用，新型防水材料具有施工便捷、无缝衔接、整体性好等性能，基本可以实现设计要求的防水功效，达到试验段防水试验效果。

（4）钢轨打磨车技术革新：1号线金阳车辆段钢轨打磨车牵引动力传动采用电传动，电传动将受电弓或者发电机组的电能经过变换后驱动牵引电机，带动齿轮箱轮对旋转，实现牵引功能。电传动具有环保节能等诸多优点，较大地节省运营维护费用。

（5）复合式通风空调系统：复合式通风空调系统由隧道通风系统、车站公共区通风空调系统、车站设备及管理用房通风空调系统、空调水系统，与车站传统通风设备的配置情况相同，主要的创新是在1号线所有地下车站屏蔽门安装顶梁上设通风孔及风阀，根据季节变化调整工况运行模式，达到节约电费的目的。

8）东莞地铁

关键技术在2号线运用

2号线围绕快线车辆、地下线隧道内径与空气动力效应以及快线减震降噪等关键技术，着重开展了车辆选型、空气动力学、舒适度研究、隧道盾构断面与盾构机选型以及高架线路环境景观研究等多方面的专题研究，并将"四节一环保"的可持续发展理念贯穿于专题研究、工程设计与实施的全过程。解决的关键技术如下：

① 快线车辆技术。对120km/h快线列车外形、列车气密性指标、提高列车气密性的相应措施、车辆站立定员标准、座椅布置、车门数量和车辆部件选型等关键技术进行研究解决。

② 空气动力效应控制技术。根据120km/h快线所引起的运营条件变化，开

展了通风与列车隧道阻力、舒适度分析研究。当大区间隧道有中间风井时，隧道断面直径选用6.0m。

③减震降噪技术。开展轨道快线运营震动和噪声综合治理技术调研专题，对国内外城市轨道交通的各类减震降噪技术进行调研，研究并建成适合于市域快线的减震降噪技术措施。

土建工程关键建造技术：盾构穿越孤石区间施工技术、上下隧道重叠段施工技术、特殊地层矿山法隧道穿越密集厂房区施工技术、节段箱梁成桥施工技术、多方法立体式信息化综合监控量测技术等。

7.4.2 PC预制构件应用

天津地铁首次在轨道交通领域（天津5号线）应用了双向先张预应力板式无砟轨道结构，建立了一套完整的适用于轨道交通的装配式双向先张预应力板式轨道结构设计、生产及施工体系成果。

南宁地铁5号线推广使用装配式围挡，既方便快捷的进行围挡施工，又能重复利用，降低了成本，节约了资源。

宁波轨道交通近1年来在PC化方面主要开展了地铁车站轨顶风道、站台板、楼梯等二次结构PC化方案研究。主要研究成果包括以下几点。一是地铁车站轨顶风道。根据地铁车站中板施工方法，研发了包括"顺做法"口字形轨顶风道和"后安装法"U形轨顶风道两种PC化方案。二是地铁车站站台板。依据车站的结构形式，将站台板合理的分为不同类的站台板模块结构。模块结构由工厂提前预制，现场依次拼装，连接接口采用高强度螺栓连接。三是地铁车站楼梯结构。针对地铁车站内楼梯PC化方案，主要参考建筑楼梯PC化方案，即楼梯构件提前工厂预制，现场安装楼梯构件。宁波轨道交通地铁车站二次结构PC化目前处于筹划研究阶段，今后拟在宁波轨道交通第三轮建设中试点应用。

7.4.3 盾构管控平台的应用

上海轨道交通盾构管控平台利用大数据技术、移动技术、云技术、互联网技术，可以对工程项目的进度、质量、风险等各项情况进行基于实时数据的全过程管理。利用收集到的各类数据，通过系统平台各类软件，对工程项目进行系统性的展示与分析，从而对工程项目的施工全过程进行监管。同时通过对基础信息、工程进度、工程质量、工程环境、工程风险的管理，结合数据预报警体系对盾构施工进行整体管控。此外，盾构管控平台还实现了协同任务体系的搭建，为多人员、跨部门协同工作提供了信息化平台，并且可以通过系统软件随时随地的发布任务。系统平台还具有汇总报告功能，定期将所有在建项目的相关情况进行合理有效的统计、汇总与分析，凸显出关键问题，辅助进行工程管理。通过盾构管控平台的接入，上海地铁已形成盾构推进的信息化、精细化管理模式，提高了轨道交通盾构施工进度与质量并降低工程施工风险。从2017年至今，累计接入28个项目，盾构机105台次，累计采集到2.33TB的掘进施工数据，并且实现了100%接入的既定目标。通过对盾构姿态的实时监控，70%的盾构姿态达到50mm的优秀标准，96%能够达到100mm的合格标准，确保了成型隧道轴线符合设计要求。

天津地铁5号线最后贯通的成林道站至靖江路站重叠隧道、凌宾路站至昌凌路站超长隧道两个区间施工中盾构管控平台可通过个人手机终端查询盾构施工参数，为这两个周边环境复杂及隧道本身风险较高区间的安全贯通提供了有力保障。

长沙市轨道交通集团有限公司一是大力发挥盾构管控平台"五大功能"作用。2018年，我司加强盾构施工管理信息平台的维护和升级，共对新建线路20余台盾构机进行接入，实现对盾构施工远程实时监控和全过程分析，并将盾构机施工过程中产生的数据进行存储。有效发挥"五大功能"作用（即传输和存储盾构施工过程中的各项参数、实时形象显示盾构施工过程中的姿态和纠偏量、盾构施工参数的全部数据进行查找、统计和分析，实时形象显示工程进度和清晰显示盾构区间重大风险源），形成管控的有力抓手，确保盾构施工风险可控，安全施工。二是强化盾构施工管控力度。2018年我司加强盾构施工监测平台的管控，特别是加强对盾构施工，特别是对盾构姿态控制、掘进参数控制、出渣量与注浆量的大小等情况进行监管。实现深基坑施工和盾构掘进施工过程中的监控量测数据实时传输和研判，对基坑开挖、盾构掘进等风险较大施工进行管控。同时，各建设公司建立工作流程和机制，加强对各盾构监测报警事项进行监管，及时组织报警处置会议，制定处理措施，消除隐患，确保安全施工。

南宁轨道交通集团有限责任公司轨道项目工程各盾构工区在地面都建设视频监控系统，直接连接盾构机操作系统，可查阅施工参数、设备性能等指标，对施工管理有很大提升，方便现场安全、质量、进度管控。南宁轨道交通开展了《复杂环境下地铁盾构施工智能监控技术研究》科研课题，课题研发团队开发出了一种能够实时测量并反馈土压平衡盾构出土量的系统，满足实用性、经济性的需求，为智能盾构提供了可靠支撑。以盾构机操作室PC端为载体，实时动态显示每环掘进过程中出土量的变化情况，结合注浆量和地表沉降数据，专门为盾构司机服务，为控制沉降提供最直观的依据。该课题研究出的一整套智能承重系统软硬件平台已经在南宁轨道交通3号线、4号线成功应用，计划在5号线进行推广应用。

厦门轨道交通轨道项目所有盾构区间均在地面设置盾构监控中心，将盾构机操作数据实时同步至盾构监控中心，同时对人仓等关键设备均配备高清摄像头，使得地面调度指挥人员实现对盾控机所有参数和作业过程的可视化实时监管。同时，各区间的数据同步集成至通过集团的安全监管平台，各层级管理人员可以通过该平台的登陆OA对盾控作业过程进行可视化的实时监管，发现隐患及问题，及时提出、及时整改，确保盾构施工始终处于安全可控状态。

宁波轨道交通盾构施工信息化管控平台，作为宁波轨道盾构施工信息化专业化集成平台，自2015年底上线以来已运营超过1000天。至今已累计注册用户近千人，为包括宁波轨道交通各参加单位提供了便利。信息平台通过不断的升级改进后，目前主要集成了包括风险管控、测量管理、监控量测、盾构机设备管理、管片质量在内的五大模块，主要实现了盾构机施工参数的实时传输、施工监测数据的分析与处理、盾构机导向及成型隧道轴线偏差等测量数据的汇总与统计、成型隧道质量问题的分类汇总等功能，建立了每台盾构机从生产到日常维保的身份信息，基本实现了盾构施工作业相关的全过程、全周期、全方位的管理。信息平台的集约化，使得盾构施工管理更加便捷，在日常的盾构施工过程中心，全部的掘进参数通过信息平台收集展示给各相关管理人员，结合系统集成的预警管理系统，可通过自动发送短信的形式将现场存在的问题实时发送到对应的管理人员手机上，近3年时间内，已累计发送各类预警警示、风险提示等信息18万条，使得现场盾构施工掘进情况能够更加及时有效的传达。信息平台通过对测量、监测、成型隧道质量信息等数据的分析与汇总，及时地将盾构掘进完成后的质量控制、环境影响等信息集中展示，并能为后续施工参数调整提供更加直观的指导依据。信息平台的使用，加强了盾构使用现场管控力度，使得现场盾构施工专业化、精细化程度更高，从已贯通的3号线及4号线部分已贯通区间来看，目前已实现了成型隧道管片质量与隧道轴线偏差的双优，即区间成型隧道管片完好率保持在90%以上，竣工验收时区间隧道轴线偏差无须进行设计调线调坡。

案例一：可拆解盾构过站始发在宁波轨道交通首次应用

宁波轨道交通4号线线路全长约36km，全线共设25座车站，其中地下车站18座，高架车站7座。柳西站—宁波火车站—兴宁桥西站区间隧道采用盾构法进行施工，但与常规盾构区间不同的是，宁波火车站建设初期因运营条件受限，

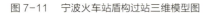

图 7-11　宁波火车站盾构过站三维模型图　　　　图 7-12　盾构拆解方式示意图

不能预留盾构机接收与始发的标准吊装孔洞，致使盾构机无法直接调离，同时又未考虑盾构机直接过站所需的净空限界。这导致盾构机从柳西站推进至宁波火车站西端头井接收后，只有进行拆解才能穿过宁波火车站进入东端头井再次组装始发，如图 7-11 所示。

本次设计的拆解盾构关键难点在于同时满足过站空间要求，在结构稳定性的前提下进行合理分块，经过多轮技术研究，确定了分块设计制造的理念，如图 7-12 所示，并决定了以下拆解设计原则：

（1）刀盘可拆解结构设计遵循：载荷平衡、耐磨抗震、排渣顺畅的原则；

（2）单块最大质量与最大尺寸满足拆解吊运、运输要求，不超过 20t；

（3）拆解区宜设置在平坡段，尽量利用成熟的施工方法、工艺；

（4）本着加快循环周期和节省工程投资考虑进行设计，拆解区结构应利于后续再利用。

（5）拆卸部位尽可能地采用螺栓连接（部分配合焊接），最大限度地提供了零部件的利用率，降低了成本。

在考虑过站边界、盾构机稳定性地基础上，为保证装备的通用性，经过不断的设计优化，将可拆解盾构机前盾、中盾前、中盾后设计成四瓣，而尾盾由于结构和功能的特殊限制，且保证盾构机再次始发尾盾的尺寸精度，设计成两瓣，如图 7-13 所示。各拆除部件质量均控制于 20t 以下，符合架设桥吊的吨位要求。

将刀盘分为一大两小的三块，中心法兰分解为一大块，保证了刀盘主结构的稳定性和功能；刀盘超挖刀管路和泡沫系统的管路全部布置在中心法兰块上，两小块上只布置了部分刀具；大块和小块之间采用螺栓定位、焊接加固的方法，如图 7-14 所示。

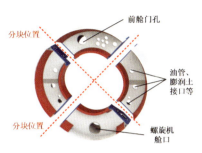
前盾（15t+13t+14t+14t）

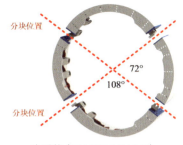
中盾前（8t+15t+14t+14t）

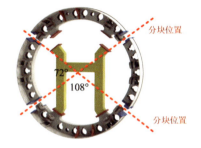
中盾后（16t+16t+15t+15t）

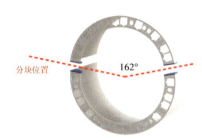
盾尾（15t+17t）

图 7-13　盾构机主机身各部分拆解示意图

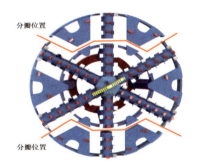
图 7-14　刀盘分块示意图

图 7-15　天津地铁 5 号线、6 号线 1 标交叉重叠（麻花状）隧道群工程示意图

目前两个区间可拆解盾构均已经实施完成，质量控制良好，为 4 号线工程建设节约了宝贵的时间。

案例二：天津地铁 5 号线、6 号线 1 标交叉重叠（麻花状）隧道群工程

天津地铁 5 号线、6 号线 1 标交叉重叠（麻花状）隧道群工程包括 5 号线、6 号线天津宾馆站至 6 号线水上东路及 5 号线体育中心站，共计 4 个区间 8 条隧道，是国内目前规模最大的麻花状地铁隧道群（图 7-15）。本隧道群盾构区间隧道全长 8018 米，8 条隧道上下重叠、并排前行、交叉缠绕，最小隧道间距仅 2.3 米；地面距离隧道最近处仅 6.3 米。8 条盾构隧道需要经过 16 次始发、接收，

地质条件差、周边环境复杂；同一端头要历经4次始发与接收，同一建筑、同一地层要经过4次穿越扰动，施工风险极高，施工难度极大，堪称天津地铁施工史上之最。区域地层软弱、富水，盾构掘进施工对周围土体扰动，可能造成土体塑性变形破坏，引起已完隧道结构、既有建（构）筑物和地表沉降、变形，如何组织小间距、重叠、交叉盾构隧道群施工，减弱盾构隧道施工相互影响和地表及建（构）筑物沉降、变形是盾构掘进施工控制重点。

施工过程中，天津轨道交通集团、中铁隧道局集团高度重视，充分发挥中铁隧道局集团的专业技术优势，多次组织内外部专家对盾构机选型、施工方案进行论证，并与高校开展科研合作，提前收集研判工程前期资料，对区间隧道进行建模分析，确定了先下后上的施工顺序及掘进方案、盾构机始发接收控制要点。主要采取的措施：

（1）充分论证优化实施方案，根据国内工程类比及理论模拟计算分析，先施工下部隧道，后施工上部隧道，上部隧道掘进时在下部隧道内采用钢拱台车进行加固，并在重叠区上下隧道内混凝土管片加设注浆孔，确保先行隧道安全。

（2）优化盾构机配置，盾构配备有先进的数据采集管理系统、全自动测量与导向系统，并配有同步注浆及二次注浆系统对盾构施工期间及后期沉降能进行有效控制；注浆管路为内置式，在4个出口都装有压力计及自动计量设施。盾和尾盾之间设计有两道密封，一道为橡胶密封，一道为紧急气囊密封。铰接部位设有三种注入口，A孔用于向铰接密封加注油脂，防止铰接密封的渗透泄漏，沿圆周有6个。使用气囊式密封时，从B孔向气囊注入工业压力气体。C孔在紧急情况下用于加注聚氨酯密封，沿圆周有6个；带有地质超前钻探设备，可对盾构前方进行预加固降低安全风险。开挖舱内上下左右配置了5个具有高灵敏度的压力传感器，通过自动土压系统中的PLC能将开挖舱内的土压传送到主控室内的显示屏显示。

（3）信息化、智能化施工，在常规监测的基础上，增加了盾构管片外水土压力、管片接缝应力、支撑轴力、隧道群位移等多项监测内容，并将实时数据同步上传至监控中心及监测平台，实时动态指导施工，强化监测严控地表沉降盾构掘进过程中对既有建（构）筑物和地表沉降、变形等实施24小时不间断监测，及时观测盾构穿越前后地表发生的水平位移和不均匀沉降，综合研判建筑物的安全性，并及时优化保护措施。结合监测数据对掘进速度、土仓压力、注浆量、注浆压力、出碴量、刀盘转速等施工参数进行实时优化调整，保障盾构机掘进中能随地质、埋深、环境变化而动态地、科学地确定施工参数。

（4）创新工艺工法，针对重叠段隧道设计出了移动支撑台车，能够分区调节、控制支撑力，确保先行隧道安全。在负三层采用钢护筒始发、接收，成功杜

图7-16 天津地铁5号线、6号线1标交叉重叠（麻花状）隧道群贯通照片

图7-17 成林道站—津塘路站区间总平面图

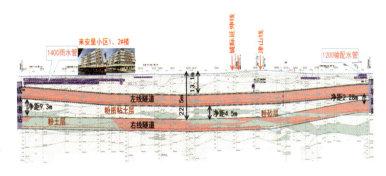

图7-18 成林道站—津塘路站区间纵断面图

绝了透水风险，确保了工程自身及地面建筑物的安全。根据国内的工程类比及理论模拟计算分析，先行施工下部隧道，后行施工上部隧道，上部隧道掘进时，在下部隧道内按每两环加固一环方式架设临时钢支撑，加固区做到超过盾构切口前15m，盾尾30m，以保证先行隧道安全，并对重叠区上下隧道内混凝土管片加设注浆孔，对隧道周围3m范围内土体进行注浆加固，同时，在上下隧道施工完成后，根据实测资料，通过注浆孔对变形较大的部分进行再注浆，达到控制变形的目的。

通过全体参建人员的共同奋斗和不懈努力，国内目前规模最大的麻花状地铁隧道群顺利完工，并入围国际隧道与地下空间协会（ITA）"2019年度创新技术项目"提名（图7-16）。

案例三：天津地铁5号线成林道站—津塘路站长距离小间距重叠盾构工程

天津地铁5号线成林道站—津塘路站区间线路顺东风立交桥敷设，区间线路东侧分布浩海小区、来安里小区、汇贤里小区等大量小区居民楼，下穿京津城际延伸线、津秦高铁和津山铁路，在津滨大道处侧穿越东风立交桥桩基。受上述周边环境因素制约，区间线路采取上下单洞重叠隧道布置方案，盾构法施工，全长1349m，区间左线隧道覆土5.16~13.1m，右线隧道覆土3.9~22.5m，上下重叠间距最小为2.28m。盾构由津塘路地下两层站始发，成林道地下三层站接收，线路敷设在软土地层，局部穿越承压含水层，水文地质条件复杂，属国内已建最长的重叠区间隧道（图7-17、图7-18）。

（1）工程难点

① 工程处于软土地区：对类似地区的重叠区间施工案例具备一定参考价值。

② 超长距离上下重叠：既有工程多为斜向交叠或小段落平行交叠（最长740m），全区间（1348m）完全重叠在国内尚属首次。

③ 上下洞净距超小：上下洞站端最小净距仅2.28m，长段落净距＜0.5D，施工阶段相互影响且控制难度大。

④ 周边环境风险极高：区间侧穿东风桥桩基，最小净距仅0.87m（含1处桩基托换）；下穿津秦客专、城际延伸线、津山线6股道；侧穿来安里高层建筑，最小净距仅1.0m；站端超百米覆土＜5m超浅埋段落，与管线最小净距仅0.5m。

（2）采取的技术措施

重叠区间按照先下后上的施工顺序，采取的措施有：

① 隧道结构加强

综合考虑施工阶段及使用阶段结构的受力及变形：管片配筋考虑施工组合（盾构机自重作用下）下洞管片的受力检算；加强下洞管片配筋（考虑施工阶段荷载组合）；提高管片连螺栓等级至8.8级；

② 地层土体改良

为加强两隧道间土体的抗压、抗剪能力，利用在管片预留注浆孔，对已建隧道周围土体进行深孔加强注浆加固。

③ 下洞临时内支撑

重叠隧道采用先下后上的施工顺序，上行隧道盾构掘进施工过程中，由于土体卸载、盾构机自重分布不均、掌子面压力不稳、注浆压力影响等因素，对下洞既有隧道的影响不可控。在上洞施工期间，下洞隧道增设临时内支撑。

④ 始发平台

为满足成林道站—津塘路站工期要求，保证上下洞同时施工，上洞隧道始发时，在始发端头井搭设始发平台，作为盾构始发的平台，采用钢管支撑＋工字钢＋槽钢剪刀撑＋钢板组成。

（3）施工效果

盾构掘进时采用通过理论模拟、现场试验、信息化管理等手段严格控制掘进参数、注浆质量，确保了施工安全质量，周边环境变形安全受控。成林道站—津塘路站长距离小间距重叠盾构工程取得专利两项，获得省部级科学技术进步奖一等奖。该区间隧道的成功贯通，为国内外软弱地质条件下重叠隧道采用盾构法的设计与施工提供宝贵的经验和依据，为今后类似工程规划与建设提供了成功范例。

案例四：天津新八大里过黑牛城道地下通道超大断面顶管工程

天津市新八大里地区配套地下工程项目，位于天津市河西区黑牛城道与内江

图 7-19　端头加固区设置示意图　　图 7-20　端头降水井设置示意图

路交口；过黑牛城道地下人行通道长 92.6m，覆土厚度 8.17m，由于黑牛城道为天津市快速主干道，道路宽度 66.5m，双向 10 车道交通繁忙、地下管线密集，为不影响正常交通，同时避免管线迁改，开拓性地引入了超大断面矩形顶管法施工。该通道采用土压平衡式顶管机施工，管节采用 C50P12 钢筋混凝土结构，断面宽度 10.4m、高度 7.55m，管节宽度 1.5m，厚度 700mm。管节数量 62 片，单片管节重量为 79t。矩形管节之间纵向连接采用承插式 F 型接头，顶管隧道下穿黑牛城道，上方管线众多，一共有 22 条管线，距离顶管隧道最近的有压管道为 DN1000mm 的自来水管，距离顶管隧道 6m；距离顶管隧道最近的无压管道为 Φ1650mm 的雨水管，距离顶管隧道 3.6m。地下通道自上而下分布的土质为 ①$_1$ 杂填土、①$_2$ 素填土、③$_1$ 黏土、④$_1$ 黏土、⑥$_2$ 淤泥质黏土、⑥$_3$ 粉土、⑥$_4$ 粉质黏土、⑦粉质黏土、⑧$_1$ 粉质黏土、⑧$_2$ 粉土、⑨$_1$ 粉质黏土和⑨$_2$ 粉砂。隧道主要穿越⑥$_3$ 粉土、⑥$_4$ 粉质黏土。

施工过程中，在天津轨道交通集团组织下，各参建单位给予高度重视，多次组织专家对顶管机选型、施工方案进行论证，并开展了系列科研活动，主要采取以下的措施。

（1）顶管施工防渗漏水控制措施

① 始发接收井施工完成后，端头采用多重复合水泥系加固止水工艺，确保加固效果，同时设置四口降水井，用以降水减压，降低始发接收漏水风险（图 7-19、图 7-20）。

② 顶管掘进过程中，注入大量触变泥浆，始发洞门采用多重止水密封，增设洞门防突涌装置，确保洞门密封效果。

③ 矩形管节之间纵向链接预埋钢套环设外、中、内三道防水。同时顶管推进过程中，采用大螺杆将相邻管节拉紧，保证管节接缝防水效果（图 7-21、图 7-22）。

（2）顶管机轴线纠偏控制

① 通过注入活性剂，保证渣土改良效果，将土仓压力的不均匀性降到最低。

② 严格螺旋机出土量控制，通过调整千斤顶顶力等措施进行姿态纠偏，保

图 7-21 管节之间防水措施设置示意图

图 7-22 管节之间大螺杆设置示意图

图 7-23 双螺旋机转速无极调速水平辅助调向置示意图

图 7-24 注入触变泥浆控制地层稳定示意图

图 7-25 管节止退措施设置示意图

图 7-26 水泥浆填充固结地层示意图

证顶管掘进姿态良好。

③ 双螺旋机转速可无级调速，控制土仓左右压力，实现水平辅助调向（图 7-23）。

④ 通过盾圈及管节压浆技术进行轴线纠偏。

（3）黑牛城道地面沉降及管线变形控制技术

黑牛城道是天津快速环线的重要组成部分，地下管线众多，距离顶管隧道最近的有压管道 DN1000 自来水管，距离隧道顶 6m；距离顶管隧道最近的无压管道为 Φ1650 雨水管，距离顶管隧道 3.6m。在施工中主要采取以下措施：

① 注入触变泥浆润滑减阻支撑地层。遵循随顶随压、逐孔压浆、浆量均匀、浆压适宜的原则，确保地层稳定（图 7-24）。

② 加装止退措施，防止地面沉陷（图 7-25）。

③ 设置自动化推进监测系统，实时监测。

④ 采用水泥浆填充固结地层（图 7-26）。

图 7-27　某车站管线综合 BIM 图

图 7-28　站厅层公共区 BIM 图

通过全体参建人员的共同奋斗和不懈努力，天津新八大里过黑牛城道地下通道顺利完工，并被国际隧道与地下空间协会（ITA）提名为"2018 年度地下空间开发应用创新奖"。

案例五：天津地铁 5 号线 BIM 技术应用案例

天津地铁 5 号线是天津市快速轨道交通网中的南北线，北起北辰区北辰科技园北，南至西青区李七庄，线路总长 35km，贯穿北辰、河北、河东、河西、南开、西青 6 个行政区，共设 28 座车站，其中地下站 27 座，9 座换乘站，18 座地下标准站和 1 座地面高架站。

天津地铁 5 号线建设过程中，在不改变车站现有结构层高的基础下，提高了我市地铁公共区装修净高，解决了机电安装拆改量大、公共区安防监控摄像机存在盲区等困扰地铁建设多年的问题，提高了设计和施工质量，加快了施工进度，提高了管理效率，2015 年天津地铁 5 号线成为天津市首条全面开展 BIM 技术在建设阶段应用示范的地铁线路（图 7-27）。

天津地铁 5 号线引入 BIM 技术之初，重点研究和考察了我国同行 BIM 技术应用的成功案例，确认采用管线综合 BIM 咨询加 BIM 正向设计技术应用。希望能借助新技术，解决工程建设的老问题。

通过与 BIM 咨询单位的精诚合作，BIM 技术在天津 5 号线应用上结出了累累硕果。根据总结评估，我们进行了价值分析：

（1）机电管线及土建二次结构拆改基本为零，极大减少了后期拆改造成的人工、材料的消耗；大幅节约了施工工期；大量减少了业主、设计、监理和施工等方协调会议次数，有效地提升了项目精细化管理水平，节约了管理成本。

（2）在不改变车站结构层高的情况下，有效提高了地铁公共区装修净高，满足了公众的需求（图 7-28）。

（3）实现了综合支吊架和公共区及走廊管线装配式施工，加快了现场施工进度，节约了建设成本（图 7-29）。

（4）利用设计阶段的 BIM 成果，机电及其相关专业深化设计只需要 1 周时

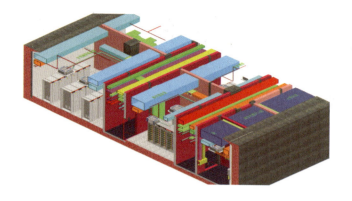

图 7-29 设备区走廊 BIM 图

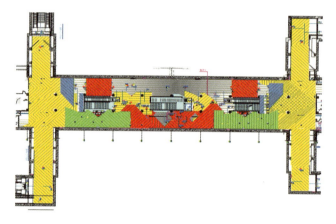

图 7-30 公共区安防监控摄像机盲区分析图

间,每站可以节约 60 人/天,压缩工期 2 个月。

(5)设备和管线的安装和检修空间都得到了有效保证,为后期运维创造了条件。

(6)通过 BIM 技术,实现了公共区安防摄像机的监控无死角,全覆盖(图 7-30)。

经过统计和分析,利用 BIM 技术后,天津地铁 5 号线每个地下标准站可节约 2 月以上的工期,节约因拆改产生的各类直接费用合计超过 8 千多万元。如果考虑因施工进度缩减产生的经济效果、社会效益,后期运维管理,5 号线 BIM 技术应用价值就更大。

天津地铁 5 号线的 BIM 技术在建设周期的应用不仅是一次新技术的探索,通过其成功的应用,我们总结和编写了天津市工程建设标准:《天津市城市轨道交通管线综合 BIM 设计标准》。该标准填补了我国在城市轨道交通管线综合 BIM 正向设计方面的技术空白,为行业的发展也起到了积极的作用。

案例六:践行"互联网 + 建设"理念,创新智慧化管理方式——成都轨道交通 17 号线轨行区智慧云平台管理系统(图 7-31)。

图 7-31 成都地铁列车亮相轨行区

(1) 概述

成都轨道交通自2005年开工建设以来，坚持"乘客优先、安全第一、质量至上、确保工期、节约成本"的建设方针和"安全、文明、平稳"总要求，强力推进加速成网计划，先后攻克高富水大粒径砂卵石地层盾构掘进、长大隧道及高瓦斯隧道施工等行业技术难题。截至目前，成都轨道交通已先后获批4期建设规划，累计建成开通7条线路，共计239km，日均客流突破400万乘次，公共交通分担率达到50%。最高峰时，13条地铁线路超过400km同时在建，5万余名建设者参战，170台盾构同时掘进，建设强度连续多年保持全国前列。到2022年，成都地铁开通运营里程将达到600km以上，基本形成半小时轨道交通通勤圈。

在不断攻克施工技术难题的同时，成都轨道集团坚持运用新技术、新工艺、新材料、新设备，深刻把握"互联网+城轨交通"的行业趋势，以智慧化方式创新建设管理理念，确保工程建设质量安全。其中，17号线轨行区智慧云平台管理系统就是充分运用"互联网+"理念实现全覆盖、全实时、强定位等功能。

成都轨道交通17号线一期工程范围为金星站—机投桥站，线路全长约26.1km，共设置车站9座，其中高架站2座，地下站7座，工程已于2017年1月动工。由于地铁施工线路较长、隧道内无有效的通信方式、多单位交叉施工、安全管理细节复杂、缺乏安全施工主动性等原因，传统的管理系统无法实时地获取施工信息，不能全面、及时、准确地掌握施工方信息和施工人员，难以高效率组织轨行区施工，同时也易引发轨行区安全事故。在17号线一期轨行区施工管理中，成都轨道集团坚持"安全第一，预防为主，综合治理"的安全方针，践行建设工程质量安全智慧化管理理念，率先引入轨行区智慧云平台管理系统，实现了轨行区作业面实时视频安全监控、调度计划组织信息化、地下段通信网络全覆盖、人员车辆实时定位四大核心功能。

(2) 智慧云平台管理系统介绍

本系统以平台方式设计，将城轨工程运输调度、轨行区综合管理、轨行区监控以及轨行区文明施工等因素进行综合分析，实现了以下基本功能。

① 网络覆盖

系统设计了区间全覆盖的无线网络，无须任何有线接入。隧道内轨道车司机与调度室之间通过专用的对讲电话进行通信，其他管理人员和施工负责人通过普通智能手机即可实现隧道内外畅通的通信。

② 电子虚拟轨行区

在电子大屏幕中显示轨行区车辆运行实时状态、轨行区路段限速状况、轨行区交叉施工实时状态、轨行区道床分布、轨行区坡度等信息，可快速扩展展示施工需要的任意数据，便于调度人员实时掌握轨行区现场动态。

③ 列车限速及超速报警、临近报警功能

在轨行区进行运输工作时，系统可实施监控区间所有的交叉施工范围。当相邻轨道车之间的距离小于调度设定的距离时，系统自动向两台轨道车同时报警。当轨道车运行临近交叉施工区域时，系统自动向轨道车司机提示前方交叉施工的位置，提醒司机注意减速行车。

④ 交叉施工及虚拟安全防护

调度人员通过施工计划，针对轨行区影响行车的交叉施工，在其施工区段进行施工防护区域的设置和标注，施工区域信息在二维地图展示，当施工列车运行至施工区域附近时，系统自动向调度中心和车辆司机报警。

⑤ 电子列车运行图绘制

采用国际通用的十分格电子运行图标准设计，调度人员可通过软件绘制电子版的列车运行图、列车计划图，可直观体现轨道车运行轨迹。

⑥ 视频监控

系统在隧道内外重点位置安装球型摄像头，了解现场实时施工情况，在工程运输轨道车辆前端加装了领航摄像头，及时传输到轨道车车载屏幕上，同时这些视频画面经过授权后可实时传输到管理者的手机或者电脑。

⑦ 无线电子调度命令传输

调度人员可通过系统向轨道车下达调度命令，实时传输到轨道车辆，系统语音提示司机接收调度命令，司机通过车载屏幕查阅调度命令后，通过专用对讲机和车载屏幕与调度进行确认，调度系统自动进行状态更改确认。

系统提供了手机版软件，管理人员可通过手机实时了解现场状况和工作动态，使得管理人员在外出时也能实时了解现场状态。

⑧ 轨道车推进运输视频领航

隧道内和高架桥轨道车推进运输多，由于前方平板车货物阻挡，司机无行车前方视角，存在盲区行车危险，在推进前方加装摄像头后，司机可通过车载屏幕实时查看行车前方视频，极大提高运输安全性。

（3）轨行区智慧云平台系统应用

① 轨行区设备布置情况

在金星站、九江北站设置监控中心；设置基站90台，实现全线网络覆盖；重点位置及轨道车辆设置视频监控，实现施工过程实时监控；人员定位采用标签定位，实现人员实时定位；车辆安装车载设备，实现行车实时监控。

② 系统案例

17号线轨行区全部采用网络化管理，并且实现了手机端审批，图形化界面直观展示作业分布情况、颜色区分施工类型以及重点管控施工。

（4）应用价值及意义

在17号线一期工程应用过程中，本系统充分体现了其优越性，主要体现在：

① 提升生产组织安全性：生产组织统一、协调、透明，参建单位作业关系知己知彼；减少了B1、B2类施工，实现了精细化生产安排；能够自动检测作业之间的冲突，防止施工过程中发生作业冲突。

② 节约成本：提高了管理单位的批复效率，缩短了施工单位的时间成本，网络化及智能化大大节省了施工单位公务人员用车费用。

③ 数据分析：实现了周计划与日班计划的智能比对、工时工效与申请计划的智能比对等数据分析。

8. 竣工验收篇

8.1 综述

为了适应城市发展需要，针对中国城市轨道交通工程建设领域的实际情况，本专题通过开展调研收集国内各大城市轨道交通工程建设竣工验收信息，了解各地轨道交通工程项目推进情况，宏观分析行业建设竣工验收工作现状及发展趋势，以竣工阶段存在的主要困难和问题作为突破口，深度分析原因并给出意见和建议，指导各地城市轨道交通建设竣工验收工作优化，促进城市轨道交通事业健康、可持续的发展。

8.2 统计数据

截至目前已收到广州、东莞、重庆、厦门、杭州、武汉、宁波、西安、南京、无锡 10 个城市反馈的竣工验收调研报告，统计出十大城市的轨道交通竣工验收情况如下。

8.2.1 广州

1）已完成竣工验收的线路见表 8-1。

已完成竣工验收线路统计表　　　　　　表 8-1

序号	线路	名称	长度（km）	车站（个）	竣工验收时间	备注
1	1 号线	西塱~广州东站	18.5	16	2001 年 3 月	
2	2 号线	三元里~琶洲	18.3	15	2005 年 12 月	

续表

序号	线路	名称	长度（km）	车站（个）	竣工验收时间	备注
3	2号线调整工程	琶洲~万胜围	1.9	1	2017年12月	
4	3号线	广州东站~客村	6.3	1	2009年12月	三号线首通段
5	3号线	客村~番禺广场 天河客运站~体育西	30.0	12	2009年12月	
6	4号线	万胜围~新造	9.9	4	2017年12月	未含预留官桥站
7	4号线	新造~黄阁	26.7	7	2017年12月	未含预留庆盛站
8	4号线	黄阁~金洲	4.9	2	2017年12月	
9	4号线	车陂南~黄村	3.0	1	2017年12月	
10	4号线	万胜围~车陂南	2.2	2	2017年12月	
11	5号线	滘口~文冲	31.9	24	2017年10月	
12	广佛线	魁奇路~西朗	20.7	14	2017年6月	

2）正在试运营的线路见下表8-2。

正在试运营线路统计表　　　　　表8-2

序号	线路	名称	长度（km）	车站（个）	开通时间	备注
1	2/8号线延长线	嘉禾望岗~三元里，江南西~广州南站	23.3	17	2010年9月25日	
2	3号线北延段	广州东站~机场南	29.9	10	2010年10月30日	
3	3号线北延段	高增站	—	1	2017年12月28日	
4	2/8号线延长线	凤凰新村~晓港	4.1	4	2010年11月3日	
5	6号线首期	浔峰岗~长湴	24.5	21	2013年12月28日	
6	6号线二期	长湴~香雪	17.6	8	2016年12月28日	
7	6号线二期	植物园、柯木朗站	—	2	2017年12月28日	
8	7号线一期	大学城南~广州南站	18.6	9	2016年12月28日	
9	9号线一期	高增~飞鹅岭	20.1	10	2017年12月28日	
10	4号线南延段	金洲~南沙客运港	12.6	6	2017年12月28日	
11	4号线	庆盛站	—	1	2017年12月28日	

续表

序号	线路	名称	长度（km）	车站（个）	开通时间	备注
12	13号线首期	象颈岭~鱼珠	27.0	11	2017年12月28日	
13	14号线知识城支线	新和~镇龙	21.9	10	2017年12月28日	
14	3号线	机场南-机场北	1.1	1	2018年4月26日	
15	9号线一期	清塘站	—	1	2018年6月28日	
16	14号线一期	嘉禾望岗~东风	54.4	12	2018年12月28日	
17	珠江新城旅客自动输送系统	林和西~赤岗塔	3.9	9	2010年11月8日	
18	广佛地铁	西朗~燕岗	6.1	4	2015年12月28日	
19	广佛线南延段	魁奇路~新城东	6.7	4	2016年12月28日	
20	广佛地铁	燕岗~沥滘	5.4	3	2018年12月28日	

3）正在组织完成的竣工验收的轨道交通线路见下表8-3。

正在组织完成竣工验收的轨道交通线路统计表　　表8-3

序号	线路	名称	长度（km）	车站（个）	计划验收时间	备注
1	2/8号线延长线	嘉禾望岗~三元里，江南西~广州南站	23.3	17	2019年6月30日	
2	2/8号线延长线	凤凰新村~晓港	4.1	4	2019年6月30日	
3	3号线北延段	广州东站~机场南	29.9	10	2019年6月30日	
4	珠江新城旅客自动输送系统	林和西~赤岗塔	3.9	9	2019年6月30日	
5	6号线首期	浔峰岗~长湴	24.5	21	2019年12月31日	
6	6号线二期	长湴~香雪	17.6	10	2019年12月31日	
7	7号线一期	大学城南~广州南站	18.6	9	2019年12月31日	

8.2.2 东莞

1）正在试运营的线路

东莞轨道交通2号线首期工程（东莞火车站~虎门火车站段），线路总长

37.8km，共有 15 座车站，已于 2016 年 5 月 26 日开通试运营，计划 2020 年 12 月完成竣工验收。

2）正在组织准备的竣工验收

东莞轨道交通 2 号线首期工程（东莞火车站~虎门火车站段），线路总长 37.8km，共有 15 座车站，已于 2016 年 5 月 26 日开通试运营，计划 2020 年 12 月完成竣工验收。

目前主要进行规划验收等 13 项专项验收攻坚工作，已完成其中 3 项；计划 2020 年 10 月完成各支撑专题报告、建设综合报告，报送公司验交委员会审核。计划 2020 年 12 月向市政府报送报告，组织竣工验收大会。

8.2.3 重庆

1）已完成竣工验收的线路

重庆轨道交通已运营 1 号线（38.94km、23 座车站）、2 号线（31.36km、25 座车站）、3 号线（67.1km、45 座车站）、4 号线一期（15.6km、7 座车站）、5 号线北段（17km、10 座车站）、6 号线（75.93km、33 座车站）、10 号线一期（34km、18 座车站）、环线东北环（33.7km、17 座车站）等线路，共计 313.6km，178 座车站（换乘站 13 个）。轨道交通 2 号线、3 号线、4 号线、5 号线、10 号线、环线已完成竣工验收。

2）准备竣工验收线路

2019 年预计开通环线西南环（9 个车站）和 1 号线尖顶坡至璧山段（一个车站），预计 12 月完成竣工验收，拟开通线路长共计 16km，10 个车站。

8.2.4 厦门

1）已完成竣工验收的线路

目前正在运营和完成竣工验收的线路：厦门轨道交通 1 号线一期工程、正线长约 30.3km、24 个车站、2017 年 12 月 28 日完成竣工验收、2017 年 12 月 31 日开始试运营。

2）准备竣工验收线路

准备组织验收的线路：厦门轨道交通 2 号线工程、正线长约 41.4km、33 个车站、计划于2019年12月完成竣工验收并开通试运营。

8.2.5 杭州

1）已完成竣工验收的线路

目前杭州地铁试运营线路共计3条，分别是1号线：设有车站34座，共计53.36km；正线于2012年12月建成通车，下沙延伸段于2015年11月开通试运营。2号线：设有车站33座，共计43.26km，东南段于2014年11月建成通车，西北段于2017年6月建成通车，二期与三期于2017年12月建成通车。4号线：一期工程设有车站18座，共计20.8km；首通段于2015年2月建成通车，南段于2018年1月建成通车。按照国家规范规定试运营1年以后的竣工验收目前正在推进中，截至目前仍未完成竣工验收。

2）准备竣工验收线路

（1）杭州地铁1号线全线长48km；

（2）杭州地铁2号线东南段全线长18km；

（3）杭州地铁4号线首通段全线长9.5km。

8.2.6 武汉

1）已完成竣工验收的线路

武汉地铁L1、L2两条线路，其中，L1线全长13.826km，共设车站17座；L2线全长16.15km，共设车站22座。这两条线路于2017年12月28日完成竣工验收。

2）准备竣工验收线路

无。

8.2.7 宁波

1）目前正在试运营线路

（1）1号线一期：线路全长约22.397km，共设车站20座，其中，高架站5座，地下车站15座。

（2）2号线一期：线路全长28.35km，共设车站22座，其中高架站4座，地下车站 18 座。

（3）1号线二期：线路全长 25.287km，共设车站 9 座，其中地下站 1 座，高架站 8 座。

通车试运营的 3 条线均未完成竣工验收。

2）准备竣工验收线路

无。

8.2.8 西安

1）目前正在试运营的线路

西安地铁 1～4 号线，其中西安地铁 1 号线里程 25.4km 设 19 座车站；西安地铁 2 号线里程 26.8km 设 21 座车站；西安地铁 3 号线里程 39.2km 设 26 座车站；西安地铁 4 号线里程 35.2km 设 29 座车站（火车站站暂未开通）。西安地铁 4 号线已完成建质〔2014〕42 号文规定的竣工验收。

2）准备竣工验收线路

正准备按建质〔2014〕42 号文要求完成西安地铁 1 号线 2 期竣工验收。

8.2.9 南京

1）目前正在试运营的线路见下表 8-4。

正在试运营线路统计表　　表 8-4

线路名称	线路里程 (km)	车站个数	试运营时间
3 号线	44.9	29	2015 年 4 月
4 号线一期	33.787	18	2017 年 1 月
10 号线一期	21.6	14	2014 年 7 月
机场线	35.6	8	2014 年 7 月
宁天城际	45.2	17	2014 年 8 月
宁和城际	36.2	19	2017 年 12 月
宁高城际二期	52.42	6	2017 年 12 月
宁溧城际	30.16	9	2018 年 5 月

2）已完成发改委组织的竣工验收线路见表 8-5。

已完成发改委组织的竣工验收线路统计表　　　　表 8-5

线路名称	线路里程（km）	车站个数	试运营时间
1 号线	38.7	27	2005 年 9 月
2 号线	37.6	27	2010 年 5 月

3）准备竣工验收线路见表 8-6。

准备竣工验收线路统计表　　　　表 8-6

线路名称	线路里程(km)	车站个数	计划验收时间
3 号线	44.9	29	2020 年
4 号线一期工程	33.787	18	2020 年
10 号线一期工程	21.6	14	2020 年
机场线	35.6	8	2020 年
宁天城际	45.2	17	2020 年
宁和城际	36.2	19	2021 年
宁高城际二期	52.42	6	2021 年
宁溧城际	30.16	9	2021 年

8.2.10　无锡

1）目前正在试运营的线路

无锡地铁 1 号线全长 29.42km，24 座车站，验收时间 2014 年 5 月，开通时间 2014 年 6 月。

无锡地铁 2 号线全长 26.301km，21 座车站，验收时间 2014 年 12 月，开通时间 12 月。

2）准备竣工验收线路

无锡地铁 1 号线南延线，线路里程 5.2km，车站数量 3 个，计划验收时间 2019 年 11 月。

8.3 验收制度建设

城市轨道交通竣工验收管理办法起源于住房和城乡建设部组织制定的《关于印发（2009年工程建设标准规范制定、修订计划）的通知》建标〔2009〕88号，2009年规范制定计划中第88条《城市轨道交通建设项目管理规范》，明确了主要内容、主编部门、主编单位、参编单位、起止时间和进度要求等。

2011年10月，住房和城乡建设部发布公告，批准《城市轨道交通建设项目管理规范》为国家标准，编号为GB50722—2011，自2012年6月1日起实施。

规范内容共分19章，其中第十九章包含了"验收及移交管理"，明确验收及移交管理的主要原则和要求，明确工程质量验收的划分和条件，规范工程质量验收的组织与程序管理、工程移交的程序与组织管理、专项验收管理、项目竣工验收管理的措施和要求。

《城市轨道交通建设项目管理规范》是针对整改城市轨道交通建设项目管理重点体现了质量验收的组织与程序管理，而对城市轨道交通竣工验收的其他验收无具体要求。

为规范城市轨道交通建设工程验收工作，提高城市轨道交通建设工程质量安全水平；住房和城乡建设部相继于2014年3月27日发布以建质〔2014〕42号印发《城市轨道交通建设工程验收管理暂行办法》。该《办法》分总则、单位工程验收、项目工程验收、竣工验收、附则5章26条，自颁布之日起施行。该管理办法更进一步具体细化了城市轨道交通验收验收管理，明确了验收内容和程序。

《城市轨道交通建设项目管理规范》、《城市轨道交通建设工程验收管理暂行办法》是目前城市轨道交通竣工验收的主要依据。

8.4 已完成竣工验收城市的经验分享

根据参与调研的10个城市反馈的数据显示，其中有20%的城市尚未进行轨道交通工程竣工验收，未统计的城市当中仍有大部分城市无相关的竣工验收经验，现将已顺利开展竣工验收工作的重点城市相关验收程序和总结体会经验进行总结，希望能给后续开展轨道交通竣工验收的城市提供帮助和借鉴。

8.4.1 广州

成立验交管理组织架构，配套设置相应的工作岗位。集团层面设置验交委员会，对轨道交通工程的验收、工程实体交接工作进行统一组织和管理。下设验交委员会办公室，负责组织和处理验收及移交的日常工作。

（1）建立了验交管理标准体系，相应制定的相关管理标准和办法，规范和指导验收及移交有序进行；

（2）验交办公室以主动出击的工作方法，深入到建设、运营等管理部门指导、协调解决验收及移交工作中存在的问题，真正掌握基层的第一手资料和进展情况，及时将问题解决在萌芽状态，确实无法解决，及时上报协调解决；

（3）建立例会制度督办检查年度制定的《验收及移交工作方案和行动计划》的落实和完成情况，推进各项验收及移交按计划推进；

（4）建立验收及移交管理信息系统，提高工作效率。

8.4.2 东莞

（1）成立市级验收工作领导小组，争取市领导的支持。成立市级工作领导小组统筹主持验收工作。在开通试运营前8个月，2015年9月17日成立了市轨道交通2号线试运营验收工作领导小组，由张科常务副市长任组长，贺宇副市长任副组长，罗斌副秘书长以及市发改局、国土局、环保局、住建局、交通局、卫生计生局、质监局、安监局、规划局、人防办、档案局、消防局、气象局、城建档案馆等责任单位分管领导为成员，负责全面统筹试运营验收工作及重大事项决策。

（2）提前谋划报建，积极主动沟通。协调2号线作为东莞市第一条城市轨道交通线路，对各职能部门来说也是第一次面对此类项目办理，有一个摸索沟通定型的过程。为顺利完成各项报批报建，轨道公司组织设计单位主动和政府各职能部门沟通协调，并前往广州、深圳、成都、苏州、无锡等地政府职能部门和地铁公司考察交流，通过充分的学习借鉴、摸索分析，同各职能部门一道共同完成了各类报批报建工作的主要流程制定，明确了各类资料的申报内容及各阶段申报条件，基本上较顺利地完成了大部分工程报批报建工作。轨道交通建设的报批报建工作繁多，需取得环保、国土、规划、消防、卫生防疫、人防、供电、防雷接地、交警、安全等多部门的行政许可。继续深入主动与政府各职能部门沟通协调，在2号线开通试运营条件评审经验基础上谋划竣工验收报批工作。

（3）提前安排各专项验收委外招标工作。环保、卫生防疫、安全、审计等专项验收，需要招标委托专业单位进行评估，编制报告。各专项验收牵头部门提前了解取得专项验收的所需支撑材料，梳理专项评估验收是否需要委外招标，尽早开展委外招标工作。

8.4.3 重庆

（1）提前筹划验收工作，制定验收计划，明确开展验收应具备的条件，使参建各方达成共识；

（2）在验收过程中，注意及时纠偏，确保验收目标的实现。

8.4.4 厦门

（1）加强领导组织，尽早成立验收移交领导小组，严格落实验收移交工筹计划节点，明确子单位工程验收及各专项验收分工，必要时通过市地铁办召集相关政府部门举行专题协调会；

（2）参建单位内外业要同步，定期检查内业资料，每月通报验收进度，及时采取纠偏措施。

8.5 工程建设验收及移交管理程序

8.5.1 广州

已建立城市轨道交通工程建设验收及移交管理程序，在集团公司验交委员会领导下，集团公司验交办公室组织司内各业务单位开展验收及移交工作。具体工作内容为：

（1）搭建和维护集团公司验交管理标准体系，科学规范指导集团公司验交管理工作；

（2）组织开展城市轨道交通线路各个阶段的验收及移交工作。

工作标准：严格执行国家、省、市、行业的有关标准、规范及管理办法，以及企业的验收及移交工作标准，如《广州市轨道交通机电设备验收规范》《项目竣工验收专题报告编制》。

工作流程：集团验交委员会→集团验交办公室→各业务主管部门→业务部门。

8.5.2 东莞

东莞市轨道交通有限公司工程验收管理主要措施包括：

（1）建立验交机构：在2014年9月22日成立公司验交委员会及土建、系统设备等8个专业验收组，对公司轨道交通工程的验收、工程实体交接工作进行统一组织和管理；2017年11月24日成立公司2号线竣工验收领导小组，并于当月审核了公司2号线竣工验收工作方案及行动计划。

（2）建立建设验收移交制度：制定了《东莞市轨道交通新线工程项目验交管理办法》。规定新建线路开通试运营一年后，公司应按政府主管部门的意见进行工程项目竣工验收准备工作。公司各部门负责完成13项专项验收，验交委负责编制、审核综合报告，公司向市政府提交建设项目竣工验收申请。

（3）建立建设验收程序——13项专项验收：

13项专项验收包括工程质量、卫生防疫、防雷、规划、竣工档案、工程安全设施、职业病防护设施、环保、人防、消防、统计、财务决算、竣工决算审计等。公司各牵头部门陆续完成13项专业验收并取得验收意见书；

专题报告、综合报告编制及公司审定。在组织各专项验收时，各部门完成编制各专题报告初稿。总工室在各部门的专题报告的基础上，编制《建设综合报告》初稿，并组织各部门审核。公司验交委审定《建设综合报告》及各专题报告。

《建设综合报告》送审及组织竣工验收大会。公司向市政府报送《建设综合报告》及主要专题报告，提交竣工验收大会审定。

8.5.3 重庆

已建立建设验收及移交管理程序，并配套相应管理制度。轨道交通线路轨行区联合调试完毕且完成了工程项目验收，并具备移交条件后，由建设单位组织参建各方向运营单位进行"三权移交"（调度权、使用权、管理权），移交的轨行区、车站、车辆段、系统设备及附属工程，可根据现场实际情况有条件地进行分步移交、逐级移交，也可统一进行整体移交。工程竣工验收完成后，且完成质保书的签订，由建设单位组织参建各方向运营单位进行"项目移交"（移交实物资产的所有权）。

8.5.4 厦门

（1）制定城市轨道交通工程建设验收及移交管理办法。

（2）验收主要依据的标准：住建部《城市轨道交通建设工程验收管理暂行办法》（建质〔2014〕42号）和国家相关验收标准。

（3）验收工作流程：监理负责分部、分项工程验收、单位工程预验收，建设单位工程部负责单位工程验收，建设单位质量安全部负责项目工程和竣工验收。

（4）交接工作流程：交接工作由建设单位工程部负责移交，运营部门负责接收，根据建设进度和运营筹备实际情况按专业系统、标段分批实施，在满足三权交接基本条件下可先期进行，其中三权可一项（如只进行属地管理权交接）或多项（如同时进行属地管理权和调度指挥权交接）进行交接。交接的各相关方应相互协商并在确认交接条件后，签署交接备忘录，建设移交部门应对备忘录中记录的未完工程和遗留问题限期处理。

8.5.5 杭州

建立《杭州市地铁集团工程（土建）验收管理办法》，主要内容为规范杭州地铁车站、区间、场段等土建单位工程验收程序、组织形式及依据等。《杭州地铁工程机电验收管理办法》，主要内容为规范杭州地铁车站、区间机电安装及装修、场段安装及装修、机电系统工程等机电安装及装修单位工程验收程序、组织形式及依据等。《新线工程交接管理办法》，主要内容为规范新建线路车站、区间、场段、机电系统工程的调度指挥权、设施设备管理权、属地管理权等移交交接程序、流程、移交标准等。所有验收管理办法就新线交接管理办法总体依据国标《建筑工程施工质量验收统一标准》GB 50299—2013、《地下铁道工程施工及验收规范》（2003 版）GB 50299—1999。

8.5.6 武汉

已建立光谷现代有轨电车竣工验收移交工作方案。

8.5.7 宁波

已建立相关管理程序，具体工作内容、标准及流程见附件《关于印发宁波市轨道交通工程建设与运营接管、移交管理办法的通知》（甬轨司〔2018〕90号）。

8.5.8 西安

西安市轨道交通集团有限公司已建立建设验收及移交管理程序；依据国家、行业标准、办法，制定了《工程质量验收暂行规定》《工程质量验收管理办法》《新线移交管理办法》等企业管理办法。目前我司的验收流程为：单位工程预验收→单位工程验收→专项验收及项目验收→竣工验收→甩项验收。

移交工作流程：工程建设验收→编制资产移交表→移交表审核→移交实物点收→移交审批→移交证书办理。

8.5.9 南京

已建立本市的城市轨道交通工程建设验收及移交管理程序。按照《城市轨道交通建设工程验收管理暂行办法》（建质(2014)42号）要求，在线路不载客试运行前开展项目工程验收工作；试运行满3个月，且消防、人防、安全、档案、规划、卫生等专项验收完成后，开展竣工验收工作；竣工验收通过并将专家提出的问题整改完成后，根据交通部《城市轨道交通运营管理规定》（2018第8号令），开展初期运营前安全评估，并经市政府批准后开通试运营；开通试运营1~2年后，相关审计工作及环保、档案等专项验收完成后，开展由发改委组织的竣工验收工作。

8.5.10 无锡

无锡地铁集团建设分公司编制了《无锡地铁工程验收管理办法》，本办法依据住建部《城市轨道交通建设工程验收管理暂行办法》、江苏省《江苏省城市轨道交通工程质量验收统一标准》，规范了地铁工程项目的验收程序，办法分总则、验收组织机构、验收内容和条件、质量验收单位划分、（子）分部工程质量验收、子单位工程质量验收、子单位工程质量验收备案、单位工程质量验收、专项验收、项目工程验收、竣工验收等内容。工作标准要达到国家、江苏省办法规定，达到地铁集团工作要求，工作流程具体见附件。

8.6 在竣工验收工作中，利用信息化的作用和意义

8.6.1 广州

由集团公司验交办公室牵头建立了合同结算管理、竣工档案预归档管理、实物资产交付管理、工程遗留问题整改管理和竣工验收管埋等系统。

通过信息化的手段促进了竣工验收工作有序开展，提高了工作效率，确保了各项验收移交数据的及时性、完整性和准确性，实现验交管理的规范化、标准化、信息化和精细化。

8.6.2 东莞

由于验交程序、办理文件、批复文件没有完全标准化，办理流程受政府业务审批、机构调整影响较大，多个批复文件需用相关文件替代，我司暂未采用竣工验收信息化管理。

8.6.3 重庆

暂未建立信息化验交管理网络，信息化验交管理网络将有利于竣工验收管理工作，下一步我司将在充分调研的基础上考虑建立信息化验交管理网络。

8.6.4 厦门

正在开展验交相关信息化项目，可以更加准确直观地了解目前验交进度，工作完成量。

9. 新技术篇

9.1 综述

城市轨道交通具有全天候、运量大、速度快、安全准点、节约能源及用地的特点，对支撑城市公共交通的正常运行起着骨干作用，是城市发展战略性、先导性和基础性行业。为加速城市轨道交通的建设的同时深度挖掘现有系统的潜力，只有高度重视并充分发挥科技创新的作用，才能满足社会经济发展的需要，为实现国家构建国家现代化综合交通运输体系、保证在经济社会发展新常态下实现全面建成小康社会目标提供有效保障。

9.2 城市轨道交通科技发展政策与创新

9.2.1 行业创新需求

根据上述对我国城市轨道交通行业发展现状的分析，再结合大量文献调查、网上调研、行业技术骨干座谈、专家咨询等工作，可将行业科技创新的需求总结为以下几个方向：

① 安全有效的建造风险分析、管理及控制技术；
② 绿色化、机械化建造新技术、新材料；
③ 智能化信息化轨道交通大系统集成技术；
④ 综合节能、基于全生命周期理念的可持续发展新技术、新材料；
⑤ 各种不同轨道制式在不同情况下的互通、互联及互补。

这几个需求层层相扣，有机结合，从不同方面体现了在城市轨道交通行业发展中"以人为本"的原则。其中安全可靠及风险可控是建设城市轨道交通行业的根本问题，已经成为政府和社会关心的焦点，会直接影响城市轨道交通建设的顺利实施。绿色化、机械化、标准化建造，及智能化、信息化集成技术是行业整体水平提升及产业升级的方法和着力点。综合节能技术的研究满足了国家和行业在节能减排、环保可持续发展方面的需要。而各种不同轨道制式的互补及科学稳定发展是实现我国"新型城镇化"战略、区域协同发展模式的有效保障。

9.2.2 行业新技术发展方向

城市轨道交通行业创新的发展方向多样，众多的参考文献已经在不同层面、不同方向上进行了有益的探讨。这里将主要针对上面归纳的行业创新需求进行论述，旨在指明相关研究的关键问题及重点难点，引导各研发企事业单位的研发方向，不断推动行业的产业升级和技术发展。

1）安全有效的建造风险分析、管理及控制技术

本类需求主要有两个研究方向：工程风险分析与管理新技术，以及不同施工工法的完善与创新。前者是在以往工程经验的基础上，按照风险识别、评估和决策的逻辑关系，以类比的方法对不同的现场情况和施工条件下的工程不可见因素进行梳理和分析，制定并前置相关的风险管控措施。后者是将其他前沿行业的高新技术应用到本行业中去，根据现有施工工法的缺漏有针对性地改良与完善，或者是提出全新的、颠覆性的建造新思路和方法。

（1）工程风险分析与管理新技术发展方向主要有：

① 对不同施工条件和地层情况下的施工风险重点难点进行系统化的梳理和总结，如复合地层、富水地层、软土地层、不停运线路拆解等，提出可靠有效的应对方法；

② 施工风险判断与管理新技术，如基于大数据、云计算的人工智能风险判断和管理方法。

（2）施工工法的完善与创新发展方向主要有：

① 全人工智能化、机械化高效施工技术；

② 全时自动化远程监测技术；

③ 真三维物探勘探技术；

④ 盾构下穿建（构）筑物土体加固与风险控制技术；

⑤ 地下水控制新技术。

2）绿色化、机械化建造新技术

绿色施工是指工程建设中，在保证质量、安全等基本要求的前提下，通过科学管理和技术进步，最大限度地节约资源与减少对环境负面影响的施工活动。需要发展的绿色建造新技术有很多，包括装配式建造技术、减震降噪技术、封闭降水及水收集技术、建筑垃圾减量及回收再利用技术、施工扬尘控制技术等。主要发展的方向有：

① 如何利用先进的建造技术取代传统的劳动密集型的建造方式，使城市轨道交通工程向工业化、机械化方向发展，为解决我国劳动力相对紧缺问题作出贡献；

② 如何提升设计和施工理念，依靠现代化的的施工技术、装备及组织管理方法，更安全、更经济、更高效、更节约地进行城市轨道交通工程的建造；

③ 绿色建造新材料的研发、应用与推广；

④ 如何减少城市轨道交通工程对现有建（构）筑物或周边环境带来的不利影响，努力实现"四节一环保"。

3）智能化、信息化轨道交通大系统集成技术

随着万物互联时代的到来，各种数字化模拟技术、自动化监测及控制技术的出现，令城市轨道交通系统整体智能化、信息化变得可能。尤其是基于最先进的三维数据设计和工程软件所构建的"可视化"BIM数字建筑模型，为建设单位、设计单位、施工单位及运营单位等各环节人员提供了统一科学的协作平台，能有效地节省能源和成本、降低污染和提高效率。主要发展方向有：

（1）基于建筑信息模型BIM的多专业综合协同设计，可视化的设计优化与施工管理技术；

（2）利用物联网技术，对收集到的信息结合数字音视频分析、VR、智慧运维等技术手段，有针对性地开展智能化施工的研究，例如全时自动化监测与预警、施工质量检验等。

4）基于全生命周期理念的综合节能和能力保持

为满足国家在节能减排和设施能力保持方面的需求，应对工程设计及施工方案进行基于全生命周期理念的优化，从施工策划、材料采购、现场操作等各方面充分考虑节能减排的要求，主要发展方向有：

（1）全过程节能减排施工方案的综合评估体系；

（2）对不同施工条件和地层情况下的"四节一环保"进行系统化的梳理和总结；

（3）高强度、高性能、自修复材料的研发、应用与推广；

（4）工业化的材料加工和配送；

（5）可再生资源的应用与推广。

5）多种轨道制式的应用与互补

我国幅员辽阔，各城市地理地质条件、经济水平、公共交通现状差异巨大，对城市轨道交通的需求也有所不同。在实际应用上，需坚持"因地制宜"、"统筹兼顾"、"协调、可持续"的发展理念，建立不同制式互联、互通及互补的复合型轨道交通系统。相关的研究方向主要有：

（1）有轨电车——车辆轻量化技术、无接触网技术、永磁同步直驱电机技术、交叉学科技术运用、自主化等；

（2）市域快线——如何结合城市总体规划，明确线网中市域快线的功能定位、运营组织、线站位及敷设方式，满足"快捷性"和"便捷性"的双重需求；

（3）中低速磁悬浮——车辆轻量化技术、运载能力的优化、相关轨道及支撑结构的优化、供电系统的优化等；

（4）自动导向轨道交通——目前国内各地采用的产品存在较大差异，应研究不同系统技术特点的差别，结合系统国产化的进程，进一步提高标准化程度，并尽快形成配套的产品专业标准。

9.3 风险减控新技术

9.3.1 工程建设安全风险控制及信息化管理平台

1）技术产生背景

以地下工程为主的地铁工程具有专业性强、周边地质环境条件复杂、不确定性因素多、工程建设与周边环境相互影响大、施工工法多样、工程风险突出等特点。同时地铁工程为城市重大基础设施工程，投资大、涉及面广、社会关注度和公共安全要求高，一旦出事故易引起社会放大效应。

因此有必要对地铁工程安全风险评估、预测与动态控制理论和技术，地铁邻近各类环境施工的影响评估、控制理论和技术，施工风险动态控制与实时监控信息平台，建设全方位安全风险管理管控模式与技术体系，以及盾构施工安全风险控制理论、技术与系统研制等进行系统和深入的研究。

2）技术内容

（1）地铁工程施工工法风险特点与风险管理理念研究

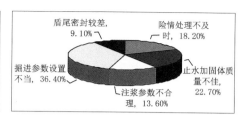

图 9-1 地铁工程事故不良地质条件占比统计　　图 9-2 盾构施工事故影响因素占比统计

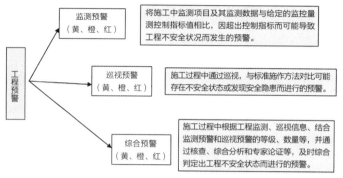

图 9-3 地铁工程分类分级预警模式

以北京地铁为依托，研究内容包括：① 地铁施工工法事故的基本特点和规律研究；② 北京地铁常见不良地质条件与地质风险研究；③ 北京地铁工程建设周边环境及其与地铁建设相互影响和环境风险特点研究；④ 地铁建设工程特点及风险管理理念与方法研究等。地铁工程事故不良地质条件占比统计见图 9-1、盾构施工事故影响因素占比统计见图 9-2 所示。

（2）地铁工程施工安全风险管控模式与体系研究

该研究包括：① 地铁工程建设管理模式研究；② 地铁工程安全风险管理体系构建原则研究；③ 地铁工程建设安全风险管控模式研究等。

（3）地铁工程风险信息快速获取反馈、风险控制及动态管理手段研究

研究内容包括工程监测、现场巡视、视频监控、盾构实时监控等实现快速获取信息的监控信息获取与信息反馈方法；地铁工程分类分级预警模式见图 9-3。

（4）地铁工程施工和工法全过程风险控制技术研究

研究内容包括：① 常见地质风险和不同施工工法勘察技术；② 地铁工程周边环境分阶段环境调查及专项检测评估技术；③ 风险工程分级及风险控制设计技术；④ 工程安全监测与控制指标体系；⑤ 不同工法工程施工监控及预警技术（明挖、暗挖及盾构）；⑥ 不同工法施工突发事件及应急技术；⑦ 盾构隧道风险组段划分与端头加固理论等（图 9-4）。

（5）地铁工程安全风险监控管理信息系统开发及施工减控中心建设及平台构建（图 9-5、图 9-6）。

图 9-4 不同工法施工安全监控及预警技术

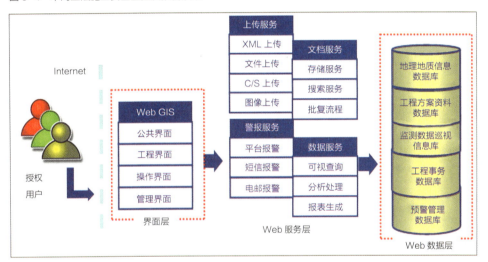

图 9-5 全风险监控信息系统架构模式

图 9-6 铁安全风险监控中心及平台建设

3）主要技术性能和技术特点

上述研究取得了初步的成果

（1）提出并成功应用了贯穿地铁建设全过程（规划可研、勘察设计、施工等）、全方位（参建各方、各种工法、工程自身与周边环境等）的安全风险管理理念,创建了适合地铁安全风险管控模式和风险分级原则、评估方法,建立并成功实施了实时监控、动态评估、预警响应等满足信息快速获取、快速反馈的风险控制及动态管理平台。

(2)建立了系统完整的地铁建设领域安全风险管控关键技术和标准,丰富了地铁工程安全风险管控的理论、范围和技术内容。

(3)根据监控信息、预警响应、参建各方各负其责等安全风险管控需求,采用了网络、地理地质信息、无线通信、光纤专网、视频等技术,结合工程专业技术,首次开发并集成了施工风险管理、盾构实时监控、自动化监测、视频监控等软硬件系统,针对各类工法及工程支护结构、周边环境、工作面等监控对象,实现了施工参数、支护结构变形等监测项目的采集、传输、处理,以及巡视、预警与响应等功能,并采用视频矩阵与控制系统等构建了总控、分控和现场监控的三层监控架构。

(4)系统研究了杜绝伤亡、防止坍塌、控制沉降等安全风险管理目标,首次提出并建立了以"三三预警"(监测、巡视与综合三类预警,黄、橙、红三级预警响应)为核心,以专项设计、安全评估、风险监控与管理为主要手段,参建各方全面参与的建设全过程三层风险管理和施工期三级监控管理的责任体系与保障体系。研究还制定了八套管理体系文件。

4)技术应用前景分析

(1)经济效益

此研究成果在北京地铁应用实施后,建设安全风险总体可控,实现有效杜绝重大事故的目的。经初步估算,项目在北京地铁应用后产生的经济效益超7亿元。同时保障了北京地铁线路建设的顺利开展和开通试运营。

(2)社会效益

项目推广应用后,有效避免了地铁建设过程中邻近建构筑物倾斜、开裂、倒塌,管线破裂、渗漏,地面沉降、坍塌等环境破坏事件,对城市生态环境和防灾减灾起到了很好的保障作用。达到了大幅减少地铁工程事故,杜绝重大安全事故,确保了隧道上方道路交通顺畅。

9.3.2 地铁盾构法区间隧道施工期及运营期变形控制技术

1)技术内容

该技术在盾构施工期采用精细化分析方法,参数化获取地表变形对盾构隧道各掘进参数的敏感度,实现盾构施工对环境影响的"mm"级精细控制,保障盾

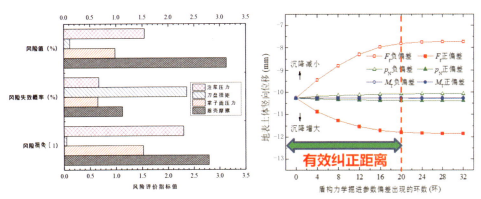

图 9-7 地面沉降对盾构掘进参数敏感度的精细分析与施工变形控制

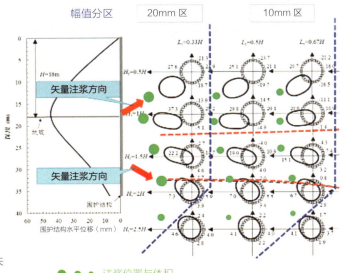

图 9-8 运营期地铁隧道矢量注浆控制

构施工安全。

对于运营期地铁盾构隧道，提出了基坑对既有隧道影响的影响区划分，研发了既有运营隧道变形 mm 级矢量注浆控制技术，实现地铁盾构隧道的安全运营（图 9-7、图 9-8）。

2）主要技术性能和特点

（1）精细化控制。提出了盾构开挖、盾构顶进、同步注浆与二次注浆等一系列盾构施工全过程精细化模拟方法，实现了盾构施工环境影响的精细化分析。该技术可分析在单环、多环偏差情况下地表变形的对盾构隧道各掘进参数的敏感度。获取了隧道正常掘进情况下，掘进力学参数标准值和偏差范围，实现了

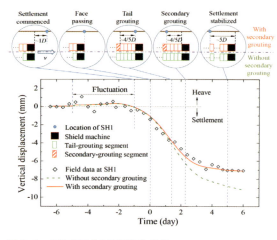
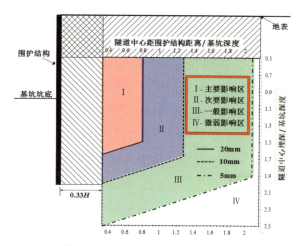

图9-9 盾构施工全过程精细化分析　　图9-10 隧道变形值影响区划

盾构施工环境影响的精细化控制（图9-9、图9-10）。

（2）适用性。根据现有规范控制标准，提出了基坑对既有运用隧道影响的影响区划分方法，为预测基坑外不同位置隧道可能产生的变形提高了方便的依据，也为地铁部门管理临近既有隧道的基坑施工提高了依据。具有很强的针对性和适用性。

（3）低风险。基坑对既有隧道影响的矢量法注浆控制技术，可实现袖筏管注浆引起土体位移方向可控，形成微扰动矢量注浆控制技术，由常规的单纯被动控制提升为主动控制，降低了实施的风险性。

3）适用范围

适用于地铁区间隧道施工期间对周边环境的控制，以及临近地铁施工基坑对运营隧道变形的控制。

4）技术应用前景

（1）经济效益。已应用于天津地铁5号线下瓦房站—围堤道站区间线，应用基于参数敏感性的变形控制技术，安全下穿建筑群。盾构隧道下穿、侧穿6栋老旧居民楼，楼群沉降控制在10mm以内，避免了544户楼群居民腾迁，节约造价1.59亿元。

（2）社会效益。近年来我国城市地铁建设高速发展，一方面有大量地铁车站基坑和地铁隧道要建设；另一方面大量建成并投入运行的地铁车站和隧道需要严密保护，减小控制对周围环境影响，防止出现重大破坏，保障工程的顺利建设，社会效益显著。

9.4 建造新技术

城市轨道交通正处于高速发展期,需要更快速、更高效的绿色建造新技术。同时由于城市建筑物密集,铁路线网、道路隧道、河流管线密布,需要对周边影响更小,安全性更高的新型施工技术。为了满足上述需求,装配式车站、类矩形盾构、大直径盾构等新技术应运而生。

9.4.1 盾构切削大直径钢筋混凝土群桩关键技术

1)技术内容

综合考虑材料非线性、几何非线性以及接触非线性,以国际大型非线性显式动力软件为分析平台,对刀刃切削钢筋、混凝土的切削过程、相互作用及细观切削机理进行了研究。

切削钢筋混凝土桩基应选用负前角、双面刃的刀具;通过有限元仿真获得了刀刃前角、刃角、刃宽等对切筋、切砼的影响规律,并以适应连续切削大直径桩基为目标,研发出了新型切桩专用刀具;通过建立三维切削钢筋热力耦合模型和三维切削混凝土全过程模型,揭示了新型刀具的动态切削过程及切削性能;结合仿真计算结果并对比各种磨损类型的发生条件,指出刀具合金切削钢筋、混凝土对应的磨损机理为硬质点磨粒磨损。

从理论上对切桩刀盘刀具配置进行了深入研究:刀具布置形式可采用同心圆法,相邻刀具宜以等相位角差值进行定位,切削轨迹的间距确定应以能实现全覆盖面切削混凝土为原则;考虑掘削桩基对刀盘刀具的多功能需求,提出了包括有正面大贝壳刀、边缘大贝壳刀、中心小贝壳刀、仿形贝壳刀以及羊角储备刀在内的刀盘群刀综合配置方案。

通过建立刀盘切桩数学模型,编制刀盘受力计算程序,获得了推力扭矩与刀盘不平衡力的变化特征,以及桩基尺寸大小、偏移距离对刀盘受力的影响规律,并给出了相应的主动掘削参数设置建议;采用国际大型机械设计软件建立了切桩刀盘刀具模型,并针对最不利的切削工况,对刀盘刚度进行检算并提出了加固措施。

2)主要技术性能特点

(1)促进盾构直接切桩的理论发展和技术进步。

作为一种新兴工法,盾构直接切桩无论是在理论层面的机理、规律研究,抑或是技术层面的措施、经验总结,都远未成熟。尤其是连续切削大直径群桩,由于难度大、风险高、之前无施工经验,更在理论和技术上存在诸多疑惑和问题。

本技术通过对切削钢筋机理、切削混凝土机理、刀具磨损机理、刀盘群刀配置理论、掘削参数特征与控制技术等多方面的研究，可促进盾构直接切桩的理论发展和技术进步，指导实际切桩工程施工。

（2）丰富障碍物桩基处理方法的选择和应用。

鉴于盾构直接切桩的不成熟、可行性值得商榷，之前遭遇障碍物桩基时，即便切桩工法的经济社会效益显著，但专家学者、技术人员、决策者也往往望而却步，最后只得被迫选传统的除桩方法。本研究将有助于消解人们心中对切桩的疑惑和顾虑，从而促进切桩工法更多地被应用在障碍物桩基处理上。当前我国轨道交通建设中，盾构遭遇障碍物桩基的情况时有发生且呈现逐渐增多趋势，因此盾构直接切桩工法将有广阔的应用前景，可带来成本、工期、交通、环境四方面的巨大效益。

（3）拓宽盾构的适应能力和应用领域。

盾构工法发展至今，仍基本是采用滚压类刀具切削岩石、切削类刀具切削软土，或者是采用复合刀盘切削岩土复合体。而盾构切桩对象是土层环境下的钢筋混凝土桩基，即"土轮筋"三相体，因此，该技术的研究有助于今后设计生产出切削能力更加强悍的盾构机，以提高盾构在更加复杂和恶劣环境下的适应性。例如，盾构始发时采用刀盘直接切削玻璃纤维筋混凝土洞门是当前的一个研究热点，而成果则可为该新领域提供良好借鉴。

3）适用范围

特别适用于城市轨道交通建设中建筑物密集区域，容易遭遇建（构）物桩基的隧道施工。

4）技术推广应用

自苏州广济桥工程始，已在苏州、北京、深圳、武汉、杭州等十余个城市地铁工程中成功应用，产生经济效益6063.9万元。

9.4.2 装配式铺盖法地铁车站建造技术

1）技术内容

装配式铺盖法以确保施工过程中的基坑和人员安全为原则，实现铺盖体系和中间桩稳定为目标，以钻孔灌注桩和钢支撑作为基坑的支护体系承担基坑周围土体荷载，以铺盖体系来承担路面荷载。如图9-11，中间桩间增加了纵向连接构件、剪刀撑、端头横撑、横向桩间支撑等构件，增强了中间桩的稳定性；铺

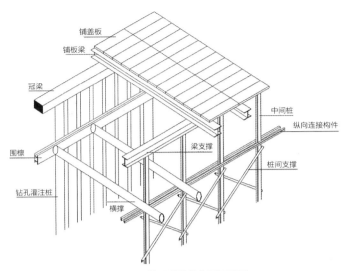

图 9-11 装配式铺盖体系示意图

盖体系各构件之间采用螺栓连接，各加劲构件采用焊缝连接，铺盖体系成为一个有效整体；中间桩和钢支撑通过翼板焊接连接，铺板梁和冠梁锚栓连接，增强了整个体系的刚度和稳定性；中间桩采用两点定位的方法，通过上下定位器实现中间桩的准确定位。

2）主要技术性能和特点

（1）装配式铺盖板与支撑梁的连接构件系统，采用穿过铺盖板螺孔的双头螺栓，双头螺栓的上、下部分别旋有上螺母和下螺母，下螺母和支撑梁之间设有螺栓连接扣件，采用这种扣件可以直接在铺盖板面上施工，而不必在板面下边紧固，实现了铺盖板的快速安装与拆卸的施工要求。

（2）铺盖板防水材料及施工技术，采用 PE 发泡塑料和聚氨酯防水涂料，有效阻止了铺盖板路面的雨雪水体渗漏，确保路面交通和基坑内土方施工安全，保证了工程安全、顺利实施。

（3）装配式铺盖体系变形监测方法和金属铺盖板路面抗滑系数检测，采用深度卡尺测量铺盖板格状凹槽（简称格构）深度，根据格构深度的变化确定铺盖体系变形和抗滑阻力系数。

（4）实施与铺盖体系相匹配的管线原位处置技术，是与铺盖体系相结合使用的管线悬吊结构形式，以工字钢梁为悬吊横梁，工字钢梁与铺板梁焊接连接；以吊钩、花篮螺栓、钢筋吊杆和槽钢底托组成悬吊结构，管线变形控制竖向位移在 3mm 以内（图 9-12）。

（a）盖板拆装　　　　　（b）管线原位悬吊　　　　（c）盖板防水

图 9-12　案例示意

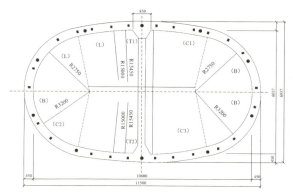

图 9-13　类矩形盾构隧道断面形式

3）适用范围

适用于周围建筑物密集、交通繁忙、管线较多等浅埋地铁车站或者市政深基坑工程。尤其适合采用明挖法施工拆迁量大、交通导改及管线改移费用较大的地铁车站和深基坑工程。

4）技术通过应用

已应用于北京地铁 9 号线第 3 标段丰台北路站。新技术极大程度地降低了传统地铁车站建设对劳动力的依赖，极大减少施工现场的工作量，降低了施工现场周边环境影响，且由于预制构件的机械化生产，显著提高了整体施工质量。

9.4.3　类矩形盾构建造地铁区间隧道技术

1）技术内容

（1）结构设计。为了提升隧道空间利用率、保证结构受力性能，设计了以四条光滑相切的圆曲线形成的成拱效果明显的"类矩形"隧道断面形式。衬砌环全环由 11 分块（含中间立柱块）组成。环间采用 A 型、B 型衬砌环交错拼装形成错缝形式（图 9-13）。

图9-14 "双X同面+偏心多轴"组合式切削刀盘

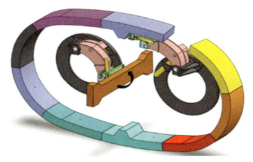
图9-15 串联环臂式轨迹伺服拼装系统

（2）类矩形土压平衡盾构机。针对特定的结构形式，研发了11.83m×7.27m全断面切削类矩形土压平衡盾构机。包含"双X同面+偏心多轴"组合式全断面切削刀盘系统、串联环臂式轨迹伺服拼装系统、防背土系统、地中可换可调式铰接密封系统等。实现了异形断面盾构刀盘切削率100%，管片自动、高效拼装。环臂式拼装机采用2台中空轴式回转拼装机，操作时可独立运行或协同工作，大大提高管片拼装效率。同时通过跟踪拼装运动控制轨迹，实现流程自动化、拼装微调化图9-14、图9-15。

（3）施工控制技术。通过管片的拼装仿真模型初步确定拼装顺序及质量控制措施，并经管片水平拼装、拼装机试拼装、负环拼装等环节验证和反馈，得出最优拼装顺序及控制技术；通过室内试验、现场试验确定了浆液配合比及注浆参数，采取八点位注浆的方式保障注浆质量；建立集类矩形盾构施工、地层变形和隧道变形等一体化的管控技术体系。

2）主要技术性能和特点

类矩形盾构关键技术建立了设计、装备、施工三大体系，在技术上解决了类矩形盾构全断面切削与异形复杂管片拼装技术的国际难题，在异形多刀盘切削系统、管片拼装系统、推进系统等核心技术方面实现了首创性突破。类矩形盾构的空间利用率比圆形高30%～40%，高度上比容纳双线的大型圆隧道小很多，宽度上比两个单圆隧道加线间距要窄，且双线隧道一次成型，尤其适用于都市核心区、旧城区以及大规模开发区域轨道交通建设。

3）适用范围

特别适用于城市轨道交通建设中沿线道路狭窄、交通繁忙、建筑物密集区域的隧道施工。

4）技术应用前景

类矩形盾构隧道研究的技术体系将为我国地铁建设提供一种全新的单洞双线隧道类型，可以解决都市核心区和老旧城区"地下空间摆不下、邻近设施碰不起"的普遍问题，缓解越来越突出的轨道交通可持续性建设与浅层地下空间日渐饱和、轨道交通运营与居民生活的矛盾，研究成果将对整个盾构法隧道形成强大的推动作用。

9.5 基于 BIM 协同技术设计

建筑信息模型（Building Information Modeling，即 BIM）是以建筑工程的各项相关信息数据作为模型的基础，进行建筑模型的建立，通过数字信息仿真模拟建筑物所具有的真实信息。BIM 是基于最先进的三维数据设计和工程软件所构建的"可视化"的数字建筑模型，为建设单位、设计单位、施工单位及运营单位等各环节人员提供"模拟和分析"的统一科学协作平台，帮助他们利用三维数字模型对项目进行设计、建设和运营管理，最终使整个工程项目在设计、施工和运营等各个阶段都能有效地节省能源、节约成本、降低污染和提高效率。

9.5.1 基于 BIM 的应用

1）前期规划

城市轨道交通前期规划阶段，在可行性研究的基础上利用 BIM 技术，能够构造出城市交通的三维模型。这个模型的构成元素包括地质条件、道桥情况、管线地形、特殊建构筑物等固有特性，还包含自然科学、技术研究、社会科学、人文经济等多方面的信息和资料，如人口密度及组成、城市经济结构、出行分布等。基于这些模型信息能够进行线网规模、日客运量、日换乘量、轨道线网平均运距等各种分析和计算。

基于 BIM 可场地分析。BIM 通过与地理信息系统（GIS）结合可以迅速得出场地和拟建建筑的信息，可以通过 BIM 技术优化选址方案，充分考量与周边建筑、路网、市政管网及交通设施等诸多因素，用来支持决策分析（图 9-16）。

2）可视化设计

在方案设计和初步设计阶段，建立车站三维实体模型，能够从全局把握站位周边地上地下的地形、道路、管线、建构筑物等情况，快速直观地推敲车站建筑主图和附属体量，还可结合车站一体化开发的范围、造型等，剖析其功能布局。随着项目不断推进，一般会探索多个设计方案。这些既可以是概念上的方案设

图 9-16　前期规划

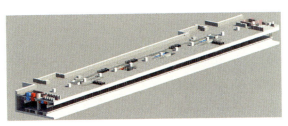
图 9-17　可视化车站建模

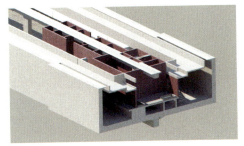
图 9-18　可视化精细建模

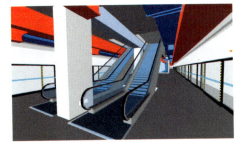
图 9-19　空间分析

计，也可以是详细工程设计。使用设计选项允许设计利用一个模型同时开发和研究多个备选方案。由于模型的直观可视化和可靠性，业主方、设计单位可以运用 BIM 模型相互沟通，发现设计问题，进行方案论证和优化，更大限度地发挥 BIM 的价值（图 9-17、图 9-18）。

BIM 技术用数字化的建筑构件来表示真实的建筑物形态，对于传统计算机辅助绘图软件用物理信息的几何图形来表示的设计方法，无疑是个根本的改变。

3）性能分析

利用计算机进行建筑物物理性能分析始于 20 世纪 60 年代甚至更早，早已形成成熟的理论支持，开发出丰富的工具软件。但是在 CAD 时代，无论什么样的分析软件都必须通过手工的方式输入相关数据才能展开分析计算，而操作和使用这些软件不仅需要专业人员经过培训才能完成，同时由于设计方案的调整，造成原本就耗时耗力的数据录入工作需要经常性的重复录入或校核，导致包括建筑能量分析在内的建筑物理性能分析通常被安排在设计的最终阶段，成为一种象征性的工作，使建筑设计与性能化分析计算之间严重脱节。利用 BIM 技术，设计师在设计过程中创建的虚拟建筑模型已经包含了大量的设计信息（几何信息、材料性能、构件属性等），只要将模型导入相关的性能分析软件，就可以得到相应的分析结果，原本需要专业人士花费大量时间输入大量专业数据的过程，如今可以自动完成，这大大降低了性能分析的周期，提高了设计质量，同时也使设计单位能够为业主提供更专业的技能和服务（图 9-19～图 9-21）。

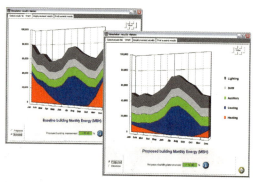
图 9-20 日照分析

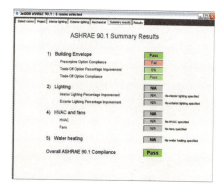
图 9-21 能耗分析

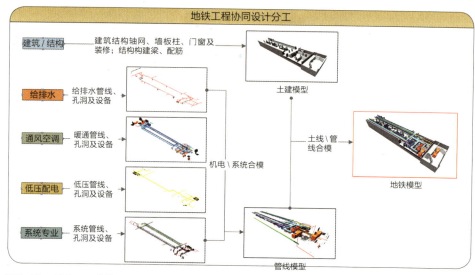
图 9-22 基于 BIM 的协同设计

在精确体量的基础上，还可以采用能耗、日照分析系统对地铁站进行定量的分析，从而使数据的选取更具科学性。

4）多专业协同配合

我国设计单位目前协同工作的基本现状是：设计分散、成果集中、需要时间、简单易行，这比较符合目前设计单位网络现状和设计习惯。其协同设计主要是通过网络通信软件和数据中心，在设计单位局域网上建立电子邮件系统或即时通信系统，设计人员和管理人员在此平台环境下存取文件，查询信息，交互或者互提资料。

BIM 技术中所谓的"协同设计"，即建筑、结构、设备（轨道交通行业专业尤为多，包括线路、轨道、通信系统、信号系统等）等多个专业在同一个工作平台下工作，设定项目的中心文件（种子文件集体共享）（图 9-22）。不同

图 9-23　BRMR 平台界面

专业人员使用各自的 BIM 专业建模软件建立自己专业相关的 BIM 模型，与这个中心文件链接，并且与其同步后，将新创建或者修改的信息自动添加到中心文件。这个中心文件就是建筑信息模型。各个专业可以在此模型中查看其他专业构件的布置及信息，从而实现信息共享。

9.5.2　基于 BIM 的轨道交通工程施工风险管控技术

1）技术产生背景

目前，BIM 技术在城市轨道交通项目中的应用主要集中在城市地铁车站工程以及城市地铁施工空间管理等方面。整体而言，BIM 仍停留于我们经常存在的碰撞检查和施工模拟等比较基础的应用层次，远远未发挥出其价值。

轨道交通工程的特点是各类风险源众多，施工安全风险管理工作复杂，任务量大。传统的施工安全风险管理主体是建设单位，是业主层面的管理，涉及设计单位和施工单位；但施工安全风险的管控实施主体是施工单位，从风险的辨识、评估到响应和处置全过程都需要施工单位的项目施工管理层面全员参与才能保证施工安全。

将轨道交通工程的施工安全风险管理纳入"BIM+GIS"系统，使施工安全风险在项目施工管理层面得到更有效的控制和管理，对于风险预警、响应、处置及安全管理具有重大意义，可以降低以致消除风险工程对项目顺利实施和社会的影响。

2）技术内容

结合工程资料收集、专家咨询、理论建立和系统开发等方法，对基于 BIM 的轨道交通工程施工安全风险管理展开研究，研发了《基于 BIM 的轨道交通工程施工安全风险管理平台》（图 9-23、图 9-24）。

《基于 BIM 的轨道交通工程施工安全风险管理平台》基于"BIM+GIS"技

图9-24 系统自动识别的风险源和监测点模型

图9-25 轨道交通工程施工模拟

术的施工安全风险管理软件,具有操作简单、加大施工现场安全信息的共享和利用程度、提升施工安全信息相关数据的计算分析和挖掘能力、预警自动化等特点。主要功能有项目对风险源的汇总,监控量测智能管理,自动分析、判断风险源安全状态并预警,规范化、程序化预警的响应与处置流程,虚拟警戒的设定,图形输出,预留自动监测接口等。

3) 主要技术性能特点

(1) 直观模拟。以动态的 BIM 模型展现施工进度情况,实现虚拟化施工,便于施工人员和相关管理人员直观查看现场施工进展,以及某个施工段和某个部位构件的具体施工信息和情况;在平台内基于 BIM 模型录入实际施工进度的,系统自动判断需要关注和监测的风险源,发出监测点位和监测频率提醒,根据后台设定的三级预警判定条件,发出三级(黄色、橙色和红色)预警,同时结合巡视预警情况综合判定风险源的安全状态;建立沉降区域等高线图,依据颜色渐变趋势带来的视觉直观性协助用户分析沉降概况和趋势;针对风险变化、风险趋势建立参数化的族库,支持警戒带、道路封闭等标志牌的三维显示,建立虚拟警戒区,辅助管理人员判定作业人员是否可以作业,指导现场人员设置警戒区(图9-25)。

(2) 适用性。该成果主要运用了 BIM、GIS 和移动互联网等技术,在项目实施过程中,建立信息平台,对各类风险要素进行不间断的跟踪、监测、分析、判断和处置,实现随施工进度实时管理安全风险、风险工程的预警响应及处置的信息化管理,并建立虚拟警戒,通过移动端和现场安装的显示屏实时显示风险状态、预警信息及警戒区，辅助管理人员决策、指导施工人员作业，达到更科学、全面、动态、直观地掌握地铁在建工程的安全现状，推进城市轨道交通建设质量、安全信息化和集成化的程度，具有很强的针对性和适用性。

（3）广阔应用前景。信息化技术在轨道交通工程施工上的应用，大大提高了轨道施工的技术性能、安全和质量。信息化产品的推进和使用，将会扩大企业的影响力，提升企业的知名度，将成为颇具竞争力的工程施工安全风险信息化管理的核心产品，必将在未来的市场份额中占据一席之地。

4）适用范围

适用于轨道交通工程施工安全风险管理，施工前、施工中和施工后对风险源（风险工程）的安全控制。

5）经济和社会效益

（1）经济效益。通过基于GIS和BIM的轨道交通施工安全风险管理平台，提供数字化、可视化、可量化的管理工具，让项目部各部门的每个参与者都能够第一时间掌握项目施工风险的动态，实现风险信息的互联互通和数据的交互共享、跨部门协作和动态化管理，可提升地铁施工的风险源的安全状态判定水平，及时作出准确的响应，提高风险管理的质量，推动施工风险的管理从传统的微观且分散性管理方式向现代化、智能化、集约化管理方式迈进，可以大大提升工程管理效率，提高施工风险管理的针对性和有效性，保障地铁工程的建设质量和建设安全，也保障经济效益。

（2）社会效益。通过轨道交通工程施工安全风险管理平台对轨道交通工程项目中的风险源随施工进度进行全面的分析，推动轨道交通工程施工的安全风险管理向着信息化、程序化、标准化以及科学化的方向发展，进而为轨道交通工程的安全施工提供科学的决策和依据，降低施工过程中各类安全事故的发生率，降低事故给社会造成的经济损失，提升轨道交通工程施工的经济效益与社会效益。

9.6 基础设施综合节能新技术

城市轨道交通能耗主要分布在两个方面：列车牵引耗能及基础设施耗能。其中基础设施包括机电设备（通风空调、车站设备、给排水及消防等）、弱电系统（通信、信号及综合监控、FAS、BAS及AFC门禁等）及其他方面，见图9-26。对运营近几年能耗数据分析可知，牵引用电为最大能耗组成部分，然而目前效果显著的节能措施较少。

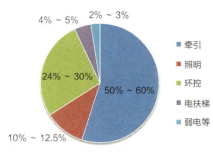
图 9-26　城市轨道交通能耗典型占比示意图

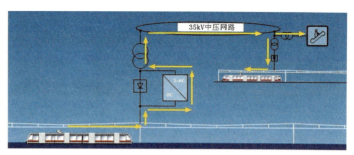
图 9-27　列车制动能量逆变反馈中压网络示意图

9.6.1　城市轨道交通基础设施能耗

从能耗流向看，可以分为通风动力、照明、其他动力（门梯、水泵等）、弱电系统等几部分能耗。按照能耗占比依次为通风动力、照明，其次为门梯及弱电。

车站能耗节能工作的主要思路为：

・应着重在设备容量选型、设备效率方面进行把控，这是一切节能手段的基础工作；

・设备节能运行控制是最直接见效的节能方向，也应重点研究；

・在保证安全可靠的前提下大胆采用新技术也是未来节能竞赛的重点方向。

目前采用的节能措施主要围绕以下方向进行：

（1）建筑节能措施。

地下建筑外围护结构的热传递很小，能源消耗主要为建筑内部照明、空调和通风所需要的能源。通过优化车站规模，控制车站主体和附属设施的总面积，从而使得与之相匹配的设备专业的设计容量和设备数量相应减少，从总体上控制地下车站照明、空调和通风的能源消耗总量。

车站建筑平面布置应紧凑，人员常停留的房间宜集中设置，联系密切的设备房间宜集中布置，有利于减小设备管线传输距离，减少传输过程中的能量损失。

部分地面建筑可做生态建筑的尝试，沿外围护结构种植季节性落叶植物，夏季可遮挡阳光，冬季落叶后可让阳光进入室内。种植方式可以为悬垂式或外挂式。

（2）供电系统节能。

牵引供电系统的能耗在整个轨道交通电能消耗中占有较大比重，除了有一部分能耗属于必需消耗的基本能耗之外，还有一部分能量可以通过合理的设计和新技术的采用被二次利用。有条件时将不能吸收的制动能量采用逆变型能量回馈装置回馈电网综合利用（图 9-27）。

新型变配电网络应以新型高效设备为基础构建，基于地铁负荷高峰、低谷、停运等不同运行工况负载变化很大的现实情况，降低地铁供配电网络的空载损耗具有较显著的节能效果。

（3）通风空调系统的节能。

通过采用全封闭屏蔽门系统技术、风机水泵变频技术、空调冷冻水大温差技术、水蓄冷技术等几个方面来达到环控系统的节能目的：

- 设计高效节能水系统，引入冷水机房节能目标 COP 值；
- 变风道组合式空调器的应用；
- 蓄冷及地源热泵系统可在大型的换乘站及周边地下空间开发的枢纽站设置蓄冷系统。在车辆段及停车场采用地源热泵系统，满足夏季和冬季的制冷及供暖需求；
- 蒸发式冷凝机组；
- 利用地铁排风冷却的埋地式冷却塔。

（4）照明系统节能。

照明灯具选择高效节能的灯具，以达到节能的良好效果。照明光源应根据实际情况选用新型、节能产品，例如 LED 光源、太阳能光伏电源照明设备等。

车站公共区照明可结合装修、人流组织采用重点分区处理的手法，将主要光源照明区域集中在人流聚集以及重要导向指引区域，其余快速通过区域可以降低照度，通过光环境的综合设计，将主要能耗集中在最需要的地方，减少不必要的能源消耗。

（5）监控系统的智能节能管理。

作为集成和互联了诸多机电系统的机电"总管家"，综合监控系统在节能方面的作用还远没有发挥出来。综合监控系统可以在以下几个方面参与节能控制：

- 相关机电设备耗能统计分析。

地铁车站耗能较大的机电设备大多数采用变频器、软启动器或电机保护模块启动，这些设备都在 BAS 的监控范围内，综合监控系统通过采集相关设备的电流，将这些数据存在综合监控系统的历史数据库中，就可利用综合监控系统强大的数据归类、统计、分析功能，实现对设备耗能的统计分析，为节能模式的设计及其节能效果评估提供依据。

- 可根据运营阶段的不同，实现节能运行模式切换。

由于地铁车站乘客数量变化很大，初近期的客流量一般仅为远期客流量的 1/3～1/2，而且早晚高峰时段比平常时段高出近一倍，节假日和平时的客流差别也很大。根据运营阶段的特点，可以制定不同的机电设备运行模式。利用综合监控系统可实现相关机电设备不同运行模式的定时切换、人工切换或根据触发条件切换。

综合监控系统与信号、屏蔽门、自动售检票等系统互联，利用它可实现对车站冷负荷及风量需求的测算。通过引入基于负荷预测的前馈控制环节、改变风机运行模式，能提高通风空调系统运行效率，实现节能运行。

（6）再生能源利用。

充分挖掘可再生能源的利用潜力，尤其在牵引制动能量回收、太阳能能源应用、雨水回收等方面的应用研究。

（7）资源共享。

同一城市尽量统一车辆类型，从线网层面实现资源共享，包括运行、维护等各个方面。统一规划车辆段、停车场、主变电所、控制中心设置，最大限度地实现资源共享。统一规划换乘站及大型枢纽站的设置，换乘站重点关注换乘节点的设计，保证换乘的顺畅与快捷，尽量减少换乘通过长度与提升高度，从而实现节能降耗。结合两线或多线换乘站的实施，换乘站土建工程尽量一次建成，减少工程实施对地面交通和周边环境的影响。结合城市规划，确定大型枢纽站的设置，保证大型枢纽站与其他交通工具的衔接。

9.6.2 车陂南综合环控案例

车陂南地铁站于2009年12月开通运行，车站位于广州市天河区车陂路和黄埔大道东交汇处，四号线呈南北走向，五号线呈东西走向，为"T"型换乘站，共设4个出入口，6组风亭。环控系统原设计为四号线、五号线共用冷水机房，系统设计总冷量为2466kW。

为提升车站环控系统能效，2016年6月广州地铁设计研究院股份有限公司（以下简称"地铁设计院"）进驻车陂南站进行环控系统能耗测试。经现场查看发现冷站运行状态存在改善空间：① 冷水机组性能有一定程度的下降；② 水泵能耗偏大，长时间以"大流量，小温差"工况运行，加大了输送能耗；③ 空调器末端电动二通阀基本失效，不能起到流量调节作用；④ 大系统组合式空调器送风量偏离设计值；⑤ 室外冷却塔换热性能下降；⑥ 设备用房空调系统送风量偏大，输送能耗偏高；⑦ 监控点传感器数据异常；⑧ 控制系统基本失效，现场需手动控制。经广州地铁集团公司批准，由地铁设计院牵头对广州地铁车陂南站进行环控系统节能改造。

从2016年6月环控系统测试至2017年3月中旬，前期改造工程已经完成了如下工作内容：① 更换冷水主机、冷冻泵、冷却泵；② 水泵、冷却塔、大系统空调器、回排风机、新风机增加变频器；③ 增加冷凝器在线清洗设备、能耗计量装置；④ 更换空调末端冷冻水电动二通阀、压差旁通阀；⑤ 更换及新增传感器；⑥ 安装空调节能控制系统，同时修改原 BAS 系统软件。

经过 2017 年 1 个空调季节的调试运行，环控系统已经完全投入自动运行模式。在改善车站工作人员和乘客舒适性环境的同时，取得了非常好的节能效果：初步估算冷水机房全年平均 COP 由 2.5 提升至 5.5，环控系统年节省电费超过 120 万元。

作为地铁设计院牵头实施、集团公司各部门全力配合的改造项目，前期改造已经取得了显著的成效。为扩大研究成果、打造广州地铁集团节能改造项目标杆，经设计院、运营部门的领导和相关负责人商议决定，在 2017 年空调季结束、2018 年空调季之前，对车陂南站的环控系统进行升级改造。

升级改造的主要内容包括：① 更换两台冷却塔；② 更换两台大系统组合式空调柜及相应的回排风机，空调器采用可开启式表冷器机组；③ 对实际运行负荷远小于设计值得空调小系统采用变频控制；④ 配套低压配电系统和 EMCS 系统改造。

10. 上盖物业开发篇

10.1 综述

国内各大城市,通过轨道交通上盖物业开发,使轨道交通企业形成自我造血机制,轨道交通的投融资、工程建设、运营管理与物业开发步入自我发展、良性循环的轨道,对处于急速城市化、现代化影响下的发展中国家,提供了一种城市发展的方向。

轨道交通物业开发、经营和管理近几年来也取得了长足的发展,无论是在开发规模、开发理念、技术创新,还是在各城市相继制订出台的轨道交通物业发展政策等方面也都有了较大的突破。

10.1.1 开发规模大幅提升

统计表明,截至 2018 年初,全国已进行综合利用开发的车辆段为 18 个,总开发面积达 850 万 m^2;车站上盖项目 54 个,总开发面积 450 万 m^2;车站地下空间开发面积 75 万 m^2,车站周边物业开发面积为 146 万 m^2,轨道交通物业开发面积总计达到 1521 万 m^2。目前约有 31 个车辆段处于规划、设计阶段,其规划总开发面积为 1386 万 m^2,站点上盖、地下空间和站点周边的物业规划开发面积约 600 万 m^2。其中北京的平西府车辆段、五路停车场、郭公庄车辆段,上海的吴中路停车场,深圳前海车辆段、蛇口西车辆段、塘朗车辆段、横岗车辆段、深圳北站枢纽、红树湾车站上盖和龙华车辆段、杭州七堡车辆段等多个项目已进入销售阶段,其中深圳、杭州等地多个项目已完成入伙并交付使用。轨道交通上盖物业的项目开发品质得到了社会的认可,为城市轨道交通的物业发展起到了推广和示范作用。

10.1.2 开发理念不断创新

近年来,各地在轨道交通物业经营领域通过的不断摸索和实践,总结发展过程中的经验与教训,通过轨道交通城市间的相互深度交流与倡导合作,借鉴和吸纳国际同业、特别是香港铁路先进的轨道交通物业开发模式,我国轨道交通物业发展的开发理念得到不断创新,开发模式也逐渐呈现多元化。如北京、上海、广州、深圳和贵阳等地创新投融资模式,创新土地资产资本的运作机制,以土地和物业开发为轨道交通的建设提供资金保障。

10.1.3 开发能级持续提升

近年来在轨道交通物业开发经营实践中,各地轨道交通企业注重提升开发能级,强化配套手段和技术的综合运用。从最早期的北京四惠车辆段的综合利用开发,到现在北京、上海、深圳和杭州等各地最新一批的车辆段的开发利用,在竖向交通联系、减震降噪、咽喉区覆盖、结构层转换、屋顶绿化和项目业态等多个方面进行了不断地改善和创新,使车辆段综合开发项目不再是一个城市孤岛,而是与城市周边环境相融合,与城市功能相互补的高品质城市综合体。

10.2 主要城市情况

北京地铁轨道交通物业发展统计　　表10-1

开发类型	项目名称 (所在线路)	建设状态	占地面积 (hm²)	开发面积 (万m²)
车辆段/停车场	八通线四惠车辆段	已建成	30.04	106
	9号线郭公庄车辆段	—	23.32	54.92
	10号线五路停车场	—	22.36	32.99
	8号线平西府车辆段	—	39.30	51.71

上海地铁轨道交通物业发展统计　　表10-2

开发类型	项目名称 (所在线路)	建设状态	占地面积(hm²)	开发面积(万m²)	物业类型	持有/销售	开发时间	开发时序
车辆段/停车场	申通大楼	投入使用	0.275	1.87	办公	持有	2007	其他
	嘉定城北站	在建	30.5	79.6	商业、办公、住宅	持有面积6000m²	2007	先预留后开发
	吴中路停车场上盖综合开发	在建	23.4	48	商业、办公	持股50%	2013	先预留后开发
	金桥停车场上盖综合开发(一期)	在建	6	15	其他	持股50%	2013	先预留后开发
	徐泾停车场上盖综合开发项目	已批未建	26.01	44.12	商业、办公、住宅	持有	2015	一体化开发

续表

开发类型	项目名称（所在线路）	建设状态	占地面积（hm²）	开发面积（万m²）	物业类型	持有/销售	开发时间	开发时序
站点上盖	雅州商务中心	投入使用	0.641	3.47	办公	持有	1994	—
	永隆商厦	投入使用	0.03	0.16	办公	持有	1995	—
	淮海中路344号商场	投入使用	0.0343	0.11	商业	持有	1995	—
	虹梅商务大厦	投入使用	1.268	6.218	办公	持有	1998	—
	龙阳商务楼	投入使用	0.119	0.477	办公	持有	2005	—
	地铁恒通大厦	投入使用	0.716	3.8	办公	持有	2007	—
	大连路535号物业楼	投入使用	0.105	0.399	商业、办公	持有	2008	—
	环通商业广场	在建	2.67	16.24	商业、办公	持股50%	2007	一体化开发
	四川北路申虹广场	投入使用	1.33	8.46	商业、办公	持有面积1100m²	2008	
	衡山路12号至尊酒店	投入使用	1.08	5.1	酒店	持股50%	2009	改扩建再开发
	闸北区92#地块	在建	1.37	5	商业、住宅	持股30%	2014	先预留后开发
	闸北区95#地块	在建	1.17	9.33	商业、办公	持股30%	2014	先预留后开发
	九亭站管理用房	投入使用	1.65	1.38	办公	持有	2012	先预留后开发
地下空间	江湾体育场站地下空间	在建	2	2.15	商业	持有	2011	—
	豫园站地下大通道	在建	0.75	0.83	商业	持有	2006	—
站点周边开发项目	嘉定新城站	在建	17.94	53.91	商业、办公、住宅	持有面积5500m²	2007	其他
	莲花路站	已批未建	1.76	4.6	办公	持有	—	—
	奉贤区盾构井地块	在建	4.38	8.8	住宅	持股15%	2014	其他
	徐泾北城站综合交通枢纽项目	在建	1.7	1.7	其他	持股50%	—	一体化开发

深圳地铁轨道交通物业发展统计　　　　　　　　　　　表10-3

开发类型	项目名称	建设状态	占地面积（hm²）	开发面积（万m²）	物业类型	开发模式	持有/销售	开发时间	开发时序
车辆段	前海时代（1号线）	投入使用（一期），在建（二三期）	35.57	118.57	住宅、商业、办公、酒店、公寓、其他配套	代开发+BT	持有/销售	2013年12月	先预留后开发
	塘朗城（5号线）	投入使用（一期），在建（二期）	4.36	35.39	住宅、商业、办公、酒店、公寓、配套	法人型合作开发	持有/销售	2013年12月	先预留后开发
	山海津（2号线）	投入使用	—	—	住宅、配套	自主开发	销售	2012年	先预留后开发
	山海韵（2号线）	投入使用	2.12	6.68	住宅、配套	自主开发	销售	2013年	先预留后开发
	锦上花园（3号线）	一期投入使用，其余在建	11.12	41.96	住宅、商业、公寓、其他配套	协议合作开发	销售	2014年10月	先预留后开发
	安托山开发（7号线）	在建	30.00	70.38	住宅、商业、公寓、其他配套	待定	销售	—	—

续表

开发类型	项目名称	建设状态	占地面积（hm²）	开发面积（万 m²）	物业类型	开发模式	持有/销售	开发时间	开发时序
站点上盖	地铁科技大厦	在建	0.98	12.94	办公、商业、酒店	自主开发	持有	2012年12月	一体化开发
	地铁汇通大厦	在建	0.66	15.33	办公、商业	自主开发	持有/销售	2013年9月	一体化开发
	前海枢纽	已批未建	20.01	173.3	办公、商业	待定	持有/销售	—	—
	深圳北站项目	在建（一期在销）	3.97	42.24	办公、酒店、公寓、商业	协议合作+BT	持有/销售	2015年1月	—
	深圳湾汇云中心	在建（一期已售罄）	6.83	41.9	办公、酒店、公寓、商业	协议合作+BT	持有/销售	2014年	—
地下空间	华强北地下空间	在建	—	7.1	商业	—	持有	—	—
	连城广场	投入使用	—	2.8	商业	—	持有	—	—
土储项目	松岗车辆段开发（11号线）	规划	42.09	89.34	住宅、商业、公寓、其他配套	待定	销售	—	先预留后开发
	塘朗F地块	规划	—	—	—	—	—	—	—
	长圳车辆段	规划	—	—	住宅、商业、其他配套	—	—	—	—

杭州地铁轨道交通物业发展统计 表 10-4

开发类型	项目名称（所在线路）	建设状态	占地面积（hm²）	开发面积（万 m²）	物业类型	开发模式	持有/销售	开发时间	开发时序
车辆段/停车场	杨柳郡	在建	50.45	80	住宅	合作开发	销售	2015年	先预留后开发
站点上盖	地铁东城	投入使用	3.78	12.84	商业、办公	自主开发	部分持有	2012年5月	先预留后开发
	杭州中心	前期	2.25	15.6	商业、办公	合作开发	—	—	先预留后开发
	翁梅站上盖物业	在建	8.66	37.27	商业、办公	合作开发	—	2011年8月	先预留后开发
	杭行路项目	在建	2.73	11.16	商业	合作开发	—	—	先预留后开发

重庆地铁轨道交通物业发展统计 表 10-5

开发类型	项目名称（所在线路）	建设状态	占地面积（hm²）	开发面积（万 m²）	物业类型	开发模式	持有/销售	开发时间	开发时序
车辆段/停车场	轨道交通三号线童家院子车辆基地上盖物业综合开发项目	在建	28.4	82	商业、商务办公、酒店、住宅	联合开发	持有/销售	2017年7月	先预留后开发
	轨道交通环线马家岩车场上盖物业开发项目	规划	11.85	47	住宅、商业、办公、酒店、公寓	待定	待定	待定	先预留后开发
	轨道交通环线四公里车场上盖物业开发项目	规划	9.06	29	住宅、商业、办公、酒店、公寓	待定	待定	待定	先预留后开发
	轨道交通十号线王家庄停车场上盖物业	规划	26.9	79	住宅、商业、办公、酒店、公寓	待定	待定	待定	先预留后开发

续表

开发类型	项目名称（所在线路）	建设状态	占地面积（hm²）	开发面积（万m²）	物业类型	开发模式	持有/销售	开发时间	开发时序
站点上盖	轨道交通一、三号线两路口新干线大厦	投入使用	0.69	7.5	住宅、办公、商业	联合开发	持有、销售	2008年12月	一体化开发
	大坪轻轨上城	投入使用	0.71	5.7	住宅、商业	自建	销售、持有	2008	一体化开发
站点周边开发项目	轨道交通一号线微电园站物业开发项目	规划	0.96	7.6	商业、办公	待定	待定	待定	其他
	轨道交通一号线大学城站物业开发项目	规划	4.5	25	住宅、商业、办公、酒店、公寓	待定	待定	待定	其他
	轨道交通一号线大学城站物业开发项目	规划	1.0	6	住宅、商业	待定	待定	待定	其他

苏州地铁轨道交通物业发展统计　　表10-6

开发类型	项目名称（所在线路）	建设状态	占地面积（hm²）	开发面积（万m²）	物业类型	开发模式	持有/销售	开发时间	开发时序	备注
车辆段/停车场	2号线太平车辆段上盖开发项目	平台已投入使用	18.4	35.8	—	—	—	2011	先预留后开发	上盖平台与车辆段同步实施，通过招拍挂公开交易方式由苏州本地开发商竞得
	5号线胥口车辆段上盖开发项目	规划	17.9	32.4	—	—	—	—	先预留后开发	上盖平台与车辆段同步实施，竣工后通过招拍挂上市交易
站点上盖	1号线辅助设施项目	投入使用	—	0.75	商业	自主开发	持有	2011.9	一体化开发	—
	2号线高架设备用房项目	投入使用	—	1.9	商业	自主开发	持有	2012.9	一体化开发	—
	4号线辅助设施项目	竣工未使用	—	1	商业	自主开发	持有	2016.9	一体化开发	—
地下空间	1号线广济南路站、苏州乐园站地下空间	投入使用	—	0.98	商业	自主开发	持有	2012.11	先预留后开发	—
	2号线地下大空间	部分投入使用	—	1.8	商业	自主开发	持有	2013.11	先预留后开发	—
	4号线、2延线地下大空间	在建	—	2.7	商业	自主开发	持有	2017.3	先预留后开发	观乐区间、乐桥站、竹辉路站
	5号线地下大空间	规划	—	0.3	商业	自主开发	持有	—	先预留后开发	竹辉路站
	3号线地下大空间	规划	—	1.2	商业	自主开发	持有	—	先预留后开发	东方之门站、宝带西路站
站点周边开发项目	苏地2017-WG-8号地块开发项目（太湖新城E08地块）	规划（地下室已竣工）	2.5	12	办公、商业、酒店、公寓	合作开发	持有/销售	—	先预留后开发	—

厦门地铁轨道交通物业发展统计表　　　　　表 10-7

开发类型	项目名称（所在线路）	建设状态	占地面积（hm²）	开发面积（万 m²）	物业类型	开发模式	持有/销售	开发时间	开发时序
车辆段/停车场	1号线岩内综合维修基地上部社会保障性住房	在建	7.69	18.82	住宅商业	—	—	—	—
	3号线五缘湾停车场上盖项目	拟建	6.1	23.09	住宅办公商业酒店	—	—	—	—
	3号线蔡厝车辆段上盖项目	拟建	80.2	120.25	住宅办公商业酒店	—	—	—	—

注：1. 建设状况包括：规划、已批未建、在建、竣工未使用、投入使用；
　　2. 物业类型包括：住宅、商业、办公、酒店、公寓、其他；
　　3. 开发时间为开工时间；
　　4. 开发时序：一体化开发、先预留后开发、改扩建再开发、其他。

图 10-1　五路停车场综合利用规划总图

10.3 城市项目实例

10.3.1 北京地铁——五路停车场上盖开发项目

十号线二期五路停车场位于海淀区西三环外玉渊潭乡五路居。项目四至：北侧到现状小区，南到玲珑路，西侧到规划五路居东路，东至兰靛厂南路，规划占地 23hm²（图 10-1）。

五路停车场综合利用规划方案采取了从地下车站到停车场上盖多层次、多空间的一体化设计，整合了地铁办公区域，节约出了约 6.89hm² 的落地开发建设用地；覆盖了 10 号线运用库和咽喉区，在其上部 8.5m 高度又创造出了 9.45hm²

图 10-2 前海时代广场项目

的上盖开发区,总开发规模约 33 万 m²。

盖上 9 栋建筑,其中南侧一排 10 层为非住宅性建筑,中间一排为 10 层住宅,北侧一排为 6 层住宅。一级开发将施工至隔震垫下部,由于限高及隔震垫上部建筑采用剪力墙结构,且基础部分已经实施,因此建筑及管道夹层层数、管井、交通核、高度、位置、结构形式及荷载不能改变。

小汽车库位于地铁运用库上层,面积约 53809m²,住宅机动车停车 288 辆(0.5 辆/户),非住宅停车 228(65 辆/万 m²),总停车位中包含 17 辆无障碍车位。东南、西南各设一处自行车停车库。车库将随运用库同期建设,库内建筑布局不能改变。

与慈寿寺地铁站进行紧密结合,预留 4 个出入口需与开发部分合建,与开发建设一同完成。车站地下一层南段为地下商业功能,侧墙预留有 6 处可与开发部分相连的开洞条件。

10.3.2 深圳地铁——前海时代项目

地铁前海时代广场项目位于深圳市前海桂湾片区第五单元,项目东侧为怡海大道、南侧为滨海大道、西侧为梦海大道、北侧为桂湾四路,为轨道交通 1 号线前海车辆段上盖综合物业开发;规划总用地面积 33.72 万 m²,容积率 2.4,计容建筑面积约为 80.80 万 m²(图 10-2)。项目包含 T201-0072 宗地(6、8、9、10 号地块)和 T201-0071 宗地(4、5、7 号地块),其中 0072 宗地为 9m 标高的车辆段上盖用地,建筑面积 26.68 万 m² 含住宅、办公和商业;0071 宗地为白地,建筑面积约 54.12 万 m² 含住宅、办公、酒店、商务公寓和九年一贯

图 10-3　杨柳郡

制学校。目前已建成约 25 万 m²，在建及待建约 55 万 m²。

项目用地南北长约 2km，东西宽约 500m，分为 0 米白地，9 米上盖和 16 米上盖区域，在 9 米上盖有三条市政路东西横穿基地，从北到南分别为桂湾三路、桂湾四路和桂湾五路。在土地集约利用趋势下，通过地铁建设与物业开发同步规划、同步设计，对地铁车辆段进行整合优化，尽量压缩其占地面积，地上部分则结合车辆段的大平台进行综合开发，让地铁规划建设用地发挥最大效能。

10.3.3　杭州地铁——杨柳郡

地铁绿城·杨柳郡项目位于杭州市江干区彭埠镇德胜东路与备塘路交叉口东南角，南至九和路，北至德胜路，西至备塘路，东至七堡车辆段综合维修基地。项目处在艮北区块北片区，位于江干区的核心区域——东临江干科技园区，西靠城东新城，南邻钱江新城二期扩容区，北依浙江省国家大学科技园区、九乔国际商贸城（图 10-3）。

经设计方案比选后，由地铁置业与绿城集团就七堡上盖物业项目明确合作意向后组成联合竞买体，由地铁置业出面摘得该项目，之后在双方集团的支持下，组建项目公司进行联合开发。

10.3.4　重庆地铁——童家院子车辆基地

重庆市轨道交通三号线童家院子车辆基地上盖物业综合开发项目位于重庆市北部新区鸳鸯组团 I 标准分区 I14-3/02 宗地，属于轨道交通车辆段上盖，开发土地面积 28.4 万 m^2，开发规模计容面积 82 万 m^2（另含 1 万 m^2 轨道附属设施），开发业态包含商业、商务办公、酒店、住宅。项目已经完成土地招拍挂程序，由中国航空技术国际控股有限公司子公司重庆盛怀房地产开发有限公司同重庆市轨道集团联合摘牌成功，目前处于开发方案报建阶段。

童家院子车辆基地上盖综合开发项目作为轨道沿线重点试点上盖项目之一，在建设轨道交通童家院子车辆基地方案中考虑节约集约利用土地，为后续上盖开发预留条件，并设计上盖概念方案作为上盖开发调规依据。童家院子项目土地为北部新区首例空间权属出让，部分地块按照标高分为上下两部分，下部属于轨道线路设施划拨属性，上部出让属性进行招拍挂。项目通过委托第三方专业咨询机构对项目进行了经济测算，并以该测算为基础明确项目的权益分配。

童家院子车辆基地上盖综合开发项目开发模式为与开发商合作开发，轨道集团与重庆盛怀房地产开发有限公司共同投资拿地，后续开发建设资金由重庆盛怀房地产开发有限公司投资，轨道集团享有项目约 20 万 m^2 开发建成物业分配权益。

10.4 政策依据和标准

10.4.1 国家关于轨道交通物业发展政策及法规统计表

国家关于轨道交通物业发展政策及法规统计表　　　　表 10-8

政策 / 法规名称	制定 / 编制单位	发布时间
《国务院关于城市优先发展公共交通的指导意见》	国务院	2012 年
《国土资源部关于节约集约利用土地规定》	国土资源部	2014 年
《国土资源部关于推进土地节约集约利用的指导意见》	国土资源部	2014 年
《住房城乡建设部关于印发城市轨道沿线地区规划设计导则的通知》	住房和城乡建设部	2015 年

10.4.2 各地关于轨道交通物业发展政策及法规统计表

上海地铁轨道交通物业发展政策及法规统计表　　　　表 10-9

政策 / 法规名称	制定 / 编制单位	主要内容	发布时间
《上海市轨道交通车辆基地综合开发利用建设导则（试行）》沪建管联 [2014]737 号	市建管委	导则	2014 年 9 月 4 日
《关于推进上海市轨道交通场站及周边土地综合开发利用的实施意见（暂行）》沪发改城 [2014]37 号	市发改委、市规土局	实施意见	2014 年 4 月 11 日
《关于推进本市轨道交通场站及周边土地综合开发利用的实施意见》沪府办 [2016]79 号	市发改委、市规土局	实施意见	2016 年 11 月 1 日

广州地铁轨道交通物业发展政策及法规统计表　　　　表 10-10

政策 / 法规名称	制定 / 编制单位	主要内容	发布时间
《推进轨道交通沿线物业综合开发实施意见》	市政府	轨道交通沿线综合开发	2015 年 2 月
《广州市轨道交通场站综合体建设及周边土地综合开发实施细则（试行）》	市政府	推进土地储备，实施综合开发，实现土地高效集约利用；筹集轨道建设资金和运营补亏资金，创新轨道交通投融资机制	2017 年 4 月

深圳地铁轨道交通物业发展政策及法规统计表　　　　表 10-11

政策 / 法规名称	制定 / 编制单位	主要内容	发布时间
《深圳市国有土地使用权作价出资暂行办法》	市政府	将经策划而形成的轨道交通上盖物业使用权以注册资本金方式直接注入地铁公司，作为政府投入轨道交通工程建设的初期资金，这种作价出资方式较招拍挂方式获得土地更加简洁便利	2013 年 5 月
《深圳市土地使用权作价出资合同》（范本）	市政府	三方联签合同	2013 年 5 月
深圳市国有土地使用权作价出资实施流程	市政府	土地作价出资流程	2013 年 5 月

杭州地铁轨道交通物业发展政策及法规统计表　　　　表 10-12

政策 / 法规名称	制定 / 编制单位	主要内容	发布时间
《关于加快推进地铁物业开发工作的通知》（杭政办函〔2008〕313 号）	市政府	明确主城区范围内地铁周边的土地整理工作由市地铁公司负责	2008 年 9 月
《杭州市城市轨道交通资金筹措与平衡办法》	市政府	一方面提升地铁筹融资能力，确保轨道交通又好又快建设；另一方面解决地铁资金需求平衡，确保轨道交通可持续发展，通过资本金注入、划定筹资地块，以土地出让收益兜底政策，解决资金需求平衡问题	2017 年 5 月

南宁地铁轨道交通物业发展政策及法规统计表　　　　表 10-13

政策 / 法规名称	制定 / 编制单位	主要内容	发布时间
《南宁市城市轨道交通用地作价出资管理暂行办法》	市政府	将经策划而形成的轨道交通上盖物业使用权以注册资本金方式直接注入地铁公司，作为政府投入轨道交通工程建设的初期资金，这种作价出资方式较招拍挂方式获得土地更加简洁便利	2016 年 11 月

贵阳地铁轨道交通物业发展政策及法规统计表　　　　表 10-14

政策 / 法规名称	制定 / 编制单位	主要内容	发布时间
《贵阳市城市轨道交通国有土地使用权作价出资暂行办法》	市政府	土地作价出资	2014 年 5 月

珠三角轨道交通物业发展政策及法规统计表　　　　表 10-15

政策/法规名称	制定/编制单位	发布时间
《珠三角城际轨道交通沿线土地综合开发机制意见》	省政府	2012 年 1 月
《东莞市地下空间开发利用管理暂行办法》	市政府	2011 年 9 月
《东莞市轨道交通站点地区土地利用与沿线建设规划控制管理办法》	市政府	2013 年 12 月

10.4.3　上盖综合开发设计指标要求和标准

2018 年 12 月中国城市轨道协会资源经营专业委员会颁布实行《城市轨道交通物业综合开发建设导则 (2018)》(中国城市轨道交通协会资源经营专业委员会、中国城市轨道交通协会工程建设专业委员会主编,中轨交通研究院承编)以及《城市轨道交通物业综合开发建设导则编制研究报告》。

城市轨道交通物业综合开发迅速发展,编制全国《城市轨道交通物业综合开发建设导则》,提高土地综合开发利用和管理的能力,贯彻国家城市法规建设。

城市轨道交通物业综合开发行业技术日益精进,相关规范、设计标准纷纷升级,全国《导则》的编制可为将来相关技术标准和规范的制定提供基础。

各类规范和设计标准、导则内容中存在覆盖未全面、缺项遗漏等问题,编制的全国《导则》可更好地引导市场规避风险。详见《城市轨道交通物业综合开发建设导则 (2018)》《城市轨道交通物业综合开发建设导则编制研究报告》。

10.5　"轨道 + 物业"土地综合利用开发策略

近年来,随着"轨道 + 物业"的长足发展,全国各轨道交通企业都在积极探索和大力投入,上盖物业开发蒸蒸日上,但鉴于轨道交通的准公益性质,政府授权或者委托轨道公司统筹进行段场站或枢纽将影响片区的总体规划,需要通过市场化方式协调各利益相关方,因此合理的开发策略将大大提高上盖物业开发的价值。

1)总体规划策略

因轨道建设而引发的街区/片区的城市整治再造或者新规划城区的启动,在规划上应采取站城一体化的总体规划策略,如按以下方式进行开发总体规划。

(1) 城市综合体

具体实例如:

• 车辆基地上盖的居住社区（深圳：前海时代、塘朗城、锦荟广场）；

• 车辆基地上盖的产业园区（深圳：前海基金小镇、坪山新能源产业园区、松岗中车基地）；

• 大型枢纽上盖的商办综合体（深圳：深圳北站、前海枢纽）。

（2）地铁城市更新片区统筹

依托地铁建设，具体实例如：对城市进行更新改造的片区统筹（深圳：清水河项目）。

（3）地铁特色街区/小镇引导启动

具体实例如：

• 特殊规划区（深圳：深圳湾超总基地启动区——汇云中心；深圳北商务中心区启动区——汇隆中心、汇德中心）；

• 特色街区（深圳：连城地下餐饮一条街；华强北地下商业街）；

• 特色小镇（武汉：正在规划建设黄家湖等6个地铁小镇，1小时就可到市区；南京：正在建设的青龙地铁小镇，吸引了招商局、保利地产、新城地产等诸多知名房企拿地开发）。

2）土地综合利用策略

结合市场策划情况，物业开发业态丰富多样，以市场为导向，有住宅、商业、公寓、办公、教育等多元化综合体。土地的用地性质以混合用地为主，合理利用轨道交通的工艺布局，提高土地利用率。轨道交通工艺布局与盖上开发有直接联系。遵循不同区域的跨度、高度等限制条件，合理设计盖上建筑结构与高度，保证其安全性且经济合理。

3）业态分布策略

充分考虑轨道交通的特性，对开发业态进行合理分布能有效提高开发产品价值。

4）建筑布局策略

地铁车辆基地各区域工艺不同，对应的空间结构和柱网布局也有较大差异，盖上开发需结合盖下工艺条件有针对性地利用规划和功能布局（图10-4）。

根据不同区域的工艺，在车辆基地中，停车列检库、检修库、白地是开发设计难度较低的区域，而咽喉区和边角地，开发设计难度较大。

（1）咽喉区——上盖物业开发的设计重点

咽喉区在总图中具有明显的特征，平面呈喇叭状且占地面积较大，其上盖的

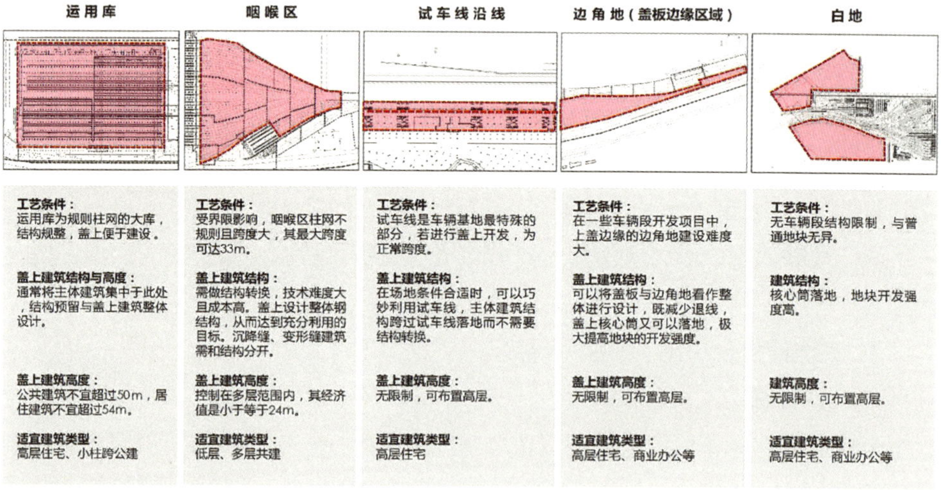

图 10-4 建设布局示意图

设计将会直接影响整个车辆基地物业开发最终的规划形态。

咽喉区从最初的做法为直接敞开，噪声和美观上对盖上物业品质影响较大；后来普遍在咽喉区盖板上布置休闲公园、运动场地，环境品质有较大提升；具体实例如：在前海车辆段中，有多层办公产品布置其上，进一步提升其利用价值。

（2）边角地——土地综合利用的价值提升点

边角地即是车辆基地工艺布置完毕后，剩余的边角用地。一般有两种处理方式：一是调整总体规划布局，使边角地面积扩大，形成具有一定大小、易于开发建设的白地。二是通过合理的规划布局，使边角地与盖上物业形成整体的布局。

5）开发强度提升策略

开发强度主要评价因素是容积率，深圳地铁车辆基地盖上部分整体开发强度接近，其平均容积率在 1.1 左右。前海车辆基地盖上开发容积率高出平均水平，主要是由于其对部分核心筒可落地区域的高强度开发，如出入线、试车线区域。

深圳现有车辆基地开发数据统计表

表10-16

线路	名称	总占地（含白地）（hm²）	车辆段上盖用地（hm²）	开发批复用地区域	总开发建筑面积（万m²）	盖上计容建筑面积（万m²）	盖上开发平均容积率	政府批复用地容积率
1号线	前海车辆段	49	35	试车线两侧	141	86.5	2.47	2.88
1号线	竹子林车辆段	—	—	配套宿舍不属于物业开发	—	—	—	—
2号线	蛇口西车辆段	25	12.97	物资库区域三栋高屋	30	30	1.2	2.3

续表

线路	名称	总占地（含白地）（hm²）	车辆段上盖用地（hm²）	开发批复用地区域	总开发建筑面积（万m²）	盖上计容建筑面积（万m²）	盖上开发平均容积率	政府批复用地容积率
3号线	横岗车辆段	25	18.34	高层保障房区域	52	19.44	1.06	2.63
5号线	塘朗车辆段	37.8	25	高层保障房区域	53.15	27.54	1.1	1.58
6号线	长圳车辆段	25	20.79	高层落地区域	50	17.87	0.9	2
7号线	安托山停车场	—	—	上盖体育公园	—	—	—	—
7号线	深云车辆段	—	—	配套设施不属于物业开发	—	—	—	—
11号线	松云车辆段	39.44	28.92	无边角地	73.9	14	0.5	1.87

车辆段上盖开发容积率梯度为：

① 梯度一：利用运用库上盖开发的车辆基地，整体容积率约0.5；

② 梯度二：利用边角地落核心筒的车辆基地，整体容积率约1.0~1.5；

③ 梯度三：利用试车线等条状地块落核心筒的车辆基地，整体容积率约2.0~2.5。

车辆基地内适合盖上开发的主要区域是运用库，即停车列检库和检修库。其内部空间均质，柱网规则，通过盖板上的结构转换可实现上部物业开发，同时也可以通过改变结构形式提高开发强度。

建设投融资策略有以下3种：

① 总量平衡：按照轨道建设项目整体资本金需求，配置相应土地/资金资源；

② 动态平衡：每年度检核所配置土地资源价值，提出土地注入增减计划；

③ 反哺轨道：物业综合开发收入在扣除必要的再生产资金储备后，原则上应用于轨道建设运营所需。

10.6 主要进展与动向

10.6.1 上盖物业开发存在的困惑和难点

1）土地政策和政府支持

各城市受土地政策的影响，土地出让方式有所不同，不一定是统一的开发主体，不能做到同步规划、同步设计、同步建设。

2）地铁公益性与物业开发商业性的矛盾

土地获取的差异出现时间差。轨道交通的建设属于公益性社会服务基础设施，其用地采用土地划拨方式取得，获取速度较快，相关行政审批较快，土地整备拆迁力度较大；物业开发属于商业性的社会投资项目，其用地采用出让或作价出资等方式，其获取速度较慢，相关行政审批因上盖其特殊性，审批较慢，且土地整备拆迁力度较小。

3）物业开发存在一定的局限性

上盖物业开发与轨道交通建设项目在同一建设区域，其开发的特性存在较多的不同之处：① 土地利用性质的不同；② 投资来源的不同；③ 开发性质的不同；④ 开发主体的不同；⑤ 设计单位的不同；⑥ 施工单位的不同；⑦ 竣工使用时间的不同。

上盖物业建造成本高，开发难度大，对物业开发存在一定的局限性：① 上盖建造成本高，房价较低的城市则收益不高或无收益，不利于开发；② 土地未实行分层三维出让的城市，上盖物业开发的用地属性及产权不明确，不便于销售，不利于开发；③ 上盖物业开发技术难度相对较大，若没有配套的设计、施工、管理技术力量，则实施难度大，不利于开发。

政府对于上盖物业开发的支持力度也因此有所不同。

10.6.2 开发建设的流程和时序

1）地铁建设先行与物业开发滞后衔接的矛盾

一是盖上盖下土地性质、建筑类型不同；车辆段用地属于轨道交通用地，上盖物业开发用地属于居住、商业用地，车辆段属于工业建筑，上盖物业开发属于民用建筑，两者间管理界限需清晰划分，车辆段与上盖物业的交通组织等需分开各自单独考虑。

二是盖上盖下建设时间、建设周期不同；盖上物业开发设计和建设在时间上滞后于地铁车辆段；地铁车辆段设计作为上盖物业的设计前提条件，盖下结构需要根据上盖物业开发的要求，做好结构荷载及其他条件的预留。还需考虑预留上盖物业开发实施时合理的施工荷载，并应预留上盖塔吊的位置。目前根据现有的程序盖下及盖板平台建设完成以后，才进行上盖物业开发的土地出让和建设，因此对上盖物业开发将严重滞后于车辆段的建设，将产生较多的制约因素。现阶段可行的解决方案则是，通过前期研究先行确定物业开发范围及规模，在土地出让未确定前先确定设计方案，根据设计方案提供上盖荷载条件及相关条件，车辆段建设时进行包容性的预留。

2）轨道建设与物业开发的一体化施工的矛盾

目前轨道建设与物业开发的施工方式主要包括两种：一是分阶段施工方式；由地铁车辆段施工单位建设完成 9 米平台，9 米平台以上部分（包括 16 米平台）由物业开发施工单位完成，该方式增加管理难度，成本增加，但便于报建及验收，施工单位的选择可发挥各自的优势，招标相对容易处理。二是一体化施工方式；由一个施工单位建设完成车辆段 9 米和 16 米两层平台及以上部分的建设，该方式方便管理，施工方式优势明显，但地铁施工专业性强，普通民建施工单位难完成，施工单位难选择，且存在一定的招标难度。

3）上盖物业开发工期的问题

一般房地产开发工期为 3~5 年，其土地合同约定竣工日期按照此时限签订；上盖物业开发土地合同约定竣工日期也是参照房地产开发时限签订，受现今工程管理及施工技术等多方面因素影响，上盖物业开发一般不能满足土地合同约定的竣工日期完工，难免需要交纳一定罚款。造成上盖物业开发工期延长的原因是存在较多难点：一是与轨道交通建设关系紧密，上盖物业建设不同于其他建设，其施工工法上技术复杂，设计周期施工周期较长，工程风险大，保护措施相对较为不易，工程整体周期长、难度大。二是工程安全要求高。上盖物业建设首先需要保证城市轨道交通车站或车辆段的建设和运营安全，安全保护措施设计和施工要求高，技术需要考虑的内容和环节较多。

11. 制式篇

11.1 市域快轨

11.1.1 综述

1）概念及定义

随着城市空间的不断扩张，在城市轨道交通网络规划建设中传统的地铁、轻轨已经不适应都市圈、城市群通勤／商务出行交通需求以及城市轨道交通可持续发展要求，部分超大城市和特大城市已经开始对市域和跨市域快速公交体系起重要支撑作用的市域快速轨道交通的规划和建设。目前，我国超大城市和特大城市为完善城市中心区轨道交通网，轨道交通的建设逐渐由中心城区向市域范围辐射和延伸，如北京、上海、广州、深圳、成都等超大型城市；同时，对于城市形态受山水湖海分割和规划呈多中心组团结构的特大城市，人口岗位和功能组团较为分散，城市轨道交通规划从一开始，就需要研究利用轨道交通快速联系城市各组团，引导城市空间发展、优化出行结构、满足交通增长的需求，这类城市的城市轨道交通骨架网络就是由市域快轨构成，如东莞、温州等城市。

随着都市圈、城市群、超大城市和组团结构特大城市的发展，相对于传统的地铁轻轨，规划设计和建设运营市域范围超长线路的需求日渐迫切。目前相关部门和业内技术经济研究尚处于在原地铁轻轨规划建设的技术体系基础上初步探索和实践的阶段。

我国城市公共交通分类标准对"市域快轨"的定义是主要针对规划区和速度两个维度来定义的，是指主要服务于城市市域范围，加强城市中心区与都市圈或市域外围组团、功能片区、周边城镇联系，具有通勤客运服务功能，最高运行设计速度120～160km/h的大运量城市轨道交通系统。但是，各城市在对市域快轨实践的过程中根据不同制式衍生出了各种不同名称，甚至将定义的内涵和外延都作了扩展或演变。本篇沿用《城市公共交通分类标准》CJJ/T114—2007和中国城市轨道交通协会"城市轨道交通概念和管理范畴"课题成果的提法，采用"市域快轨"的名称，有利于规范名称、归口管理和行业发展。

2）子类

按《城市公共交通分类标准》CJJ/T 114—2007规定，市域快速轨道交通系统GJ27隶属于"城市轨道交通GJ2"。可按车辆类型GJ271分为选用地铁车辆或专用车辆两类。

3）特点

（1）市域快轨与地铁的主要技术特征比较（见表11-1）

市域快轨与地铁主要技术特征比较表　　　表11-1

项目	市域快轨	地铁（包括地铁快线）
服务范围	覆盖城市中心及郊区	大部分在城市中心区，局部可能向近郊延伸
功能定位	连接市中心区与外围区；缓解市区城市发展和交通拥堵，引导城市规划向外围有序发展	缓解市区交通压力；促进城市升级改造，带动城市建设发展
客流	一般客流强度小于地铁；全日客流分布不均衡，组团城市高峰小时不突出，强中心超大城市高峰小时客流突出	沿线已形成一定客流规模，客流强度较高；全日客流分布较均衡，高峰小时客流量突出
敷设方式及站间距	线路较长，市区采用地下线，郊区一般采用地面或高架线，站间距较大，一般平均站间距大于2km，城市外围站间距一般大于中心区	线路长度适中，全程运行时间一般不超过1小时。以地下线为主，车站分布较为均衡，站间距一般1km左右
车站数量	较少	较多
速度等级	120km/h ≤ V ≤ 160km/h	V ≤ 120km/h
运营组织	站站停或快慢车	站站停或快慢车
牵引供电	直流1500V架空接触网或三轨供电，或交流单相工频25kv，或交直流混合制式	直流1500V或750V，架空接触网或三轨供电

（2）市域快轨的技术特点

① 线路较长，平均站间距大。

线路规划长度一般大于60km，平均站间距大于3km。

② 车辆运行速度高，乘客舒适度要求高。

车辆最高运行速度覆盖120～160km/h，由于乘客在车时间长，对乘客舒适度有一定要求，旅行速度一般大于60km/h。

③ 应以地上线规划为主。

线路布设在城市市域范围，应以地面或高架敷设为主。但是，由于规划滞后和环保、土地价值的过分期望出现了以地下线为主建设市域快轨的趋势。

④ 牵引供电制式选择灵活多样。

根据线路功能定位、服务需求、环境条件和技术经济性，系统制式选择灵活多样。牵引供电制式可以是交流、直流或双制式供电多种选择。

4）功能定位

市域快轨是市域通勤圈范围内修建的，服务于中、长距离客运，具备快速、高密度、公交化的城市轨道交通线路，可作为组团型特大城市轨道交通系统的骨干或超大城市轨道交通网络系统的重要组成部分。

5）市域快轨规划

北京、上海、广州、深圳等几个超大城市均规划有市域快轨网络。

北京规划区域快轨（S线）15条，规模约1029km，重点服务中心城区/副中心与远郊区及跨界城市组团出行。地铁快线（R线）5条，规模约315km。目前已运营快线2条，约73.8km；5条线路在建（含延伸段），约210.8km。新机场线计划2019年开通，19号线一期、17号线、27号线二期（西二旗至蓟门桥段）计划于2020年开通，平谷线计划2022年开通。

《上海市城市总体规划（2017-2035年）》中上海市域轨道交通系统规划，确定远期轨道交通线网由市域线（21条）、市区线（25条）、局域线（包括现代有轨电车、胶轮、BRT等低运量系统）组成。市域线及市区线共有46条线路，其中市域快速轨道交通线21条。目前已运营3条，约176.7km。其中2013年开通运营的轨道交通16号线就是在原规划R3线南段拆分后完善的规划线路。该线北起龙阳路站，南至滴水湖站，全长58.96km，采用快慢车的运营组织方式，其车辆采用最高时速120km的A型车。3条在建线路，约156.7km。

广州轨道交通3号线是目前广州市唯一一条已开通的市域快线，其规划为贯穿城市市域南北，主线65.9km，支线7.4km，于2005年12月开通。后根据运营组织的需要调整为3号线和3号线北延段（机场线）两条独立运营线路，线路分别长36.3km和31km。14号线、21号线预计年底开通，其余在建的13号线、18号线、22号线、3号线东延等线路，共计221km，将于2019～2022年之间陆续开通。

深圳的市域快线规划从2005年开始，历经几轮调整最终形成"七放射，一半环"的10条市域快线布局结构，实现市域快线串联城市福田罗湖、南山前海与城市外围副中心并构筑快线线网的目标。10条线路总长约495.9km。其中11号线已于2016年6月份开通，是国内第一条采用"商务车+普通车"

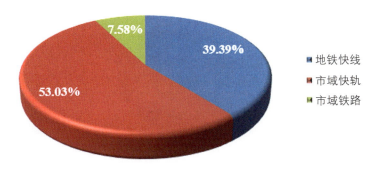

图 11-1 2018 年各城市速度等级 100km/h 及以上的分类结构

混合联挂编组、兼顾机场功能的市域快轨线路。根据目前的建设规划，计划 2020～2023 年将陆续开通 6 号线、13 号线、14 号线等 3 条市域快轨线路。

东莞的城市骨干网由 4 条市域快轨构成，线网长度 218km。其中 2 号线一、二期工程已于 2016 年 6 月开通运营，线路全长 37.7km。目前 1、3 号线在建。

温州共规划有 4 条市域快轨线路作为城市骨干，线网 260km。目前 1 号线一期工程西段已开通试运行，东段计划年底开通试运行，2 号线、3 号线在建、约 100km，预计 2020～2021 年陆续开通。

我国市域快轨的建设尚处于起步阶段，以上行业标准、团体标准和地方标准的颁布，初步形成了我国市域快轨的规范标准体系，涵盖了现有城际铁路、市域铁路和城市轨道交通钢轮钢轨快线技术标准体系。但是，市域快轨的规划理念、规范体系、车辆标准以及设备系统尚须在总结已有成果和实践的基础上进一步规范分类和完善标准，才能使市域快轨技术走向成熟，实现市域快轨标准化和规范化的可持续健康发展。

11.1.2 数据统计分析

1）统计范围

根据《城市公共轨道交通分类标准》CJJ/T114—2007，对 18 座城市 66 条速度等级 100km/h 及以上的快速轨道交通线路进行分类（图 11-1），最高运行速度为 120km/h 以下的地铁快线不纳入市域快轨的统计范畴，该类线路 26 条，占比 39.39%；最高运行速度 160km/h 及以上并采用 CRH 型车与国铁可互联互通的新建线路 5 条，占比 7.58%，建议将该部分数据纳入市域铁路或市郊铁路的统计范畴。

最高运行速度 120～160km/h 并采用 A、B、D 型车的市域快速线路 35 条，

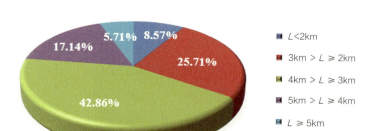

图 11-2 2018 年中国大陆市域快轨运营及在建项目平均站间距分类结构

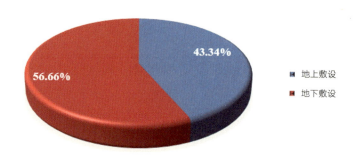

图 11-3 2018 年中国大陆市域快轨运营及在建项目敷设方式分类结构

占比 53.03%,该部分数据为本篇的统计范围。各条运营及在建市域快轨线路关键数据见表 11-2。

2)运营及在建项目关键数据统计分析

2018 年中国大陆地区运营/在建的 35 条市域快轨线路中,平均站间距小于 2km 的线路共计 3 条,占比 8.57%;介于 2~3km(不含)的线路共计 9 条,占比 25.71%;介于 3~4km(不含)的线路共计 15 条,占比 42.86%;介于 4~5km(不含)的线路共计 6 条,占比 17.14%;超过 5km 的共计 2 条,占比 5.71%(图 11-2)。

2018 年中国大陆地区运营/在建的 35 条市域快轨线路中,地上敷设长度为 829.85km,占比 43.34%;地下敷设长度为 1084.91km,占比 56.66%。市域快轨地上敷设比例应大于地下敷设比例(图 11-3)。

2018 年中国大陆地区运营/在建的 35 条市域快轨线路中,最高运行速度覆盖范围 120~160km/h,最高运行速度 120km/h 的项目最多,占比 68.57%,最高运行速度 140km/h 项目占比 25.71%,最高运行速度 160km/h 的项目占比 5.71%(图 11-4)。

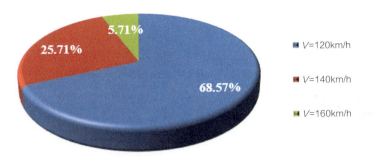

图 11-4 2018 年中国大陆市域快轨运营及在建项目速度分级结构

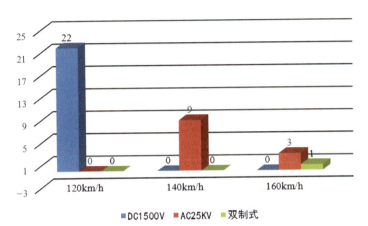

图 11-5 2018 年中国大陆市域快轨运营及在建项目供电制式/速度序列

车辆最高运行速度与车辆供电负荷需求关系密切,2018 年中国大陆地区运营/在建的 35 条市域快轨线路中,最高运行速度 120km/h 的线路全部采用 DC1500V 供电制式;最高运行速度 140km/h 以上的线路全部采用 AC25KV 供电制式(其中 1 条采用双制式),见表 11-2、图 11-5。

2018 年中国大陆市域快轨运营及在建项目供电制式/速度序列统计表　表 11-2

速度＼供电制式	DC1500V	AC25KV	双制式（DC1500V/AC25KV）
120km/h	22	0	0
140km/h	0	9	0
160km/h	0	3	1

2018 年中国大陆地区运营/在建的 35 条市域快轨线路中采用市域 B 型车的线路最多,共计 16 条,占比 45.71%;采用市域 A 型车的线路共计 10 条,占比 28.57%;采用市域快线 D 型车的线路共计 9 条,占比 25.71%(图 11-6)。

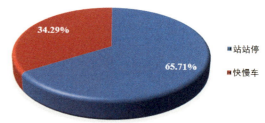

图 11-6　2018 年中国大陆市域快轨运营及在建项目车型分类结构　　图 11-7　2018 年中国大陆市域快轨运营及在建项目运营模式分类结构

2018 年中国大陆地区运营/在建的 35 条市域快轨线路中，12 条线路采用快慢车运行模式，占比 34.29%；23 条线路采用追踪运行模式，占比 65.71%（图 11-7）。

当列车最高运行速度超过 120km/h，由于列车高速运行导致隧道内空气压力剧烈变化，为了保证乘车环境的舒适和安全，以及采用交流 25KV 的供电安全空间要求。市域快轨部分采用加大隧道断面的压力控制措施并满足交流牵引接触网安装要求。

2018 年市域快轨在建线路规模数据及各线关键数据统计汇总表　　表 11-3

线路名称	指标	线路长度（km）	车站数量（座）	平均站间距（km）	敷设方式（km） 地上	敷设方式（km） 地下	车辆选型	最高运行速度（km/h）	牵引受电制式	运营模式	盾构隧道内径（m）
北京	17 号线	49.7	21	2.6	0	49.7	地铁 A 型车	100	DC750V 三轨	快慢车	5.8
北京	19 号线一期	22.4	9	2.8	0	22.4	地铁 A 型车	120	DC1500V 接触网	站站停	6.7
北京	22 号线（平谷线）	78.6	20	4.1	30.1	48.5	市域 D 型车	160	DC1500V/AC25KV 接触网	快慢车	7.9
北京	新机场线	47.5	5	11.8	17.7	29.8	市域 D 型车	160	AC25KV 接触网	站站停	7.9
北京	27 号线二期（昌平线南延）	12.6	7	1.8	0.5	12.1	地铁 B 型车	100	DC750V 接触轨	站站停	100
上海	崇明线	44.6	8	6.0	18.5	26.1	直线电机	100	DC1500V 三轨	站站停	5.9
上海	嘉闵线	41.6	15	2.97	6.6	35.0	CRH6 动车组	160	AC25KV 接触网	站站停	7.9
上海	机场联络线	68.6	9	8.5	11.9	56.7	CRH6 动车组	160	AC25KV 接触网	站站停	7.9

续表

线路名称		指标 线路长度（km）	车站数量（座）	平均站间距（km）	敷设方式（km）		车辆选型	最高运行速度（km/h）	牵引受电制式	运营模式	盾构隧道内径（m）
					地上	地下					
广州	3号线东延	9.6	4	2.4	0	9.6	地铁B型车	120	DC1500V 接触网	站站停	5.4
	13号线	60.6	34	1.8	0	60.6	地铁A型车	100	DC1500V 接触网	站站停	5.8
	18号线	62.5	9	7.8	0	62.5	市域D型车	160	AC25KV 接触网	快慢车	7.7
	14号线二期	11.7	8	1.5	0	11.7	地铁B型车	120	DC1500V 接触网	快慢车	5.8
	22号线	31.8	8	4.5	0	31.8	市域D型车	160	AC25KV 接触网	快慢车	7.7
深圳	6号线	49.2	27	1.87	20.1	29.1	地铁A型车	100	DC1500V 三轨	站站停	5.4
	13号线一期	22.4	16	1.5	0	22.4	地铁A型车	100	DC1500V 接触网	站站停	5.5
	14号线	52.5	15	3.53	0	52.5	地铁A型车	120	DC1500V 接触网	站站停	6.0
重庆	10号线二期	9.81	8	1.2	2.0	7.81	As型车	120	DC1500V 接触网	站站停	6.0
	5号线一期南端及北延段	34.86	23	1.5	9.74	25.12	As型车	100	DC1500V 接触网	站站停	5.9
成都	9号线一期	22.2	13	1.8	0	22.2	市域快线A型车	100	DC1500KV 接触网	站站停	5.4
	13号线一期	28.8	19	1.5	2.5	26.3	市域快线A型车	140	AC25KV 接触网	站站停	7.5
	17号线	55.3	27	2.1	0	55.3	市域快线A型车	140	AC25KV 接触网	站站停	7.5
	18号线	86.7	20	4.6	16.2	70.5	市域快线A型车	140	AC25KV 接触网	快慢车	7.5
	19号线	62.7	19	3.4	5.1	57.6	市域快线A型车	140	AC25KV 接触网	快慢车	7.5
南京	S4号线一期	32.95	8	4.7	32.95	0	市域D型车	140	AC25KV 接触网	快慢车	—
	S6线	43.6	13	3.6	27.3	16.3	地铁B型车	120	DC1500V 接触网	快慢车	6
	S8号线南延	2.2	2	1.1	0	2.2	地铁B型车	120	DC1500V 接触网	站站停	6
佛山	2号线	55.8	27	2.1	25.3	30.5	地铁B型车	100	DC1500V 接触网	站站停	5.4
	3号线	66.5	36	1.9	9.3	57.2	地铁B型车	100	DC1500V 接触网	站站停	5.4
	4号线	56	32	1.8	8.3	47.7	地铁B型车	100	DC1500V 接触网	站站停	5.4
	11号线	40.2	21	2.0	12.4	27.8	地铁B型车	100	DC1500V 接触网	站站停	5.4/6.0

续表

线路名称	指标	线路长度(km)	车站数量(座)	平均站间距(km)	敷设方式(km) 地上	敷设方式(km) 地下	车辆选型	最高运行速度(km/h)	牵引受电制式	运营模式	盾构隧道内径(m)
东莞	1号线	57.9	21	2.8	25.7	32.2	地铁B型车	120	DC1500V 接触网	站站停	6.0
东莞	2号线三期	16.4	7	2.4	0.5	15.9	地铁B型车	120	DC1500V 接触网	站站停	6.0
东莞	3号线一期	55.9	20	2.8	0	55.9	地铁B型车	120	DC1500V 接触网	站站停	6.0
杭州	7号线	47.48	23	2.13	0	47.48	地铁A型车	100	DC1500V 接触网	站站停	5.5
杭州	机场轨道快线	58.5	15	4.1	12.0	46.5	地铁A型车	120	DC1500V 接触网	站站停	6.0
杭州	杭富线	23.1	11	2.2	13.9	9.2	地铁B型车	100	DC1500V 接触网	站站停	5.5
杭州	杭临线	34.8	12	3.1	22.7	12.1	地铁B型车	120	DC1500V 接触网	站站停	6.0
杭州	杭绍线	20.2	9	2.5	10.2	10	地铁B型车	100	DC1500V 接触网	站站停	5.5
杭州	杭海线	48.2	13	3.9	33.4	14.8	地铁B型车	120	DC1500V 接触网	站站停	6.0
温州	S1线一期工程	53.5	18	3.1	43.7	9.8	市域D型车	140	AC25KV 接触网	站站停	7.6
温州	S2线一期工程	63.6	20	3.3	54.3	9.3	市域D型车	140	AC25KV 接触网	站站停	7.6
温州	S3线一期工程	33.1	12	2.8	3.3	30.0	市域D型车	140	AC25KV 接触网	站站停	7.6
青岛	8号线	60.7	18	3.6	7	53.7	地铁B型车	120	DC1500V 接触轨	站站停	6
无锡	S1线一期	30.4	8	3.7	10.5	19.9	地铁B型车	120	DC1500V 三轨	快慢车	6.0
台州	S1线	52.4	15	3.7	29.5	22.9	市域D型车	140	AC25KV 接触网	站站停	7.6
金华	金义东市域轨道	107.1	31	3.5	80.9	26.2	地铁B型车	120	DC1500V 接触网	快慢车	6.0
郑州	8号线一期	59.4	29	2.12	21.4	38	地铁B型车	100	DC1500V 接触网	站站停	5.5
郑州	9号线二期	37.8	22	1.72	0	37.8	地铁B型车	100	DC1500V 接触网	快慢车	5.5
郑州	10号线	43.5	24	1.89	5.7	37.8	地铁B型车	100	DC1500V 接触网	站站停	5.5
郑州	11号线	36.5	18	2.15	0	36.5	地铁B型车	100	DC1500V 接触网	站站停	5.5

图 11-8　北京市城市轨道交通远景规划图
（蓝线、紫线为市域快速线）

11.1.3　典型城市市域快轨规划和运营[①]

1）北京

（1）单中心城市，城市面积是 16410.54 km²。[②]

（2）2018 年末常住人口 2154.2 万，全年国民生产总值 30320 亿元，地方一般公共预算收入 5785.9 亿元。[②]

（3）中心城轨道交通系统分 3 个层次，区域快线、地铁快线、地铁普线（含专线）共 52 条线路（图 11-8）。

（4）轨道交通远景线网规划总规模 2475 km，区域快线及地铁快线 1344km，占 54.3%。

（5）区域快线及地铁快线共 20 条，截至 2018 年末，0 条开通，5 条在建（含延伸线）。

（6）快线车辆速度等级覆盖 100～160 km/h。

（7）在建/运营线路的车型、供电制式：[③]

15 号线	最高运行速度 100km/h	B 型车 6 辆编组	DC750V 接触轨
27 号线	最高运行速度 100km/h	B 型车 6 辆编组	DC750V 接触轨
17 号线	最高运行速度 100km/h	A 型车 8 辆编组	DC750V 接触网授流
19 号线	最高运行速度 120km/h	A 型车 8 辆编组	DC1500V 接触网授流
22 号线（平谷线）	最高运行速度 160km/h	市域 D 型车 8 辆编组	AC25KV/DC1500V 接触网授流
新机场线	最高运行速度 160km/h	市域 D 型车 8 辆编组	AC25KV 接触网

① 本节对于各城市轨道交通系统划分的描述均摘自相关城市的线网规划和近期建设规划，各城市对"市域快轨"功能的线路名称有差异，"市域快线""区域快线""地铁快线""市域快线""市域线"均视为本篇的"市域快轨"

② 数据来源 http://www.beijing.gov.cn/gongkai/shuju/tjgb/t1580993.htm?from=timeline&isappinstalled=0

③ 北京的轨道交通数据来源于《北京市轨道交通远景线网规划》

图 11-9 上海市轨道交通网络规划图（蓝线为市域轨道交通）

2）上海

（1）"一主、两轴、四翼；多廊、多核、多圈"的市域总体空间结构。城市面积是 6833km²。[①]

（2）2018 年末常住人口 2423.78 万人，全年国民生产总值 32679.87 亿元，地方一般公共预算收入 7108.15 亿元。[①]

（3）轨道交通系统分 3 个层次，市域线、市区线、局域线，其中市域线及市区线共 46 条线路（图 11-9）。

（4）轨道交通近期建设规划市域线及市区线总规模 2200km，市域线 1157km，占 52.6%。

（5）市域线共 21 条，截至 2018 年末，3 条开通，3 条在建。

（6）快线车辆速度等级覆盖 100～160km/h。

（7）在建/运营线路的车型、供电制式：[②]

[①] 数据来源：http://www.stats-sh.gov.cn/html/sjfb/201903/1003219.html
[②] 上海的轨道交通数据来源于《上海市轨道交通近期建设规划（2017-2025）》

11 号线	最高运行速度 100km/h	A 型车 6 辆编组	DC1500V 接触网授流
16 号线	最高运行速度 120km/h	A 型车 6 辆编组	DC1500V 接触网授流
17 号线	最高运行速度 100km/h	A 型车 6 辆编组	DC1500V 接触网授流
崇明线	最高运行速度 100km/h	直线电机	DC1500V 接触网授流
嘉闵线	最高运行速度 160km/h	CRH6 型车 8 辆编组	AC25KV 接触网
机场联络线	最高运行速度 160km/h	CRH6 型车 8 辆编组	AC25KV 接触网

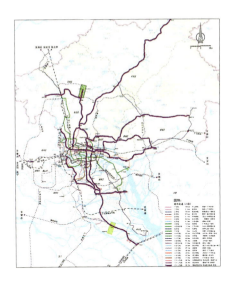

图 11-10 广州市轨道交通网络规划方案
（紫线为市域快线）

3）广州

（1）"中心城区—副中心—卫星城—小城镇"的市域城镇体系，城市面积是 7434.4 km²。[1]

（2）2018 年末常住人口 1490.44 万人，全年国民生产总值 22859.35 亿元，地方一般公共预算收入 1632.3 亿元。[1]

（3）轨道交通系统分 3 个层次，骨干线、市域快线、辅助线共 23 条线路（图 11-10）。

（4）轨道交通近期建设规划总规模 1024.9km，市域快线 400.9km，占 39.1%。

（5）市域快线共 7 条，截至 2018 年末，3 条开通，5 条在建（含 2 条延伸线）。

（6）快线车辆速度等级覆盖 100 ~ 160km/h。

（7）在建 / 运营线路的车型、供电制式：[2]

3 号线	最高运行速度 120 km/h	B 型车 6 辆编组	DC1500V 接触网授流
13 号线	最高运行速度 100 km/h	A 型车 8 辆编组	DC1500V 接触网授流
14 号线	最高运行速度 120 km/h	B 型车 6 辆编组	DC1500V 接触网授流
21 号线	最高运行速度 120 km/h	B 型车 6 辆编组	DC1500V 接轨网授流
18 号线	最高运行速度 160 km/h	市域 D 型车 8 辆编组	AC25KV 接触网授流
22 号线	最高运行速度 160 km/h	市域 D 型车 8 辆编组	AC25KV 接触网授流

[1] 数据来源：http://www.gz.gov.cn/gzgov/s2885/201904/49957c36f9f84cdc95978e3aa5caf2d6.shtml
[2] 广州的轨道交通数据来源于《广州市城市轨道交通近期建设规划（2016-2022 年）》

图 11-11　深圳市轨道线网总体方案图（蓝线为市域快线）

4）深圳

（1）"2 个城市主中心，5 个城市副中心和 8 个组团中心"的城市中心体系，城市面积是 1997.30 km²。①

（2）2018 年末常住人口 1302.66 万人，全年国民生产总值 24221.98 亿元，地方一般公共预算收入 3538.41 亿元。①

（3）轨道交通系统分 2 个层次，普速线路、市域快线共 33 条线路（图 11-11）。

（4）轨道交通线网规划总规模 1335km，市域快线 495.9km，占 37.1%。

（5）市域快线共 10 条，截至 2018 年末，1 条开通，3 条在建。

（6）快线车辆速度等级覆盖 100～120km/h。

（7）在建／运营线路的车型、供电制式：②

11 号线	最高运行速度 120km/h	A 型车 8 辆编组	DC1500V 接触网授流
6 号线	最高运行速度 100km/h	A 型车 6 辆编组	DC1500V 接触轨授流
13 号线	最高运行速度 100km/h	A 型车 8 辆编组	DC1500V 接触网授流
14 号线	最高运行速度 120km/h	A 型车 8 辆编组	DC1500V 接触网授流

5）成都

（1）"双核一区、三带多网"的市域空间结构，城市面积是 14334km²。③

（2）2018 年末常住人口 1633.00 万人，全年国民生产总值 15342.77 亿元，地方一般公共预算收入 1424.2 亿元。③

---

① 数据来源：http://wap.sz.gov.cn/sztjj2015/xxgk/zfxxgkml/tjsj/tjgb/201904/t20190419_16908575.htm
② 深圳的轨道交通数据来源于《深圳市轨道交通线网规划(2016-2035)》。
③ 数据来源：http://www.cdstats.chengdu.gov.cn/htm/detail_145407.html

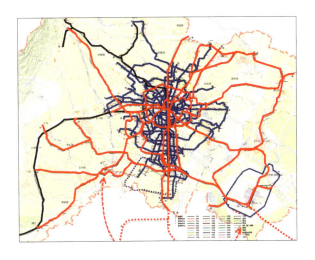

图 11-12　成都市远景方案网络图
（红线为市域快线，黑线为市域铁路）

（3）轨道交通系统分 3 个层次，市域铁路、快线系统、普线系统共 50 条线路（图 11-12）。

（4）轨道交通线网规划总规模 2680km，市域铁路及快线系统 1568km，占 58.5%。

（5）市域铁路及快线系统共 26 条，截至 2018 年末，3 条开通，5 条在建。

（6）快线车辆速度等级覆盖 100 ~ 220km/h。

（7）在建 / 运营线路的车型、供电制式：[①]

成灌线	最高运行速度 220km/h	CRH 动车组 8 辆编组	AC25KV 接触网授流
离堆支线	最高运行速度 220km/h	CRH 动车组 8 辆编组	AC25KV 接触网授流
彭州支线	最高运行速度 220km/h	CRH 动车组 8 辆编组	AC25KV 接触网授流
9 号线	最高运行速度 100km/h	A 型车 8 辆编组	DC1500V 接触网授流
13 号线一期	最高运行速度 140km/h	市域 A 型车 8 辆编组	AC25KV 接触网授流
17 号线	最高运行速度 140km/h	市域 A 型车 8 辆编	AC25KV 接触网授流
18 号线	最高运行速度 140km/h	市域 A 型车 8 辆编	AC25KV 接触网授流
19 号线	最高运行速度 140km/h	市域 A 型车 8 辆编	AC25KV 接触网授流

6）东莞

（1）"三核、六极、多支点"的城镇格局，城市面积是 2465km^2。[②]

（2）2018 年末常住人口 839.22 万人，全年国民生产总值 8278.59 亿元，地方一般公共预算收入 649.91 亿元。[②]

[①] 成都的轨道交通数据来源于《成都市城市轨道交通线网规划（修编）》
[②] 数据来源：http://www.dg.gov.cn/007330010/0600/201904/33a9188024fc4e45a206b90a9cc5fd40.shtml

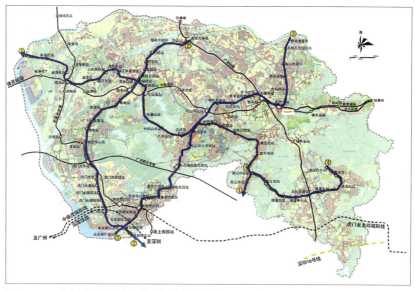

图 11-13　东莞城市轨道交通线网规划（蓝线为市域快线）

（3）轨道交通线网规划均为市域快线，共 4 条线路，总规模 218.3km（图 11-13）。

（4）截至 2018 年末，市域快线 1 条开通，2 条在建。

（5）市域快轨车辆速度等级均为 120km/h。

（6）在建/运营线路的车型、供电制式：①

1 号线	最高运行速度 120km/h	B 型车 6 辆编组	DC1500V 接触网授流
2 号线	最高运行速度 120km/h	B 型车 6 辆编组	DC1500V 接触网授流
3 号线	最高运行速度 120km/h	B 型车 6 辆编组	DC1500V 接触网授流

7）温州

（1）"1 个主中心、6 个副中心、50 个中心镇"的城镇格局，城市面积是 12065km^2。②

（2）2018 年末常住人口 925 万人，全年国民生产总值 6006.2 亿元，地方一般公共预算收入 547.6 亿元。②

（3）轨道交通系统分 2 个层次，市域线、市区线共 6 条线路（图 11-14）。

（4）轨道交通规划总规模 361.8 km，市域线 269.2km，占 74.4%。

（5）市域线共 4 条，截至 2018 年末，1 条开通试运行，2 条在建。

（6）快线车辆速度等级为 140km/h。

---

① 东莞的轨道交通数据来源于《东莞市轨道交通网络规划》
② 数据来源：http://wztjj.wenzhou.gov.cn/art/2019/3/25/art_1243860_31606105.html

图 11-14 温州市市域轨道交通线网规划示意图（红线为市域线）

（7）在建/运营线路的车型、供电制式：①

S1 线	最高运行速度 140km/h	CRH6S 型动车组 4 辆编组	AC25KV 接触网授流
S2 一期	最高运行速度 140km/h	CRH6S 型动车组 4 辆编组	AC25KV 接触网授流
S3 一期	最高运行速度 140km/h	CRH6S 型动车组 4 辆编组	AC25KV 接触网授流

11.1.4 主要政策与标准

1）主要政策

不同的系统制式，除了技术特征和指标存在差异，不同制式可能还有其特殊的行政体制、行业技术、运营管理不同背景。部分省市拟规划建设城际铁路，采用独立运营形成一个自成体系的轨道交通网络，为都市圈和城市群的城市公共交通提供服务。但是，涉及投资主体与利益分配等问题，服务城市公交化运营的市域铁路或市郊铁路、城际铁路的建设一直相对缓慢，与市域快轨的协调也相对困难。市域铁路或市郊铁路由于城市的行政和技术相互交织和交叉，导致我国都市圈和城市群轨道交通规划建设出现诸多问题，集中表现在全域全制式的轨道交通系统层次、与城市空间结构协调、与城市交通一体衔接等方面。为此，国家在政策管理和技术标准体系层面进行了研究，并逐步出台了相关政策、法规和标准引导市域、都市圈和城市群城市轨道交通的发展（表 11-4）。

① 温州的轨道交通数据来源于《浙江省温州市市域铁路线路规划》

主要政策统计表 表11-4

名称	发布时间	相关内容
《中国土木工程学会城市轨道交通技术发展纲要建议(2010-2015)》	2011年	推进研究城市轨道交通与郊区铁路、城市间铁路等轨道交通方式的区域一体化,以及其他公共交通方式一体化的关键技术
《国务院关于取消和下放一批行政审批项目等事项的决定》(国发〔2013〕19号)	2013年5月	城市轨道交通项目由省级投资主管部门按照国家批准的规划核准
《国家发展改革委关于加强城市轨道交通规划建设管理的通知》(发改基础〔2015〕49号)	2015年1月	对轨道交通建设提出"应超前编制线网规划,确定城市轨道交通的发展目标、发展模式、功能定位"等指导意见
《国务院关于深入推进新型城镇化建设的若干意见》	2016年2月2日	"大城市要统筹公共汽车、轻轨、地铁等协同发展,推进城市轨道交通系统和自行车等慢行交通系统建设,在有条件的地区规划建设市郊铁路,提高道路的通达性"等意见
《关于促进市域(郊)铁路发展的指导意见(发改基础〔2017〕1173号)》	2017年6月20日	针对近10年轨道交通建设主要集中在中心城区、轨道交通结构不合理、难以满足交通发展需求等问题,指出"视需要有序规划新线,着力扩大市域(郊)铁路公交化运营服务的有效供给,鼓励发展多层次、多模式、多制式的轨道交通系统,完善城市综合交通运输体系,更好地适应都市圈和城市群发展新要求"
《国家发展改革委关于实施2018年推进新型城镇化建设重点任务的通知》	2018年3月13日	要提高城市群建设质量,应稳步开展都市圈的建设。在城市群内选择具备条件的中心城市及周边中小城市,引导要素在城市间高效配置,完善公共交通主导的交通网络体系,加快布局建设市域快速轨道交通,鼓励发展多层次、多模式、多制式的轨道交通系统,推动基础设施联通和公共服务共享,打造同城效应明显、一体化程度高的都市圈
《关于进一步加强城市轨道交通规划建设管理的意见》(国办发〔2018〕52号)	2018年6月28日	对于轨道交通的建设提出应遵循"量力而行,有序推进;因地制宜,经济适用;衔接协调,集约高效;严控风险,持续发展"四大原则"

以上指导市域快轨规划、建设的相关政策意见对今后的城市发展提出轨道交通的结构调整、发展方向和政策要求,为构建多层次、多模式、多制式的轨道交通发展模式提出了量化指标等要求。因此,无论是政策背景还是交通建设实践需求,都迫切需要分析论证都市圈轨道交通的发展规律、技术体系和政策标准,为市域快轨的规划建设提供政策和技术支撑,促进市域、都市圈和城市群轨道交通发展,适应城市化不断发展的交通需求和城市轨道交通"以人为本和可持续发展"的要求。

2)标准

截至2018年底,市域快轨相关的国家行业标准见表11-5。

市域快轨关键行业标准统计 表 11-5

序号	批准部门	标准名称	标准编号	标准类别	状态
1	中国国家标准化管理委员会	《市域快线（120～160km/h）车辆通用技术条件》	待定	国家标准	2016年12月征求意见截止
2	中华人民共和国住房和城乡建设部	《地铁快线设计标准》	待定	国家行业标准	2018年9月送审稿通过评审
3	中国城市轨道交通协会	《市域快轨交通技术规范》	待定	团体标准	2018年5月送审稿通过评审
4	中国铁道学会	《市域铁路设计规范》	T/CRS C0101-2017	团体标准	2017年3月颁布
5	中国土木工程学会	《市域快速轨道交通设计规范》	T/CCES 2-2017	团体标准	2017年3月颁布
6	住建部标准定额研究所	市域快速轨道交通规划与设计导则	RISN-TG032-2018	—	2018年8月出版

11.1.5 发展与趋势

1）市域快轨与中心城线网的衔接模式

市域快轨在与中心城线网衔接时，可采用三种模式：市域快轨在城市中心区边缘或外围单点换乘、市域快轨进入中心城区一定范围实现多点换乘和市域快轨穿越城市中心区贯通运营。根据目前国内实际运营情况调研和大阪、纽约、伦敦等多网并存城市的运营经验。市域快轨与中心城线网应提前规划和预留，采用多点换乘或部分时段与中心城线网贯通运营，也可以考虑部分线路或走廊结合地铁快轨穿城而过与轨道网良好衔接换乘，尽量避免在中心区边缘或外围单点换乘。从历史的经验来看，无论是法国的RER线路穿越中心城区还是东京私铁与中心区轨道网络的贯通运营，由于没有前期系统规划，后期改造都付出了巨大的代价。

2）压力舒适度标准及隧道阻塞比

市域快轨进入中心城区部分线路需要采用地下线路，由于市域快轨列车运营速度较高，为了缓解列车在隧道中产生的隧道内压力瞬变及车内压力波动对人体舒适性的影响，国内已经颁布或即将颁布的市域快轨、地铁快线相关标准规范都对压力变化率和舒适度进行了深入的研究，并在已经运营的相关项目上提供了诸如加大隧道断面、设置泄压缓解措施、采用喇叭形扩口隧道过渡、车头采用流线型设计和增加车辆密封性等一系列解决方案，为类似快速轨道项目的实施提供参考，标准的进一步完善尚需在运营实践中提升。

3）供电

系统制式的选择除了适应线路的功能需求和环境条件，需重点研究快速运行线路对车辆和供电的技术适应性和经济性，供电系统不仅需要重点考虑与车辆的匹配性，还需要从全系统的工程方案确定不同城市和线路的供电制式。采用越高等级的供电制式，牵引供电系统自身一次性投资越省；从土建工程一次性投资来看，供电电压越高要求的隧道结构净空越大、运行速度越高要求隧道断面也越大，投资会相应增加，怎样综合平衡需要具体分析；从运维的角度考虑，如不使用双制式车辆，采用统一的供电制式运维工作更简单；从用电能耗方面考虑，采用 AC25KV 和 AC/DC 混合制式，车辆的重量比纯直流明显增加，列车牵引能耗会因此增加。因此，供电系统方案的选择，尤其是市域网络供电制式的规划是一个综合性的难点和重点，需要在网络规划和工程设计阶段深入研究决策。

4）推进轨道交通投资建设运营模式的多元化

中国轨道交通建设已进入网络化快速发展时期，这对原有的轨道交通投资建设运营模式是巨大的考验，由于市域快轨除了系统制式选择多元化还有涉及建设运营管理体制机制的选择。特别是发改委《关于促进市域（郊）铁路发展的指导意见》发改基础〔2017〕1173 号，使得市域（郊）铁路成为城市轨道交通市域快线的有机组成部分成为可能和现实。通过体制和机制创新，经营模式多元化、辅以制度保障，为市域快轨可持续发展作出有益探索提供了政策支持。

5）车辆及供电制式的选择

市域快轨运能要求普遍小于市区地铁线路，平均站间距多介于 3~5km 之间。从运输能力划分，城市轨道交通 A 型车 /B 型车、CRH6 型动车组的运输能力均适应市域快轨的运营需求。但是，既有城际动车组在牵引、制动等方面难以满足要求，且 CRH6 型动车组尺寸较大，其接触网安装结构高度也较高，使隧道断面大，工程造价高，与既有城市轨道交通线路也难以互联互通。基于以上原因，我国主要机车厂家也先后推出了自有知识产权的双制式市域动车组，既可以在 AC25KV 供电的线路上运行，又可以实现 DC1500V 的线路上运行，减小建筑限界和土建工程规模。同时，国内主要车辆制造商也在研究适应市域快轨线路特点运营的交流牵引或交直流双制式地铁 A 型车和 B 型车，以实现与相同制式的地铁线路实现互联互通。随着市域快轨的规划建设和技术发展，市域快轨系统制式的选择或更加灵活多样。但是，系统制式选择的灵活性是为了更好地实现网络化运营和资源共享，实现更好的经济性、可靠性和服务要求。

图 11-15 北京市中低速磁浮交通示范工程平面示意图

11.2 磁浮系统

11.2.1 统计数据

1）总述

（1）北京市中低速磁浮交通示范线（S1线）

2011年2月，中国首发、北京首条、具有自主知识产权的中低速磁浮交通示范线（S1线）工程开工，这是我国首条采用中低速磁浮交通制式的城市轨道交通线路。

目前门头沟新城与中心城区的联系主要依靠阜石路、京原路地面交通连接，交通方式较为单一，尚无轨道交通线支持。北京S1线贯穿东西，是门头沟连接市内唯一一条轨道交通线路，即使穿山跨河，所需时间也比以往走地面快一倍，可以进一步加强北京西部地区与中心城区的联系，带动整个京西地区转型发展。开通后，方便了周边地区居民与城市核心区的交通联系，为区域发展提供交通保证。

北京S1线西起门头沟区的石门营站，东至石景山区的苹果园站，与M6线及M1线换乘，该线经过门头沟区、石景山区两个行政区。线路全长为10.236km，除穿越石景山处0.283km为隧道，其余全部为高架线路，共设车站8座，分别为：石厂、小园、栗园庄、上岸、桥户营、四道桥、金安桥和苹果园，其中换乘站2座，在苹果园站与1号线、6号线换乘，在金安桥站与6号线换乘，在石门营站北侧设车辆段1座，在车辆段内设备用控制中心1座，在小营设控制中心1座，控制中心接入北京市轨道交通指挥中心。配置10列60辆中低速磁浮车辆、设计最高速度120km/h，实际运营的最高速度80km/h（图11-15）。

北京S1线由北京磁浮交通发展有限公司负责建设管理，北京市地铁运营公司负责运营。2017年12月30日，S1线投入试运营，该线路是目前客运量最大的中低速磁浮交通运营线。定员载客量1032人。S1线初期运营配备10列6辆编组列车。线路设计最高速度每小时100km，实际运营最高速度每小时80km。全路配备"基于交叉感应环线的移动闭塞列车运行控制系统"，实现移动闭塞，初、近、远期设计运行间隔分别为5分钟、3.5分钟和3分钟，系统配置能力可以满足列车追踪间隔90秒的要求。

（2）湖南长沙磁浮快线

长沙中低速磁浮工程线路起于长沙火车南站东广场北侧，沿劳动路、黄兴大道、机场高速高架敷设，终于黄花机场航站楼。正线全长约18.55km，其中高架线17.16km，地面1.39km，全线设车站3座，分别为长沙火车南站、榔梨站和黄花机场站，设车辆段与综合基地1座，采用磁浮列车3辆编组，设计最高速度120km/h。

2016年5月投产试运营，到2017年5月，长沙磁浮快线安全运营365天，列车正点率99.8%，全年累计发送旅客约260万人次。

（3）上海磁浮列车示范运营线（浦东高速磁浮线）

上海磁浮列车示范运营线西起上海轨道交通2号线的龙阳路站，东至上海浦东国际机场，全长29.863km，是中德合作建设的世界第一条磁悬浮商运线。

2001年3月1日上海磁浮列车示范运营线工程开工建设。

2002年12月31日，上海磁浮列车成功通车。

2003年11月12日，磁浮列车进行无荷载最高运行速度测试，创造了5辆编组列车最高试验运行速度501km/h的记录。12月29日，上海磁浮列车开始对外试运行。

2006年4月27日，通过国家竣工验收的上海磁浮列车示范运营线正式投入商业运营。

2）关键数据

（1）建设情况

截至2017年末，中低速磁浮交通运营线在湖南长沙、北京两地开通并在建规模已有28.79km。

湖南长沙磁浮机场线2座预留车站将按需开展建设。

北京S1线年底8站开通7站，苹果园站将根据苹果园枢纽的改造情况，预计于2019年底启用。

（2）规划情况

截至2018年9月，从各地官方媒体资源得到的中低速磁浮交通项目规划的情况见表11-6。

中低速磁浮交通项目规划情况　　　　　　　　　　　　　　　表 11-6

项目名称	规划情况	计划开通时间	项目来源
长株潭城际轨道环线	长沙火车南站至株洲云龙： ① 先期规划由云龙城铁大丰站至云峰大道（旅游集散中心）段约 12km，2020 年完成建设并投入使用； ② 2025 年实现株洲云龙站（大丰站）—高铁长沙南站磁悬浮专线约 78km	① 2020 年 ② 2025 年	湖南省政府官方网站 2017 年 4 月 24 日发布的 2017 年重点招商引资项目
成都磁浮示范线	地铁 4 号线西河站到洛带古镇，线路全长 11.34km，均采用高架敷设；共设置高架车站 6 座，3 个换乘站，车辆基地 1 座。成都轨道集团决定本项目分为两个阶段建设，第一阶段（实验线）为东风渠站—洛带站，线路长约 3.55km，设置高架车站 1 座；洛带站为换乘站。 使用第二代中低速磁悬浮列车（时速为 140 ~ 160km/h）	暂无	2017 年 8 月，西南交大摘引自成都轨道集团信息
清远磁浮专线	清远磁浮旅游专线，于 2017 年 12 月 29 日正式动工，预计 2019 年 10 月建成。清远磁浮旅游专线全长 38km，将分两期建设。正线全长 8.10km，设银盏温泉、长隆大道、长隆主题公园等 3 站，远景预留长岗站，银盏停车场 1 场，项目估算总额为 24.104 亿元	2019 年 10 月	2017 年 12 月，清远市人民政府网
九华山磁浮示范线	2017 年 7 月 26 日，池州市政府与北京磁浮公司就九华山中低速磁悬浮交通旅游示范线项目签署了合作备忘录	暂无	2017 年 7 月 27 日，池州日报
张家界观光磁浮专线	规划全长约 61.3km，其中主线长 59.3km，支线长 2km，技术经济指标约 2.3 亿元 /km，预计总投资 140.99 亿元。 一期：从天门山索道下站（拟建新址）至吴家峪门票站，线路全长 39.6km（包括荷花机场至市民广场段 2km），沿线拟设天门山、荷花机场、市民广场、高铁、森林公园、吴家峪 6 个站点，预计投资 91.08 亿元。 二期：从吴家峪至大峡谷，线路全长约 21.7km，沿线拟设宝峰湖、黄龙洞、大峡谷 3 个站点，预计投资 49.91 亿元	一期 2019 年	2017 年 2 月 28 日，张家界旅游观光磁浮专线项目合作洽谈会
乌鲁木齐磁浮项目	乌鲁木齐磁浮线起点为三屯碑站，终点为南山的游客中心站，线路全长 38.07km，设车站 8 座，均为高架站，站均间距 5.4km。 磁浮车辆运行速度时速 100km。该项目控测工作于 2016 年 10 月下旬展开。项目开建后，预计工期三年左右便能完工	2019 年建成	2016 年 11 月 15 日，塔城地区政府网
太原磁浮 Z3 线	山西转型综合改革示范区磁浮 Z3 线将起于地铁 2 号线终端至太谷，线路全长约 30.6km，设 11 座车站，一段一场。线路与太原地铁 2 号线、太榆城际铁路 2 号线接驳，待建成后将形成完整的市域轨道交通网络，山西转型综合改革示范区磁浮 Z3 线一期工程工期两年，其投资估算总额约 45 亿元。山西转型综合改革示范区磁浮 Z3 线一期工程建设范围为，小店南站至文源路站，线路全长约 15.1km	2021 年建成	2018 年 1 月山西省发改委官网
河北中低速磁浮项目	2017 年 11 月 17 日，定州市举行与中车唐山机车车辆有限公司战略合作意向书签约仪式。 合作内容：在签约仪式上签订的定州市中低速磁浮项目、上下游产业链建设项目合作意向，包含中低速磁悬浮轨道交通试验线建设等；基础设施、机车和配套设施、运营服务上下游产业链建设	暂无	2017 年 11 月定州市人民政府官网
徐州中速磁浮项目	徐州准备在新城区客运站到观音机场之间修建磁浮线路和修建 8km 的运行示范线并生产 200km/h 的中速磁悬浮生产线，由中铁磁浮和徐州市国资企业联合	2018 年实现样车下线	2018 年 3 月搜狐网
成都内嵌式中低速磁浮模拟运营线	2018 年 6 月 6 日上午，新筑股份超铁（内嵌式中低速磁浮交通系统）综合试验线在成都市新津县举行奠基仪式。这是国内首条、全球第二条内嵌式中低速磁浮交通系统。 此次试验线的建设，将起于新筑轨道交通装备生产基地厂区东侧，止于兴物四路与第二绕城高速交叉口南侧，主要沿兴物四路由南向北走行，线路全长 4.5km，可满足设计速度 80 ~ 200 km/h	暂无	2018 年 6 月四川省人民政府网

（3）磁浮列车

① 中低速磁浮列车

国内中低速磁浮列车的主要参数见表 11-7。

中低速磁浮列车主要参数　　　　　表 11-7

项目	长沙机场线（中低速磁浮）	北京 S1 线（中低速磁浮）	成都磁浮示范线（中速磁浮）
列车编组	-Mc-M-Mc-	-Mc*M*M*M*Mc-	-Mc-M-M-M-M-M-M-Mc-
列车长度（m）	48	89.6	141.4
列车宽度（m）	2.8	3.0	2.8
列车高度（m）	3.7	3.7	3.7
最高运行速度（km/h）	100	80	140
供电电压/供电模式	DC1500V/接触轨	DC1500V/接触轨	DC1500V/接触轨
牵引加速度（m/s²）	最大 1.1	≥ 1.0	1.0
制动减速度（m/s²）	常用制动最大 1.1 紧急制动最大 1.3	常用制动最大 1.1 紧急制动最大 1.3	常用制动最大 1.1 紧急制动最大 1.3
轨距（mm）	1860	2000	1900
定员（人）（站席 6 人 /m²）	—	1032	868
超员（人）（站席 9 人 /m²）	363	1302	1420

注：-：半自动车钩；*：半永久牵引杆；Mc：带司机室的动车；M：动车。

② 中低速磁浮车辆

中低速磁浮车辆的主要参数见表 11-8。

中低速磁浮车辆主要参数　　　　　表 11-8

项目	长沙机场线（中低速磁浮）	北京 S1 线（中低速磁浮）	成都磁浮示范线（中速磁浮）
车辆宽度（m）	2.8	3.0	2.8
车辆长度（m）(Mc/M 车)	15.58/15	15/14.6	15.58/15
地板面高度（mm）（距轨面）	880	950	880
最高运行速度（km/h）	120	120	160

续表

项目	长沙机场线（中低速磁浮）	北京S1线（中低速磁浮）	成都磁浮示范线（中速磁浮）
悬浮架模块数量（个/节）	5	5	5
模块中心距（mm）	2800	2740	2800
供电电压/供电模式	DC1500V/接触轨	DC1500V/接触轨	DC1500V/接触轨
悬浮技术	常导电磁悬浮	常导电磁悬浮	常导电磁悬浮
最大悬浮能力（t/节）	33	35	33.8
额定悬浮间隙（mm）	8	8	8
牵引方式	单边短定子，直线感应电机	单边短定子，直线感应电机	单边短定子，直线感应电机
牵引加速度（m/s²）	最大1.1	≥1.0	1.0
制动减速度（m/s²）	常用制动最大1.1 紧急制动最大1.3	常用制动最大1.1 紧急制动最大1.3	常用制动最大1.1 紧急制动最大1.3
轨距（mm）	1860	2000	1900
最小曲线半径（m）	100	75	100
最小竖曲线半径（m）	1500	1500	1500

（4）专利拥有量

① 中低速磁浮专利

国内从事磁浮产业主要单位的中低速磁浮技术专利拥有量分布情况见表11-9。

中低速磁浮技术专利拥有量分布　　表11-9

序号	单位	总数	发明专利	实用新型	外形设计
1	北京磁浮	76	36	38	2
2	国防科大	76	59	16	1
3	同济大学	71	45	25	1
4	西南交大	101	36	63	2
5	湖南磁浮	13	4	9	0
6	中车唐车	19	7	10	2
7	中车株机	14	0	11	3
8	中铁四院	255	131	121	3
—	合计	625	318	293	14
—	百分比（%）	100	67.04	46.88	2.24

② 分析对比

2016年5月，长沙中低速磁浮工程的开通是中国国内第一条自主设计、自主制造、自主施工、自主管理的中低速磁浮交通运营线，标志着中国磁浮技术实现了从研发到应用的全覆盖。

2017年，北京S1线以工程建设标准、线路设计及施工、磁浮核心装备三方面全方位的示范作用，诠释了中国磁浮技术及研究成果，标志着中国磁浮技术达到了世界先进水平。9月北京S1线试运行，12月30日试运营。

③ 趋势

经过2016年、2017年长沙和北京的中低速磁浮交通工程项目建设及运营，中低速磁浮交通系统具有明显优势，已在一定程度上代表了政府、社会、消费者对未来城市轨道交通发展需求的价值取向。

· 新建及拟建磁浮线工程项目呈较快的发展趋势

据统计，湖南、广东、成都等地新建磁浮运营线共185.4km，2017年下半年动工、计划2019年开通运营，其中成都建设中速磁浮交通运营线。

· 中速磁浮技术的工程化应用

成都市选取东风渠站—洛带站（长度约3.55km）作为中速磁浮技术工程化应用的先期实验段。列车拟采用第二代中低速磁浮技术，对140km/h运行速度的部分技术进行线路实验验证，推进磁浮技术的进步。

· 磁浮客运量的增加

截至2018年10月24日，北京S1线客运量85.56万人次，月均客运量15.6万人次，日均客运量0.52万人次。2018年底6号线西延通车后，将促使中低速磁浮客运量的较大增加。

11.2.2 主要城市情况

1）已建成的中低速磁浮实验基地

（1）北京磁浮唐山车辆总装基地

北京磁浮投入2044万元，在既有的唐山中低速磁浮交通试验基地的基础上，进行了磁浮试验基地扩建。建设了磁浮车辆整备车间厂房，并完成了磁浮列车总装集成设备的选型及购置。与试验线联通形成了磁浮车辆生产制造与上线测试的无缝集成。主要进行中低速磁浮列车运行调试、试验改进和考核。该基地是定型中低速磁浮交通技术的重要基地。

北京磁浮投资750万元与中车唐山公司合作组建了北京天路龙翔交通装备有限公司。在北京磁浮公司和中车唐山公司多年磁浮领域合作基础上，基于双方的技术优势和世界先进的制造技术平台，有序推进磁浮列车产业化进程，能够为未来磁浮行业发展提供安全、成熟、可靠的磁浮车辆。

（2）长沙国防科大中低速磁浮中试基地

在原有的湖南长沙国防科技大学内试验基地，依托北控集团"科技改革创新专项支持资金"项目，北京磁浮公司投入200余万开展轨道交通车辆交流牵引变流器研制。长沙试验基地主要用于中低速磁浮前沿关键技术的研发和试验，是北京磁浮与国防科大联合推进中低速磁浮技术进步的基地。

（3）北京磁浮车辆核心设备制造基地

北京磁浮公司投入700万在北京市丰台区建设成立天路时代电气有限责任公司，进行磁浮车辆核心设备（悬浮控制器、悬浮传感器以及测速装置）的生产制造、测试等工作。完成了磁浮车辆核心设备产业化生产的工艺布局及工艺路线的规划、生产设备的选型及购置、工艺文件的编制及优化。在国内首先形成了磁浮车辆核心设备的专业生产能力。

北京磁浮公司投入600万在北京市大兴区建设成立北京天路时代机械设备有限责任公司，进行磁浮车辆转向架等磁浮核心机械产品的生产制造、测试等工作。完成了磁浮车辆转向架产业化生产的工艺布局及工艺路线的规划、生产设备的选型及购置、工艺文件的编制及优化。在国内首先形成了中低速磁浮车辆转向架的专业生产能力。

2）近期开建的中低速磁浮线

（1）广东清远线

清远磁浮旅游专线，于2017年12月29日正式动工，预计2019年10月建成。清远磁浮旅游专线全长38km，将分两期建设。正线全长8.10km，设银盏温泉、长隆大道、长隆主题公园等3站，远景预留长岗站，银盏停车场1场，项目估算总额为24.104亿元。设计时速为100 km/h，预计初期日均客运量将达到1.31万人次，远期日均客运量达到9.14万人次。

2018年7月6日，中车唐山公司中标我国首条中低速磁浮旅游专线——清远市磁浮旅游专线项目车辆采购订单，将为全球第5条、国内第3条中低速磁浮运营线路提供新型磁浮列车。

2018年9月26日，我国第三条磁浮轨道项目清远磁浮旅游专线目前已全面动工，已完成桩基300多根、承台20个、墩身9个。在磁浮项目银盏起点处施工现场，已能看到墩柱整排竖起。整个项目重、难点工程包括两个隧道、两个转体（一种架桥工艺）。如果工程建设进展顺利，可望按期在2019年底建成通车。

（2）张家界观光磁浮专线

观光磁浮将采用"一次性规划，分期建设"模式，规划全长 61.3 km，其中主线长 59.3 km，支线长 2 km，一期从天门山索道下站至吴家峪站，全长约 39.6 km，沿线拟设天门山站、荷花机场站、市民广场站、高铁站、森林公园站、吴家峪站 6 个站点，预计投资 91.08 亿元；二期从吴家峪站至大峡谷站，线路全长约 21.7 km，沿线拟设宝峰湖站、黄龙洞站、大峡谷站 3 个站点，预计投资 49.91 亿元。

（3）长株潭磁浮快线

2017 年 4 月，长沙、株洲、湘潭规划及发改等部门，就三市轨道交通规划进行对接。根据规划，将采用磁浮制式形成一条长株潭城际轨道环线，将湘潭、株洲以及长沙河西串联起来。从而使城铁线和磁悬线在长株潭地区形成一个 U 字型的结构，从长沙河西到沪昆高铁湘潭北站，经过湘潭市区、易俗河，再到株洲河西、株洲火车站，终点是城铁大丰站。长株潭城际轨道交通株洲段（即株洲轨道交通 1 号线）已确定采用磁浮制式，线路走向正在加紧优化完善中。先期将启动株洲西站到大丰站段，约 27 km，最快能在 2020 年前建成投用。

（4）成都磁浮示范线

四川将打造从成都到德阳的磁悬浮列车试验线。线路的核心技术由西南交大提供。路线自成都市区经新都、青白江、广汉，最后抵达德阳，全长 88 km，拟采用第二代中低速磁悬浮工程化列车。规划中的成德中低速磁悬浮线路有两个备选方案。一是德阳至成都天府国际机场方案。该方案线路全长约 109 km，其中德阳段约 14 km。起点为德阳汽车客运南站，过广汉后接成都市规划的 24 号线，经金堂、淮口、龙简新城、空港新城至天府国际机场。同时，该线路还可换乘 11 号线，至成都主城区或天府新区。二是成德大道方案。该方案线路全长约 59 km，其中德阳段约 32 km。起点为成都市国际商贸城杜家碾站，与成都地铁 1 号线和 5 号线换乘，沿成德大道至德阳火车站。磁悬浮列车开通后，将以最大 160 km/h 的速度穿梭在两大机场间。

（5）九华山磁浮示范线

2017 年 7 月 26 日，池州与北京磁浮公司签订了池州九华山中低速磁悬浮交通旅游示范线项目，合作推进中低速磁悬浮交通旅游示范线项目，打造一条旅游大通道，也将成为池州旅游观光的一条黄金线路。

（6）太原磁浮 Z3 线

太原磁浮 Z3 线为 2018 年年初出台的山西省 2018 年重点工程项目。山西转型综合改革示范区磁浮 Z3 线将起于地铁 2 号线终端至太谷，线路全长约

30.6 km，设 11 座车站，一段一场。线路与太原地铁 2 号线、太榆城际铁路 2 号线接驳，待建成后将形成完整的市域轨道交通网络，可乘坐地铁 2 号线换乘磁浮 Z3 线，直达太谷，大大缩短时空距离。山西转型综合改革示范区磁浮 Z3 线一期工程工期两年，保守估计，预计 2021 年可建成并投入使用，其投资估算总额约 45 亿元。山西转型综合改革示范区磁浮 Z3 线一期工程建设范围为，小店南站至文源路站，线路全长约 15.1 km（途经贾家寨村、杜家寨村、流涧村、小北格村、北格村、南格村、张花营村、刘村庄村、刘村等村庄），设车站 5 座，1 座车辆段。本线工程全部为高架站。5 座车站分别为小店南站、北格街站、张花路站及敦化路站、文源路站。车辆段位于文源路与真武路交叉西北角。

（7）河北定州磁浮项目

2017 年 11 月 17 日，定州市举行与中车唐山机车车辆有限公司战略合作意向书签约仪式。在签约仪式上签订的定州市中低速磁浮项目、上下游产业链建设项目合作意向，包含中低速磁悬浮轨道交通试验线建设等；基础设施、机车和配套设施、运营服务上下游产业链建设。定州准备在新城区客运站到观音机场之间修建磁浮线路和修建 8 km 的运行示范线并生产 200km/h 的中速磁悬浮生产线。

（8）成都内嵌式中低速磁浮模拟运营线

世界超一流内嵌式中低速磁浮全套核心技术落户新津。2018 年 6 月 6 日上午，新筑股份超铁（内嵌式中低速磁浮交通系统）综合试验线在成都市新津县举行奠基仪式。这是国内首条、全球第二条内嵌式中低速磁浮交通系统。

这条试验线的建设，将起于新筑股份轨道交通装备生产基地厂区东侧，止于新津县兴物四路与成都第二绕城高速交叉口南侧，主要沿兴物四路由南向北走行，线路全长 4.5 km，可满足设计时速 80～200 km、单向小时断面流量 5000～50000 人的超铁产品进行直线行驶、加减速、最大坡度、最大侧倾角、最小转弯半径、最高速度与信号系统、供电系统和自动驾驶系统等全功能试验和验证，以及全天候、高性能、满负荷、无故障、连续运行的商业运营示范。

11.2.3 政策剖析

1）主要政策

2015 年 5 月 19 日，国务院正式印发《中国制造 2025》，该文件第一次从国家战略层面上描绘了我国建设制造强国的宏伟蓝图，其核心是加快推进制造业创新发展、提质增效，实现从制造大国向制造强国转变。

《中国制造2025》明确指出，对于先进轨道交通装备，加快新材料、新技术和新工艺的应用，重点突破体系化安全保障、节能环保、数字化智能化网络化技术，研制先进可靠适用的产品和轻量化、模块化、谱系化产品。

工信部和地方省市联合开展了"中国制造2025"试点示范城市创建工作，已批复宁波等12个城市和苏南五市、珠江西岸、长株潭、郑洛新等4个城市群为"中国制造2025"试点示范城市（群）。"中国制造2025"实施以来，各试点城市（群）在创新体系建设、智能制造、绿色制造等方面进行了大胆探索，结合本地实际推出了一系列创新性举措。

顺应《中国制造2025》"先进轨道交通装备"的要求，中低速磁浮交通装备系统将着手研发新一代绿色智能的轨道交通装备系统，围绕系统全寿命周期，向用户提供整体解决方案，建立世界领先的中低速磁浮交通产业体系。

2）标准

（1）概述

2006年，住建部启动了磁浮技术标准制定工作，开始制定高速磁浮、中低速磁浮的"（工程）设计规范"和"磁浮车辆通用技术条件"共4项磁浮交通顶层通用标准，作为引领其他相关磁浮技术标准制定的依据。

结合"十一五"国家科技支撑计划项目的实施，住建部也同时启动了"城市轨道交通工程建设标准体系"和"城市轨道交通产品标准体系"的编制工作。

（2）城市轨道交通标准体系

2010年7月，住建部发布了《城市轨道交通产品标准体系》（建标〔2010〕112号）。《城市轨道交通工程建设标准体系》已完成报批稿，尚未发布。

2017年，中国城市轨道交通协会启动了《城市轨道交通团体标准体系》的研究及制定工作。

2018年，中国城市轨道交通协会《城市轨道交通团体标准体系》的研究及制定工作已完成了课题中期评审。同年启动了《城市轨道交通装备标准体系》的研究及制定工作。

（3）中低速磁浮标准——磁浮工程顶层级和关键装备的技术标准完成制定

中低速磁浮标准经历了11年的制定过程，对我国中低速磁浮交通产业的形成及发展起了极其重要的指导作用。

中低速磁浮技术标准的布局现状是：行业标准占主导地位，共10项，已发布8项，见表11-10。

中低速磁浮技术标准统计　　　　　　　　　　表 11-10

序号	标准类别	状态			数量	备注
		已发布	报批	在编		
1	行业标准	8	1	1	10	住建部
2	地方标准	3	1	—	4	北京、湖南
3	团体标准	—	—	5	5	中国城市轨道交通协会
合计		10	2	6	18	

磁浮工程和磁浮核心关键装备的顶层级技术标准均已制定，包括磁浮工程设计、运行控制（信号）系统、供电系统，磁浮核心装备车辆、轨排、道岔系统、悬浮控制系统等行标均已发布实施，磁浮工程施工及验收已在送审稿审查阶段。

行业标准的现状见表 11-11。

关键行业标准统计　　　　　　　　　　表 11-11

	标准名称	标准编号	发布日期
工程标准	中低速磁浮交通供电技术规范	CJJ/T256—2016	2017-5-1
	中低速磁浮交通运行控制技术规范	CJJ/T255—2017	2017-10-1
	中低速磁浮交通设计规范	CJJ/T262—2017	2017-11-1
产品标准	中低速磁浮交通车辆通用技术条件	CJ/T 375—2011	2012-2-1
	中低速磁浮交通车辆电气系统技术条件	CJ/T 411—2012	2013-4-1
	中低速磁浮交通道岔系统设备技术条件	CJ/T 412—2012	2013-4-1
	中低速磁浮交通轨排通用技术条件	CJ/T 413—2012	2013-4-1
	中低速磁浮交通悬浮控制系统技术条件	CJ/T 458—2014	2014-12-1
团体标准	中低速磁浮交通轨道工程施工质量验收规范	T/CAMET 08001-2018	2018-12-10
	中低速磁浮交通道岔系统工程施工质量验收规范	T/CAMET 08002-2018	2018-12-10
	中低速磁浮交通车辆悬浮架通用技术条件	T/CAMET 08003-2018	2018-12-10
	中低速磁浮交通车辆电磁铁	T/CAMET 08004-2018	2018-12-10
	中低速磁浮交通车辆组装后检查与试验规则	T/CAMET 08005-2018	2018-12-10

（4）磁浮标准系列化制定工作要加大

虽然磁浮工程和关键装备的顶层级技术标准均已制定，但距磁浮标准的系列化、系统化仍有较大的差距。磁浮车辆尚有子系统级通用标准、部分磁浮关键装备标准、重要检测标准、运行维护类规程、车辆段专用装备标准尚有待于制定，需加大力度。

2017年，有8项磁浮标准在编，其中包括行业标准、地方标准及团体标准，部分标准在成熟后发布实施。

2019年~2020年，计划有17项团体标准制定。

11.2.4 经验与创新

（1）长沙磁浮快线

长沙磁浮快线是中国首条中低速磁浮商业运营线，标志着中国磁浮技术实现了从研发到应用的全覆盖，彰显了中低速磁浮具有噪声低、投资省、适应强、占地少等"比较优势"，为绿色、环境友好的交通制式。长沙磁浮工程项目带动了湖南省内机电、材料加工等多个配套新产业的迅速发展，同时也推动了各地磁浮项目的应用。

（2）北京S1线

2009年8月，北京S1线是我国大城市首次在城市轨道交通建设领域中采用了中低速磁浮交通新技术、新产品、新系统和新制式，为北京磁浮首创，也是中国城市轨道交通建设领域的重要转折点。

2017年12月北京S1线正式开通试运营。该线路是一条真正完整的中低速磁浮交通示范线，以全方位的示范作用，诠释了中国的磁浮技术及研究成果。同时作为迄今为止世界上运能最大的中低速磁浮交通运营线，采用磁浮技术标准的先进水平及覆盖广度居国内外之首，工程线路复杂，工程施工难度大，磁浮核心装备、车辆段工装设备配套新颖而齐全，运营前可靠性及安全认证，高标准城市轨道交通运营要求等，在技术、工程、环保、投资等方面具有特殊示范意义。

① 工程建设标准示范

北京S1线工程建设的规范来自新制定的磁浮行业标准、地方标准及企业标准，这些磁浮标准和规范为S1线工程建设的设计、集成、施工、验收，为磁浮核心装备的制造、试验及验证提供了依据，是磁浮领域方面的首创。

② 线路设计及施工示范

共有5大示范作用：磁浮交通的小半径曲线示范、跨越沿线城市主干道连续梁示范、永定河桥梁标志性设计及施工示范、全线采用现代斜腹板单箱单室大悬臂箱梁示范、国内外首个功能最全的磁浮车辆基地示范。

③ 磁浮核心关键装备示范

磁浮核心关键装备的示范作用有磁浮列车示范、磁浮轨道示范、磁浮运行控制（信号）系统示范、磁浮接触轨示范、车辆段专用装备示范（专用装备品种齐全），属国内首创。

④ 磁浮运营线运能示范

北京 S1 线处于北京石景山区与门头沟的人口密集地区，是京西唯一的轨道交通线，据预测近期运能可达高峰小时最小发车间隔 6 分钟，平均运营时间 17 小时，日客运量 15.8 万人次，月客运量 473 万人次，全年客运量 5685 万人次，将是目前世界上运能最大的中低速磁浮运营线。

11.3 有轨电车

11.3.1 综述

1）概念与技术特征

《城市公共交通分类标准》CJJ/T 114—2007、《城市轨道交通工程基本术语标准》GB/T 50833—2012、《有轨电车试运营基本条件》JT/T 1091—2016 等国家标准，以及正在编制的《有轨电车交通工程技术标准》及《有轨电车规划设计导则》都对有轨电车进行了定义，尽管各规范标准对有轨电车的定义表述不完全相同，但其概念及对有轨电车的技术特征的理解相差不大。综合起来看，有轨电车主要有以下六个关键技术特征和一个定位。

六个关键技术特征：一是线路以地面敷设方式为主，可以局部立交，但不应以高架或隧道的封闭式线路为主；二是车辆运营采用人工驾驶；三是利用轨道承载或导向；四是可以采用专用路权、混合路权等不同的路权形式；五是车辆通常采用电力牵引的低地板车辆；六是运营组织可按地面公交方式组织网络化运营。

一个定位：以上技术特征决定了有轨电车是介于轻轨与地面常规公交之间的公共交通方式；属于中低运量的城市轨道交通方式，也属于大运量地面公共交通系统。

因此，有轨电车定义为：依靠司机瞭望驾驶，采用电力牵引的低地板有轨电车车辆，沿地面敷设为主的轨道行驶，按地面公交模式组织运营的公共交通系统。

2）功能定位与应用模式

有轨电车在我国城市交通中的功能定位和应用模式主要可分为三类：大运量轨道交通的补充，城市/区骨干公交，旅游地区或大型园区的专用特色公交。

（1）作为大运量轨道交通的补充系统。

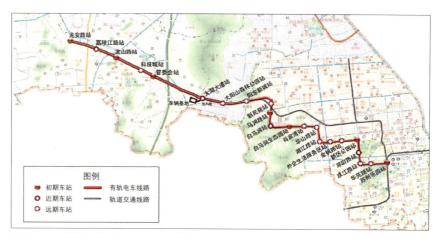

图 11-16　苏州高新区有轨电车 1 号线线路走向图

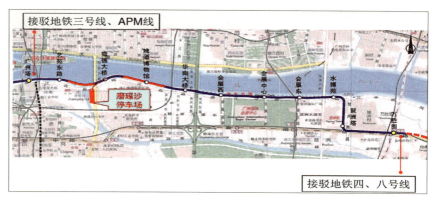

图 11-17　广州海珠有轨电车线路走向图

外围新区有轨电车作为轨道交通的延伸兼作新区内部的骨干交通线路，中心城区有轨电车作为轨道交通的加密线路。

在已建设或规划建设大运量快速轨道交通的特大或大城市，有轨电车主要功能为补充线的功能，一是在外围新区作为轨道交通的延伸，同时兼作新区内部的骨干线；二是在中心城区作为快速轨道交通的加密与衔接，提高中心城区的轨道交通覆盖密度。该定位下应注重有轨电车与快速轨道交通站点的换乘衔接，形成完整的公共交通骨干网络。

如江苏省苏州高新区有轨电车 1 号线，既是服务西部新区的骨干公交，又作为地铁延伸线在苏州乐园站与苏州地铁 1 号线、3 号线衔接换乘（图 11-16）。

广州海珠有轨电车作为中心城区的局部加密功能，两端分别与地铁三号线、四号线、八号线、APM 线实现换乘接驳（图 11-17）。

图 11-18　淮安有轨电车一期工程线路走向图

图 11-20　东莞华为松山湖有轨电车实景图

图 11-19　北京有轨电车西郊线走向图

（2）作为城市/区的骨干公交系统。

受发展规模与客流需求的限制，在不具备建设轨道交通条件的城市/区，有轨电车可以作为城市的骨干公交系统。该定位下应注重有轨电车线路覆盖主要客流走廊，并规划一定的网络规模。

如江苏淮安有轨电车一期工程，串联了城市发展主轴、主要功能组团以及主要客流廊道（图 11-18）。

（3）作为特色公交系统。

在旅游地区或大型园区内，有轨电车可以作为旅游特色公交线路，可以发挥有轨电车安全准点、舒适、美观、环保等优势，又具备一定的载客运输能力。如北京西郊线主要服务香山、颐和园等景区。也可以作为企业园区、公园等内部联络线，如东莞华为园区有轨电车线路（图 11-19、图 11-20）。

图 11-21　德国德累斯顿货运有轨电车、墨尔本流动餐厅

图 11-22　广州海珠阅读主题有轨电车

在国外一些城市，有轨电车还被用于非通勤性质的货运、流动餐厅、流动图书馆等特殊功能的运输需要，如德国德累斯顿市采用有轨电车承担货运功能，解决老城区限制货车通行问题，澳大利亚墨尔本采用有轨电车作为流动餐厅（图 11-21）。目前，国内多个城市开通了有轨电车主题列车（图 11-22），以加强宣传，吸引客流，但尚未涉及非客运功能的用途。

11.3.2 建设和规划

1）建设情况

（1）在建线路规模稳步增长，网络化建设趋势开始显现。

截至 2018 年 12 月 31 日，国内 17 个城市建设有轨电车，共计 23 条线路，总里程达 400.9km。其中包括成都（2 条）、北京（2 条）、上海（2 条）、武汉（2 条）、苏州（2 条）、佛山（2 条）、广州（1 条）、安顺（1 条）、保山（1 条）、三亚（1 条）、天水（1 条）、黔南州（1 条）、德令哈（1 条）、弥勒（1 条）、南平（1 条）、文山（1 条）、红河州（1 条）（表 11-12）。

国内有轨电车正在建设线路情况 表11-12

序号	城市	线路名称	里程(km)	车站(座)
1	北京	亦庄新城现代有轨电车T1线工程	13.1	15
		顺义区现代有轨电车T2线	19.84	22
2	上海	松江区现代有轨电车T1线	15.6	22
		松江区现代有轨电车T2线	15.34	20
3	佛山	南海新型公共交通系统试验段	13.11	13
		高明区现代有轨电车示范线首期工程	6.5	10
4	成都	有轨电车蓉2号线工程（IT大道有轨电车）	39.30	47
		都江堰M-TR旅游客运专线	20.33	28
5	武汉	东湖国家自主创新示范区有轨电车T1线	13.49	17
		东湖国家自主创新示范区有轨电车T2线	16.16	22
6	苏州	有轨电车1号线延伸线	7.57	4
		有轨电车2号线	18.5	13
7	天水	有轨电车示范线	12.93	12
8	黔南州	平塘大射电天坑景区有轨电车	22	18
9	南平	武夷新区旅游观光轨道交通1号线	26.2	9
10	三亚	现代有轨电车T1线	8.37	15
11	青海	德令哈市新能源现代有轨电车	15	20
12	红河州	滇南中心城市群现代有轨电车示范线	13.3	15
13	弥勒	弥勒市城市轨道交通1号线	18.85	19
14	文山	文山州城市轨道交通现代有轨电车示范项目4号线一期工程	20.9	19
15	保山	保山中心城市有轨电车（T1线）	21	23
16	广州	黄埔有轨电车1号线（长岭居-萝岗）	14.4	19
17	安顺	安顺市现代有轨电车3、4号线一期工程	26.42	31
合计	17个	23条	400.9	433

注：1. 数据统计截至2018年12月31日；
2. 景区内旅游观光线、工业园区内仅供员工使用的通勤线路、科研试验线等不承担城市公共交通职能的线路不计入，如东莞华为园区线；
3. 2018年当年项目工程暂停无进展的项目不计入。

有轨电车在建城市的平均线路里程23.6km，建设规模30km以上的城市有3座，线路的网络化建设正在显现，部分城市有轨电车建设初期，就以网络化运

图 11-23 成都有轨电车蓉 2 号线线路走向图与线路运营组织图

营为目标。如成都有轨电车蓉 2 号线（图 11-23），包括了主支线，线路里程 39km，而线路运营组织了 4 条线路，运营线路总长 84.1km，复线系数为 2.15。网络化建设对提升有轨电车客流效益具有重要作用。

（2）有轨电车规划建设向不同规模的城市扩散，中等规模城市逐步成为有轨电车建设生力军，功能应用开始多样化。

根据统计在建的 17 个城市，云南省、四川省、贵州省位列前三。从大部分城市规模来看，既有北京、上海、广州等超大城市，同时天水、红河州、南平等中等城市也开始推进有轨电车的建设。中等城市已经逐步成为有轨电车建设的生力军。

从功能应用上，较早建设的沈阳浑南、苏州高新区等有轨电车线路均是作为轨道交通的补充，布设在新区为主；而随着淮安有轨电车的建成，云南滇南、文山等无快速轨道交通城市，规划建设有轨电车，作为城市骨干公交；同时，武夷山、都江堰等多个景区也规划建设了有轨电车。多样化的应用表明有轨电车在国内开始成为城市公交建设的重要方式之一。

（3）进入城市建设密集区的有轨电车线路增加，公交优先理念逐步落实。

从线路的建设区位上，越来越多的线路开始建设在城市建设密集区，公交优先理念在有轨电车规划建设中正得到体现落实，客流需求逐步成为有轨电车选线建设的首要因素。一方面，有轨电车作为城市的骨干公交，如已经开通运营的淮安有轨电车，是首条进入城市核心区的骨干线；另一方面，作为特大城市轨道交通外围延伸的线路，也优先建设在人口密集区，发挥有轨电车的骨干公交效益，如深圳龙华新区有轨电车，以及在建设的上海松江有轨电车等线路

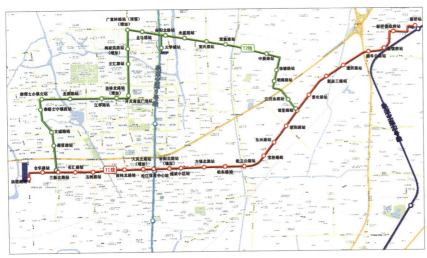

图 11-24　上海松江有轨电车覆盖松江城区中心

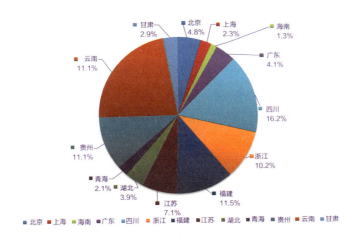

图 11-25　国内有轨电车规划（已审批）分布情况

（图 11-24），均布设在城区中心，保证了良好的客流效益。

2）有轨电车规划

（1）线网规划意向规模大，总体前景较好。

我国现代有轨电车线网规划非常庞大，据不完全统计，共有 91 个城市提出建设现代有轨电车线路的意向或规划现代有轨电车线网，约 565 条线路，规划里程达超 7000km，总体规模较大。

有轨电车线网规划由地方政府组织审批，经地方政府正式审批的线网规划仅为 691.6km，其余线网均在前期规划阶段，或未开展正式的审批手续。国内有轨电车规划（已审批）分布情况如图 11-25 所示。

从规划线路分布来看，在已经修建了地铁、轻轨的城区，有轨电车作为补充线进行加密或新区骨干，规划的规模很大，如北京、上海、广州等城市均规划了几百公里的有轨电车；随着新型城镇化的发展，有轨电车作为推进城镇化建设、落实公交优先发展战略的重要方式，作为城市的骨干公交方式，或者是旅游景区的特色公交线路，在多个城市正在规划之中。

（2）有轨电车线网规划落地比例较低，线路建设持续性和稳定性不足。

一方面，从有轨电车线网规划已批复的情况来看，经地方政策审批的线网规划的总体比例不高，大多仍停留的规划意向等阶段；另一方面，已经建设运营有轨电车的城市，缺乏后续线路可持续建设，如淮安等城市；或者基本开工建设的有轨电车的城市，存在项目中途"夭折"或暂停的情况，如泉州等城市。

（3）有轨电车线网规划与轨道交通、常规公交等其他公共交通的协调与融合是关键因素。

受行政审批、建设时序等因素，一些城市在规划有轨电车线网时，如何处理好与轨道交通线网的关系，是确定有轨电车功能定位、编制有轨电车线网规划的关键因素，也是影响有轨电车线网稳定性的主要原因。同时，有轨电车线路与常规公交等公交方式的融合与协调，也是发挥好有轨电车优势的重要方面。当前，针对有轨电车线网与其他网络的协调仍缺乏足够的论证支撑。

11.3.3 新增有轨电车线路情况

2018年，国内开通试运营的有轨电车线路有6条，总长82.7km。包括：武汉东湖有轨电车示范线（2018年4月1日开通）、苏州高新区有轨电车1号线延伸线（2018年4月28日开通）、苏州高新区有轨电车2号线（2018年8月28日开通）、上海松江有轨电车示范线一期（2018年12月26日开通）、成都有轨电车蓉2号线一期（2018年12月26日开通）。

另外，东莞华为松山湖终端总部有轨电车首期工程也于2018年8月13日开通，作为服务华为内部的工业园区线。

各城市新增开通有轨电车线路情况见下文。

1）武汉东湖

武汉东湖国家自主创新示范区有轨电车首期包括T1、T2两条线路，T1线线路全长13.49km，设车站22座；T2线线路全长16.16km，设车站22座。车辆采用100%低地板钢轮钢轨有轨电车，采用能量型超级电容供电技术，首创"全线无触网，无须站站充"。同时T1线和T2线共线段，采用了高架敷设方

图 11-26 武汉东湖有轨电车 T1、T2 线路走向图

图 11-27 武汉东湖有轨电车 T1、T2 线共线高架段实景图

图 11-28 苏州高新区有轨电车 1 号线延伸线走向图

图 11-29 苏州高新区有轨电车 2 号线线路走向图

式,以及三通模式,为有轨电车的网络化运营提供了良好的条件(图 11-26、图 11-27)。

2)苏州高新区

2018 年,苏州高新区有轨电车 1 号线延伸线和 2 号线通车。有轨电车 1 号线延伸线串联了西部生态城、太湖广场、太湖湿地公园等地,与有轨电车 1 号线贯通运营,线路长 7.57km,新增 4 站(图 11-28)。

苏州高新有轨电车 2 号线起于龙康路站,串联生态城枢纽、生态城、科技城、大阳山森林公园、通安、浒通片区中心、新区城际铁路站、大白荡城市生态公园等节点,主线止于文昌路站,支线止于苏州新区火车站,大致呈东西走向。线路全长 18.46km(主线 17.03km,支线 1.33km);共设置 13 座,其中地面站 11 座、高架站 2 站;列车采用 3 节编组或 5 节编组(图 11-29)。

图 11-30 苏州高新区有轨电车 1 号线延伸线地下段与 2 号线高架段实景图

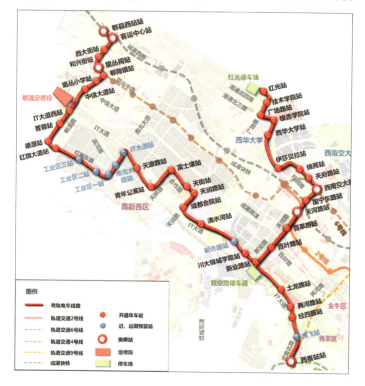

图 11-31 成都有轨电车蓉 2 号线线路走向图

高新区有轨电车 1 号线延伸线在部分节点采用了交叉口下穿的方式，设置了地下车站；2 号线在文昌路段采用了高架敷设方式，设置了高架车站（图 11-30）。

3）成都

成都有轨电车蓉 2 号线呈 Y 字型布局，也是成都首个"一个起点两个终点"的轨道交通项目。起于成都西站，终于郫县西站和仁和站，线路全长约 39.3km，共设站 47 座（地面站 45 座，高架站 2 座）。本工程首次设置了 SIL2

图 11-32　成都有轨电车蓉 2 号线简洁的架空线供电方式与部分路口无网

图 11-33　上海松江有轨电车示范线线路走向图

安全等级的司机辅助防护系统，首次采用了造型简洁的架空接触网供电，局部路口采用无触网及车载储能方式通过（图 11-31、图 11-32）。

4）上海松江

松江有轨电车示范线由 T1、T2 两条线路组成，总长约 31.3km，设站 47 座。一期工程开通 13.9km，共 20 座车站。松江有轨电车贯彻网络化运营的基本理念，两线同步设计建设。本工程创新性地提出了"道床—路基一体化"的道床结构（图 11-33）。

5）东莞华为松山湖

华为松山湖终端总部有轨电车工程线路全长 5.6km，环线采用单线，共设车站 16 座。车辆采用超级电容制式（图 11-34）。

图 11-34 华为东莞有轨电车园区线线路走向图

11.3.4 主要政策与标准

1）法规与政策

（1）国家层面

有轨电车属于地面轨道交通方式，涉及《中华人民共和国道路交通安全法》，但对于有轨电车均没有针对性的相关条款。

（2）地方层面

地方层面的法律法规分为两种情况，一种是已纳入到相关公共交通管理条例中，将有轨电车纳入了管理范围；另一种是建立专门的管理办法（表 11-13、表 11-14）。

有轨电车相关公共交通管理办法　　　表 11-13

序号	城市	名称	施行时间
1	北京	北京市轨道交通运营安全条例（表决稿）	2015 年 5 月 1 日修订
2	青岛	青岛市轨道交通条例	2015 年 6 月 26 日
3	广州	广州市城市轨道交通管理条例	2015 年 5 月 20 日修订
4	长春	长春市公共交通基础设施管理办法	2017 年 5 月 15 日修订
5	成都	成都市城市轨道交通管理条例	2017 年 6 月 1 日
6	上海	上海市公共汽车和电车客运管理条例	2011 年 11 月 22 日修订
7	大连	大连市城市公共客运交通管理条例	2007 年 9 月 28 日修订

相关有轨电车专项管理办法　　　　　　　　　　表11-14

序号	城市	名称	施行时间
1	苏州	苏州市有轨电车交通管理办法	2014年7月1日
2	南京	南京市有轨电车交通管理办法	2014年7月5日
3	珠海	珠海市有轨电车管理办法	2015年5月3日
4	淮安	淮安市现代有轨电车交通运营管理办法	2015年12月1日
5	深圳	深圳市现代有轨电车交通运营管理办法（试行）	2017年3月1日
6	武汉	武汉市有轨电车交通运营管理办法	申报中

2）相关标准

针对当前正在建设的有轨电车，国家标准、行业标准、地方标准和团体标准的情况如下。

（1）国家或行业标准

针对我国当前正在建设的有轨电车，缺乏标准；而已施行的行业标准中，缺乏对工程规划建设的系统标准；该类标准仍在制定中（表11-15、表11-16）。

有轨电车行业标准的颁布情况　　　　　　　　　　表11-15

序号	标准名称	发布时间	实施时间	发布单位
1	低地板有轨电车车辆通用技术条件 CT T417-2012	2012年12月24日	2013年4月1日	中华人民共和国住房和城乡建设部
2	城市轨道用槽型钢轨闪光焊接质量检验标准 CECS 429-2016	2016年3月30日	2016年7月1日	中国工程建设标准化协会
3	城市轨道用槽型钢轨铝热焊接质量检验标准 CECS 430-2016	2016年3月30日	2016年7月1日	中国工程建设标准化协会
4	有轨电车试运营基本条件 JT/T 1091-2016	2016年10月21日	2017年1月1日	中华人民共和国交通运输部
5	城市有轨电车用槽型钢轨 YB/T 4653-2018	2018年4月30日	2018年9月1日	中华人民共和国工业和信息化部

有轨电车国家/行业标准的制定情况　　　　　　　　表11-16

序号	标准名称	发布时间	实施时间	发布单位
1	有轨电车交通工程设计规程	在编	2019年（预计）	中华人民共和国住房和城乡建设部
2	城市有轨电车工程建设标准	在编	2019年（预计）	中华人民共和国住房和城乡建设部
3	有轨电车系统设计规范	未定	未定	中华人民共和国住房和城乡建设部
4	有轨电车建设工程标准	在编	2019年（预计）	中华人民共和国住房和城乡建设部

续表

序号	标准名称	发布时间	实施时间	发布单位
5	城市有轨电车规划设计导则	在编	2019年（预计）	中华人民共和国住房和城乡建设部
6	有轨电车信号系统通用技术条件	在编	2019年（预计）	中华人民共和国住房和城乡建设部
7	有轨电车道路通行安全技术规范	在编	2019年（预计）	中华人民共和国公安部

（2）地方标准编制情况

目前已有3个地方标准发布，还有3个地方标准正在制定中（表11-17、表11-18）。

有轨电车地方标准的颁布情况表　　　　　　表11-17

序号	标准名称	发布时间	实施时间	发布单位
1	有轨电车工程设计规范 DG/TJ08-2213-2016	2016年7月12日	2016年12月1日	上海市住房和城乡建设管理委员会
2	城市有轨电车线网规划编制标准 DG/TJ 08-2196-2016	2016年2月6日	2016年7月1日	上海住房和城乡建设管理委员会
3	成都现代有轨电车工程设计规范 DB510100T206-2016	2016年6月25日	2016年7月1日	成都市质量技术监督局
4	有轨电车试运营基本条件 DB31/T 1094-2018	2018年6月22日	2018年10月1日	上海市质量技术监督局

有轨电车地方标准的制定情况　　　　　　表11-18

序号	标准名称	发布时间	实施时间	发布单位
1	有轨电车工程设计规范	报批	2019年（预计）	北京市标准化办公室
2	有轨电车道路交通设计标准	在编	2019年（预计）	上海市住房和城乡建设管理委员会

（3）团体标准

2018年，中国城市轨道交通协会组织编写并发布了4项有轨电车团体标准（表11-19）。

有轨电车团体标准的发布情况　　　　　　表11-19

序号	标准名称	发布时间	实施时间	归口单位
1	现代有轨电车运营管理规范 T/CAMET 07001—2018	2018年9月10日	2018年12月10日	中国城市轨道交通协会

续表

序号	标准名称	发布时间	实施时间	归口单位
2	现代有轨电车运营安全评价规范 T/CAMET 07002—2018	2018年9月10日	2018年12月10日	中国城市轨道交通协会
3	现代有轨电车行车组织规范 T/CAMET 07003—2018	2018年9月10日	2018年12月10日	中国城市轨道交通协会
4	现代有轨电车信号系统通用技术条件 T/CAMET 07004—2018	2018年9月10日	2018年12月10日	中国城市轨道交通协会

另有部分团体标准分别由中国土木工程学会、中国城市轨道交通协会组织编写，预计2019年发布（表11-20）。

有轨电车团体标准的编制情况　　　　表11-20

序号	标准名称	预计发布时间	归口单位
1	现代有轨电车交通工程技术标准	2019年	中国土木工程学会
2	现代有轨电车车辆基地设计规范	2019年	中国城市轨道交通协会
3	城市有轨电车轨道工程施工质量验收标准	2019年	中国城市轨道交通协会
4	低地板有轨电车车辆通用技术条件	2019年	中国城市轨道交通协会
5	现代有轨电车轨道设计规范	2019年	中国城市轨道交通协会

针对有轨电车的发展需求，行业、地方政府和协会正在组织编写相应的标准，部分标准已正式施行，标准体系日益完善。但相对当前快速发展需求，仍缺乏系统的标准规范的指导，应加快高层次标准出台时间，并系统梳理既有有轨电车相关规范间的差异，为规范行业发展提供良好指导作用。

11.3.5 主要发展特征

1）规划建设

（1）有轨电车的功能应用呈现多样化和复合性。

一是功能应用的多样化。较早建设的沈阳浑南、苏州高新区等有轨电车线路均是作为轨道交通的补充，布设在新区为主；而随着淮安有轨电车的建成，云南滇南、文山等无快速轨道交通城市，规划建设有轨电车，作为城市骨干公交，进入城市核心区；同时，武夷山、都江堰等多个景区也规划建设了有轨电车。多样化的应用表明有轨电车在国内开始成为城市公交建设的重要方式之一。

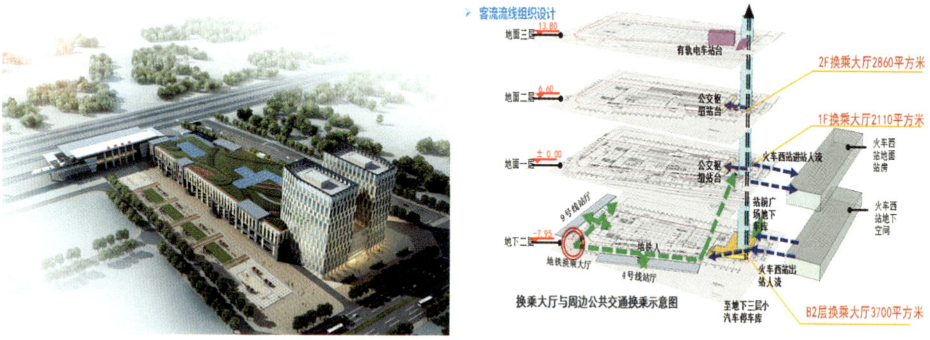

图 11-35 有轨电车蓉 2 号线在火车西站构建综合换乘枢纽综合开发

二是功能应用的复合性。这体现在功能的兼顾性与时序性上，如广州海珠有轨电车示范线，既是快速轨道交通的加密线，又是珠江南岸的休闲旅游线；而深圳龙华有轨电车示范线，近期是地铁 4 号线的延伸，作为龙华新区的骨干交通线，远期作为地铁的加密线，承担龙华新区的次骨干公交功能。

（2）线网的网络化建设已逐步成为共识。

我国有轨电车建设初期，除沈阳浑南一次建设 4 条线路之外，上海、天津、广州、苏州高新区、南京河西、淮安等城市均只建设了一条线路或一段线路，有轨电车网络化运营的优势未得到体现，导致运营效益不高。近两年，一些城市开始以网络化运营为规划设计目标，重视有轨电车的网络化建设。2018 年每个城市的平均建设里程达到 24.2km，30km 以上的城市有 7 座，有轨电车要形成一定的网络化规模建设已成为各地共识。

（3）与其他交通方式的综合协调程度逐步提升。

在建的有轨电车线路中，非常重视有轨电车与其他交通方式的衔接，将有轨电车更好地融入城市综合交通体系，逐步提高一体化水平。如成都有轨电车蓉 2 号线（图 11-35），在火车西站形成了有轨电车、常规公交以及火车站的综合换乘枢纽，并进行了站场综合开发。在武汉、上海松江等都采用了地道或天桥等，形成与轨道车站的立体换乘。

2）线路布设

（1）有轨电车线位逐步进入城市/区中心。

最初建设的沈阳、苏州、南京等地有轨电车，均是布设在新区为主，主要功能是带动新区的开发，也导致开通初期客流量偏低。2018 年开通及在建的有轨

图 11-36　深圳龙华新区与武汉东湖有轨电车均进入了城市中心

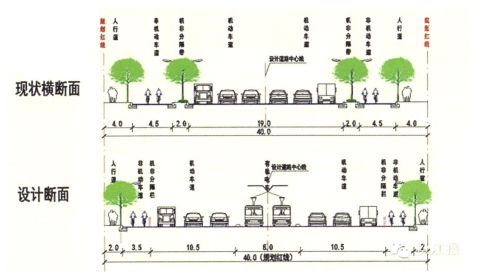

图 11-37　道路横断面"占一还一"布置示意图

电车线路,已有多条线路进入城市/区中心,如深圳龙华有轨电车所在的大和路位于龙华新区中心(图 11-36);上海松江有轨电车 T1 线所在的荣乐路也是松江区中心;武汉东湖有轨电车也进入了光谷中心,这为有轨电车带来了稳定的客流。

(2)有轨电车公交优先的设计仍有待进一步落实。

在有轨电车断面布设时,仍强调在有条件的情况下"占一还一"(图 11-37),道路横断面设计理念仍倾向于机动车,在具体设计时未能很好地落实公交优先的理念。其结果,一方面是压缩了非机动车及人行道的空间,造成了出行不便,也不利于公交优先环境的培养;另一方面导致相关工程投资规模较大,降低了有轨电车工程建设的性价比。

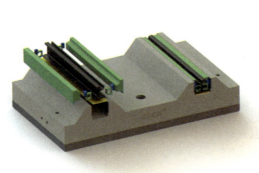

图11-38 嵌入式轨道示意图与现场使用情况

3）土建工程

（1）嵌入式等新型轨道系统结构提高了施工快速性。

有轨电车主要在既有道路上改造建设，轨道基础对工程建设周期以及现场施工影响较大。成都有轨电车蓉2号线部分段采用了嵌入式新型轨道系统结构，不使用扣件进行锚固和支撑钢轨，采用高分子阻尼材料连续支撑和锁固钢轨。嵌入式轨道在欧洲铁路、地铁及有轨电车有所应用，在我国尚属起步阶段。

嵌入式连续支撑轨道的主要优点包括：轨道几何形位保持能力强；高分子阻尼材料具有高绝缘性，有利于减少杂散电流泄露对沿线金属管线的电腐蚀；能够减少钢轨振动，能降低噪声3～6dB；几何线形保持能力强，减少日常养护维修量；同时，预制轨道板结构能够快速化施工，质量可控，减少现场粉尘（图11-38）。

（2）轨道路基一体化技术减少了对管线迁改的影响。

管线迁改等是有轨电车土建施工的主要难点。上海松江区现代有轨电车示范线工程轨道路基工程中采用了减沉疏桩轨道路基一体化结构。主要施工工序，从引孔、成桩、路面破除到路槽开挖、钢筋绑扎轨道架设，再到最后的浇筑混凝土施工完成（图11-39）。

轨道与土建结构的一体化与预制化，可大大降低结构高度，减小前期管线迁改工作，并在保证施工精度的前提下，实现快速化施工。对于缩短有轨电车工程建设周期，提高施工精度，优化投资具有重要意义。

4）机电系统

系统集成一体化是有轨电车机电系统发展的重要趋势，主要内容有：

图11-39 轨道路基结构一体化主要施工工序图

（1）变电所由传统的土建变电所改为箱式变电所，更加设备集成化、小型化，施工期间直接吊装安装完成，大大节约施工周期及工程占地面积（200m² 优化至40m²）。

（2）信号控制及弱电集成系统，将以互联互通为基础，实现网络化运营；同时信号系统已实现了智能化、信息化，将有轨电车信息逐步融入城市智能交通体系，推进智慧城市建设。

（3）有轨电车通信和控制系统不停改进，如在成都有轨电车蓉2号线工程首次应用了基于LTE技术的无线综合承载系统；首次在部分特定区域具备闯红灯防护、超速防护等功能的有轨电车司机辅助防护系统，提高有轨电车运行安全。

5）运营维保

多样化丰富的有轨电车运营，正逐步提升有轨电车的吸引力。包括开行主题列车，与文化旅游相结合等，逐步形成有轨电车的品牌文化。

图 11-40　跨座式单轨系统

图 11-41　悬挂式单轨系统

从运营维保的趋势来看，已运营有轨电车城市维保一般不是单一模式，而是根据专业特点选择。随着专业化队伍逐步成熟，维保手段的信息多样化，共享资源，部分采用专业委外维保将成为未来发展趋势。如武汉东湖、上海松江等地，均采用了该模式。

11.4　单轨系统

11.4.1　综述

1）概念

（1）单轨系统

根据《城市轨道交通工程基本术语标准》GB/T 50833—2012，单轨系统的定义为：采用电力牵引列车在一条轨道梁上运行的中低运量城市轨道交通系统，根据车辆与轨道梁之间的位置关系，单轨系统分为跨座式单轨和悬挂式单轨两种类型（图 11-40、图 11-41）。

（2）跨座式单轨系统

根据《跨座式单轨交通设计规范》GB 50458—2008，跨座式单轨系统为单轨系统的一种型式，车辆采用橡胶车轮跨行于梁轨合一的轨道梁上，车辆除走行轮外，在转向架的两侧尚有导向轮和稳定轮，夹行于轨道梁的两侧，保证车辆沿轨道安全平稳地行驶。

2）子类

跨座式单轨系统按车辆转向架型式分为双轴跨座式单轨和单轴跨座式单轨（图 11-42、图 11-43）。

双轴跨座式单轨车辆以中车长客、日立公司为主要代表，主要运用于中国重

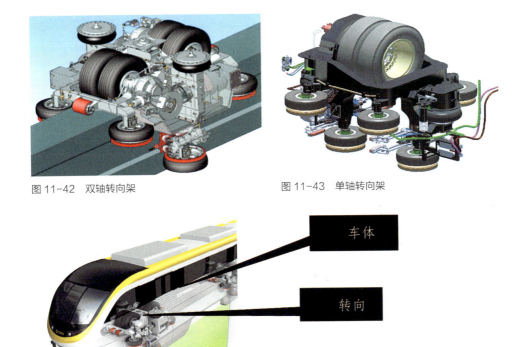

图 11-42 双轴转向架　　图 11-43 单轴转向架

图 11-44 跨座式单轨车辆

庆、日本东京、日本大阪、韩国大邱、阿联酋迪拜、新加坡圣淘沙等城市轨道交通线路或旅游观光线路。

单轴跨座式单轨车辆以庞巴迪、比亚迪为主，涉及少量 Scomi，已运用于美国拉斯维加斯、巴西圣保罗、新加坡、吉隆坡、中国银川等城市轨道交通或旅游观光线路。

3）特点

跨座式单轨系统作为城市轨道交通系统中重要的重要组成部分，从系统构成分析，跨座式单轨系统与传统城市轨道交通系统相比较，其主要有以下三大核心技术。

（1）车辆

跨座式单轨车辆是骑跨于轨道梁上行驶，车辆上部的车体部分，下部为支撑车体的走行部分（图 11-44）。

跨座式单轨车辆上部的车体部分与普通钢轮钢轨车辆的构造基本相同，只是根据客运量要求选定的尺寸大小有些区别。同时由于车辆采用充气橡胶车轮，车体轻量化要求较高，通常采用铝合金焊接结构（表 11-21）。

图 11-45　跨座式单轨车辆与普通钢轮钢轨车辆转向架对比图

图 11-46　跨座式单轨车辆与普通钢轮钢轨车辆授电方式对比图

跨座式单轨车辆与普通钢轮钢轨车辆尺寸对比表　　　　表 11-21

类型	跨座式单轨车辆	普通钢轮钢轨车辆
车长	约 10～16m	约 19～24m
车宽	约 2.98～3.15m	约 2.6～3.0m
车高	约 4.2～5.3m	约 3.8m

车辆下部为支撑车体的走行部分，跨座式单轨车辆走行部与普通钢轮钢轨车辆差异较大，其主要由构架、中央悬挂装置、基础制动装置、驱动装置（动力转向架）、集电装置、走行装置、导向装置、稳定装置等组成，其中走行轮、稳定轮及导向轮均采用充气橡胶车轮。跨座式单轨车辆与普通钢轮钢轨车辆转向架对比如图 11-45 所示。

跨座式单轨车辆采用 PC 梁两侧刚性接触轨授电，普通钢轮钢轨车辆主要采用架空接触网授电（隧道内为刚性架空接触网、隧道外柔性架空接触网供电）。跨座式单轨车辆与普通钢轮钢轨车辆授电方式对比如图 11-46 所示。

（2）轨道

跨座式单轨系统的轨道梁，通常采用预应力混凝土制成，常称 PC 梁，在一些特殊区间也可采用钢梁或几种材料的复合梁体。轨道梁是跨座式单轨系统中承载列车载荷与车辆运行导向的结构，同时也可提供供电、信号、通信等线缆的载体。轨道梁宽 690～850mm、轨道梁高 1500～2000mm。跨座式单轨系

图 11-47 跨座式单轨系统与普通钢轮钢轨系统轨道对比图

图 11-48 跨座式单轨系统与普通钢轮钢轨系统道岔对比图

统与普通钢轮钢轨系统轨道对比如图 11-47 所示。

（3）道岔

跨座式单轨系统的转辙设备，一般由可移动的钢制轨道梁和机电控制系统及梁上供电、信号设施等集成。按其结构的不同一般可分为关节型、关节可挠型、平移式、枢轴式等，按其功能的不同可分为单开、三开、四开、五开、单渡线等型式。跨座式单轨系统与普通钢轮钢轨系统道岔对比如图 11-48 所示。

结合车辆、轨道、道岔及其他相关技术条件，跨座式单轨系统具有以下技术特点。

（1）中运量轨道交通系统。

跨座式单轨车辆长约 10 ~ 15m、宽约 3m，其车辆定员为 100 ~ 165 人 /辆，常用编组为 2 ~ 8 辆编组，适宜的单向每小时客运量为 1.0 ~ 3.0 万人 /h，属于中运量轨道交通系统。

图 11-49 跨座式单轨系统正线小曲线半径、大纵坡图

各国家和地区跨座式单轨交通线路列车编组统计如下表 11-22 所示。

各国家和地区跨座式单轨交通线路列车编组统计表　　　表 11-22

线路	编组
新加坡圣淘沙、日本冲绳单轨线路	2 辆编组
阿联酋迪拜单轨、韩国大邱 3 号线	3 辆编组
美国拉斯维加斯单轨线路	4 辆编组
巴西圣保罗 15 号线	7 辆编组
中国重庆单轨 2、3 号线	4 辆、6 辆、8 辆编组

（2）转弯半径小、爬坡能力强,工程适应性强。

一方面由于跨座式单轨车辆长度较短,车辆定距较小;另一方面由于其特殊的构架结构形式,车辆轴距小或者采用单轴形式,提高了车辆的曲线通过能力。同时走行系统采用充气橡胶车轮及 PC 梁,其黏着系数较高,提高了车辆的爬坡能力。跨座式单轨系统部分车型其理论线路最小平面曲线半径可达 30m、最大纵坡可达 100‰（在实际运用中,考虑速度影响、经济性等因素,正线最小平面曲线半径、最大纵坡一般分别取 100m、60‰）（图 11-49）。

跨座式单轨系统良好的线路适应性,使其能够适应复杂城市环境（道路狭窄、建筑物密集、环境敏感因素多）,进而在选线时减少征地拆迁量、节省工程投资;同时也使其能够适应一些特殊地形地貌城市轨道交通线路。

（3）噪声小、振动低,环境影响小。

跨座式单轨车辆走行系统采用充气橡胶车轮及相关降噪及减振后,其运行期间的噪声与振动均能较好的满足环境要求。根据《较新线（重庆轨道交通 2 号线）

图 11-50　案例 1 交通环境影响图　　图 11-51　案例 2 交通环境影响图　　图 11-52　案例 3 交通环境影响图

验收报告》即轨道交通 2 号线一期工程中轨道交通环境噪声排放监测点的监测结果：车辆运行速度约 44～48km/h、距外轨中心线 8m、轨面以上 1.5m 的监测结果为 63.0dB。同时，跨座式单轨列车运行对周边环境影响小，车站可结合站位设置进行物业开发。

案例 1：重庆轨道交通 2 号线平安站—新山村站区间，经过秋实花园居住小区时，曾考虑减少对其环境影响，在小区外侧设置声屏障，后小区居民反映根本就没有什么环境影响，声屏障反而遮挡视线、影响景观，要求拆除（图 11-50）。

案例 2：重庆轨道交通 2 号线杨家坪站—袁家岗站区间，其以高架线的方式穿越杨家坪步行街，实现了轨道与商业的良好融合（图 11-51）。

案例 3：重庆轨道交通 2 号线李子坝站位于一栋综合楼中，车站位于 7～8 层，车站下方为商业开发用房，上方为居民楼（图 11-52）。

（4）高架区间简洁、体量较小，景观影响小。

跨座式单轨高架线路一方面由于无需设置架空接触网，采用车辆采用 PC 梁刚性接触网授电；另一方面其高架区间断面小、载荷小、墩柱小、透光性好，相较其他轨道交通高架线路，其更加简洁，降低了对沿线景观的影响。跨座式单轨系统与其他轨道系统高架区间对比如图 11-53 所示。

（5）施工简便，建设工期短。

跨座式单轨系统轨道梁为预应力混凝土梁、为模块结构，大部分可工厂生产、提前预制、现场拼装。采用机械吊装及利用夜间架设，可降低建设施工对地面交通的影响，同时可大幅缩短项目工期。一般情况下，跨座式单轨线路建设周期为 2～3 年（图 11-54）。

（6）高架区间占用土地面积少，节约用地。

跨座式单轨系统由于其梁轨合一，承载效率高，荷载较小，其高架区间结构一般可直接利用城市道路中央隔离带或绿化带进行墩柱设置。跨座式单轨系统高架区间桥墩尺寸一般约为 1.5m，高架区间断面约为 5m；传统城市轨道高架

图 11-53 跨座式单轨系统与其他轨道系统高架区间对比图

图 11-54 跨座式单轨系统轨道梁预制及架设图

区间桥墩尺寸一般约为 2.2m,高架区间断面约为 10m。跨座式单轨系统与普通钢轮钢轨系统高架区间结构对比如图 11-55 所示。

(7) 适宜高架敷设,可有效利用城市空间和降低工程造价。

跨座单轨系统由于其线路适应性强、环境影响小、景观影响小、高架区间占地少,因而适宜高架敷设,可与其他路面及地下交通各行其道,互不干扰,可以有效利用城市空间和有效控制工程投资。不同制式敷设方式对比如表 11-22、图 11-56 所示。

图 11-55 跨座式单轨系统与普通钢轮钢轨系统高架区间结构对比图

图 11-56 跨座式单轨交通不同的敷设方式图

不同制式敷设方式对比表　　　　　　表 11-22

系统	敷设方式	案例
跨座式单轨	高架为主、地下及地面为辅	重庆轨道交通 2 号线 高架线比例 92%
地铁	地下为主、高架及地面为辅	北京地铁 1 号线 地下线比例 100%
有轨电车	地面为主、地下及高架为辅	大连 202 路有轨电车 地面线比例 85%

（8）工程投资低。

跨座式单轨系统具有线路适应性强（征地拆迁量少）、高架区间结构简单、占地少，建设周期短，适宜高架敷设等特点，运用于城市轨道交通线路时平均造价为 2～3 亿元/正线公里，约为地铁的 1/3～1/2。

综上，跨座式单轨系统是一种线路适应性强、环境影响小、适宜高架敷设、建设周期短、工程投资低的中运量城市轨道交通系统。

4）适用环境

跨座式单轨系统根据其相关主要技术特点和优势，结合目前国内、外运用情况其适用于以下几类交通线路：

（1）中等城市（中心城区人口150~300万人）的轨道交通干线。例如：韩国大邱、中国芜湖等。

（2）大城市（中心城区人口300万人以上）的轨道交通加密线，覆盖城市次要客运走廊，延伸轨道交通服务范围。例如：日本东京、中国重庆等。

（3）地形复杂、道路资源紧张的城市交通线路。例如：重庆2号线。

（4）城市旅游观光线路。如风景区、博览会、游乐场等处所的短途交通运输线或旅游观光线。例如：美国迪士尼、中国银川花博园。

（5）噪声、振动等环境指标要求高的大型社区、组团内部及周边交通线路。如购物及娱乐场所等与城市中心区的交通连接线。例如：美国拉斯维加斯、阿联酋迪拜。

5）国内发展简史

1999年，中国首条跨座式单轨交通——重庆轨道交通2号线，项目建议书获得国家计委批准，工程可行性研究报告通过国家评估。

1999年12月26日，重庆市轨道交通2号线正式开工。

2004年11月6日，重庆轨道交通2号线"大坪至动物园"段开通观光运营，于2005年6月18日正式开通运营。

2008年，《跨座式单轨交通设计规范》GB 50458—2008及《跨座式单轨车辆通用技术条件》CJ/T 287—2008正式颁布实施。

2010年，中国国家标准《跨座式单轨交通施工及验收规范》GB 50614—2010正式颁布并实施。

2011年12月30日，世界上最长的跨座式单轨交通线路——重庆轨道交通3号线建成通车。

2016年2月，国家发展和改革委员会正式批复了《芜湖市城市轨道交通一期建设规划（2016~2020年）》，采用跨座式单轨系统、建设总长46.9km。目前芜湖轨道交通1号线及2号线一期工程均在建，预计2020年建成通车。

2016年5月，中国首列永磁跨座式单轨列车成功下线。

2016年9月，比亚迪研发的"云轨"列车下线进行相关试验。

2016年12月，重庆轨道交通3号线北延伸段（碧津—举人坝）工程开通试运营。至此，重庆轨道交通2、3号线运营单轨里程约98.5km，其中重庆轨道交通3号线运营里程超过66km，超过日本大阪高速铁道，成为世界上最长的跨座式单轨线路。目前重庆轨道交通 3 号线已实现了单轨最长线路、最多编组、最复杂交路、最小发车间隔和最大运能的高效运营。

2017 年，银川市花博园比亚迪"云轨"旅游试验线正式通车。

2017 年 10 月，重庆地方系列标准《跨座式单轨交通工程施工质量验收标准》DBJ50/T-266-2017 正式颁布实施。

2018 年 1 月，中车长客中小运量跨座式单轨正式下线。

2018 年 5 月，中车浦镇庞巴迪运输系统有限公司 PBTS 正式获得了泰国曼谷轨道交通黄线和粉线跨座式单轨车辆合同。

2018 年 8 月，比亚迪"云轨"中标巴西名城萨尔瓦多的轨道交通项目。

2018 年 11 月，住房和城乡建设部办公厅发布"关于国家标准《跨座式单轨交通设计标准》公开征求意见的通知"。

2018 年 12 月，广安邓小平故里景区旅游连接线"云轨"全线启动综合联调。

11.4.2 统计数据

1）国内跨座式单轨在建数据统计

目前，跨座式单轨作为城市轨道交通在国内在建线路共 2 条，在建 46.8km；同时还有旅游专线在建 1 条，长约 10km（表 11-23）。

国内跨座式单轨在建数据统计表　　　　表 11-23

地点	线路名称	建设年限	线路长度（km）	图片	车型
芜湖	芜湖轨道交通 1 号线	2017~2020	30.4		中车浦镇庞巴迪
芜湖	芜湖轨道交通 2 号线一期	2016~2019	16.4		中车浦镇庞巴迪
广安	广安"邓小平故里"景区旅游连接线工程（旅游线）	2017~2019	9.9		比亚迪"云轨"

2016 年 2 月，《芜湖市城市轨道交通一期建设规划（2016~2020 年）》正式获国家发展和改革委员会专文批复。截至 2018 年底，1 号线和 2 号线一期项目已全面展开。

2018 年 12 月，广安"邓小平故里"景区旅游连接线工程全线启动综合联调，预计于 2019 年建成通车。

截至 2018 年底，蚌埠淮上区云轨试验线项目部分区段正在开展轨道梁的安装工作。

2）国内跨座式单轨规划数据统计

2018 年 6 月，潍坊市交通运输局发布《潍坊市城市轨道交通线网及近期建设规划（2019～2023 年）环境影响评价公众参与信息公示环境影响评价公众参与信息公示》。

2018 年 7 月，遵义市人民政府门户网站发布《遵义市城市轨道交通线网及近期建设规划环境影响评价第二次公示》。

2018 年 8 月，柳州市人民政府成立柳州轨道交通近期建设规划上报工作领导小组，加快推进《柳州市城市轨道交通近期建设规划（2018～2023 年）》的申报工作。

2018 年 8 月，桂林市发展和改革委员会发布《桂林市城市轨道交通建设规划（2019～2022 年）公示》。

2018 年 8 月，邯郸市发展和改革发布《邯郸市城市轨道交通线网及近期建设规划（2019～2023 年）环境影响评价公众参与第一次公示》。

2018 年 12 月，威海市交通运输局发布《威海市城市轨道交通线网规划及近期建设规划（2019～2025 年）环境影响评价（补充）第一次公示》。

国内跨座式单轨规划数据统计如表 11-24 所示。

国内跨座式单轨规划数据统计　　　　表 11-24

地点	规划名称	建设年限	线路长度（km）	备注
柳州	柳州市城市轨道交通近期建设规划	2018～2023	37.8	已完成环保部审查
潍坊	潍坊市城市轨道交通近期建设规划	2019～2024	50.7	环评公示
桂林	桂林市城市轨道交通建设规划	2019～2022	29.2	建设规划征求意见稿
遵义	遵义市城市轨道交通近期建设规划	2018～2023	41.8	环评公示
邯郸	邯郸市城市轨道交通线网及近期建设规划	2019～2023	58.9	环评公示
威海	威海市城市轨道交通期建设规划	2019～2023	65.3	环评公示

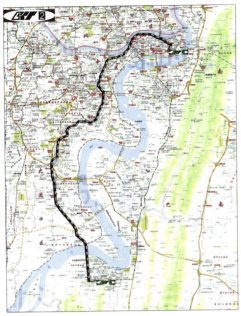 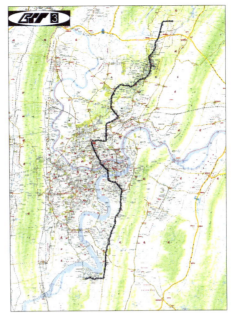

图 11-57　重庆轨道交通 2 号线线路图　　图 11-58　重庆轨道交通 3 号线线路图

11.4.3　概况和应用

1）已建城市概况

（1）重庆跨座式单轨

重庆自 2004 年开通首条跨座式单轨线路以来，至今已成功安全运营 15 年，作为国内第一个建设跨座式单轨的城市，已建设运营重庆轨道交通 2 号线以及重庆轨道交通 3 号线两条跨座式单轨线路，未来还规划了多条跨座式单轨线路。

① 重庆轨道交通 2 号线

线路起于重庆市渝中区较场口，止于重庆市巴南区鱼洞，跨越四个行政区，辐射九个片区，线路全长 31.4km，设车站 25 座（图 11-57）。

1999 年，重庆轨道交通 2 号线项目建议书获得国家批准，工程可行性研究报告通过国家评估。同年 9 月初步设计获批，12 月正式全面开工。2004 年 11 月，2 号线"大坪至动物园"段开通观光运营，于 2005 年 6 月正式开通运营。2006 年 7 月，重庆轨道交通 2 号线（新山村—较场口）区段正式运行。2014 年 12 月，重庆轨道交通 2 号线南延伸段新山村（不含）—鱼洞区段正式投入运营（表 11-25）。

重庆轨道交通2号线开通时间、开通区段表　　表11-25

线路	时间	开通区段
重庆轨道交通2号线	2004年11月	大坪—动物园（观光运营）
	2005年06月	大坪—动物园（正式运营）
	2006年07月	新山村—较场口
	2014年12月	新山村—鱼洞

重庆轨道交通2号线2018年单向高峰小时断面客流量2.21万人次/h。

② 重庆轨道交通3号线

重庆轨道交通3号线为城市南北干线，全长67.1km，设站45座，联接鱼洞组团、李家沱组团、南坪组团、渝中组团、观音桥组团、人和组团、悦来组团、空港组团等（图11-58）。

2011年12月，重庆轨道交通3号线一、二期工程（二塘—T2航站楼）区段全线通车运营，2012年12月，南延伸段（二塘—鱼洞）通车运营。2016年12月，3号线北延伸段（碧津—举人坝）开通试运营。至此，轨道3号线全长达到67.1km，超越日本大阪高速铁道，成为世界上最长的跨座式单轨交通线路。

重庆轨道交通3号线线路图开通时间、区段表　　表11-26

线路	时间	开通区段
重庆轨道交通3号线	2011年9月	两路口—鸳鸯
	2011年10月	鸳鸯—长福路
	2011年12月	二塘—两路口 长福路—T2航站楼
	2012年12月	二塘—鱼洞
	2016年12月	碧津—举人坝

重庆轨道交通3号线2018年单向高峰小时断面客流量3.75万人次/h。

目前九公里—龙头寺区间采用6/8辆编组混跑，其他区间采用6辆编组，随着重庆轨道交通线网逐步形成，轨道交通3号线客流不断增大，现已启动重庆轨道交通3号线6改8工程。2017年9月，重庆市发改委发布《关于轨道交通三号线技术改造工程可行性研究报告的批复》，截至2018年相关改造工程已全面启动。预计2020年，3号线鱼洞—T2航站楼区间将全部运行8辆编组列车。

（2）银川花博园试验线

银川花博园试验线定位为旅游观光线，且仅在花博园开园期间运营，服务

图 11-59 银川花博园试验线

于银川花博园。作为第九届中国花卉博览会的重点工程项目，花博园旅游线长 5.7km，设置车站 8 座，采用 7 列"云轨"列车，每列 3 节车厢编组，2017 年 9 月正式开通运营（图 11-59）。

2）在建城市概况

近年来随着我国城市化、机动化的等快速发展，许多城市提出了发展城市轨道交通。随着国内跨座式单轨的成功运用及相关技术的发展，在国内掀起了跨座式单轨建设热潮。

（1）芜湖跨座式单轨线路

① 线路概况

根据《芜湖市轨道交通线网规划》中心城区线网为 5 条线路组成的"放射状"格局，线网长度 138km，为实现线网内部资源共享，轨道交通市区线均采用跨座式单轨交通制式（图 11-60）。

根据《芜湖市城市轨道交通一期建设规划（2016～2020 年）》，建设项目由 1 号线、2 号线一期工程组成。

1 号线线路全长 30.4km，共设 24 座车站（均为高架站），其中地下线 0.9km，地面及高架线路 29.5km；2 号线一期线路全长 16.5km，共设 12 座车站（高架站 11 座、地下站 1 座），其中地下线 1.5km，地面及高架线 15.0km。

2015 年 10 月《芜湖市轨道交通建设规划（2016～2020 年）》获环保部批复；2015 年 12 月，国家发改委向国务院上报建设规划；2016 年 2 月，《芜湖市轨道交通建设规划（2016～2020 年）》正式获国家发改委专文批复。

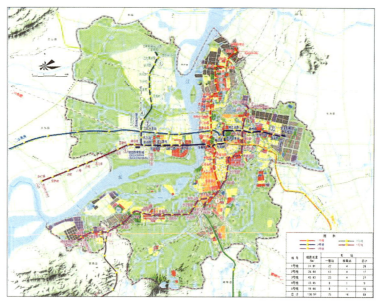

图11-60 芜湖市轨道交通线网规划图

图11-61 芜湖跨座式单轨线路建设现场

图11-62 广安"邓小平故里"景区旅游连接线线路示意图

② 建设进展

截至2018年底,芜湖轨道交通1号线和2号线一期项目相关车站、区间的土建工程建设已全面展开(图11-61)。

(2)广安"邓小平故里"景区旅游连接线

① 线路概况

为快速连接"邓小平故里"景区,打造世界级旅游目的地,广安市正在修建广安"邓小平故里"景区旅游连接线项目。该项目线起于广安南站,止于"邓小平故里"游客中心(图11-62)。

线路起于国铁广安南站北侧设置的广安南站(同时于广安南站之前预留关门

图 11-63　广安"邓小平故里"景区旅游连接线建设现场　　图 11-64　柳州城市轨道交通远景推荐线网方案示意图

站),之后沿枣山大道、长乐街、五福街,并于五福桥西侧跨越西溪河,之后沿金安大道、环城北路敷设,止于游客中心。线路全长约 9.9km,设车站 8 座(含预留广门站),在银昆高速以东、广高路以北地块内设车辆段 1 处。

② 建设进展

截至 2018 年 12 月,广安"邓小平故里"景区旅游连接线全线启动综合联调(图 11-63)。

3)规划概况

2018 年 7 月 13 日,国务院办公厅印发《国务院办公厅关于进一步加强城市轨道交通规划建设管理的意见》(国办发〔2018〕52 号),对新形势下我国城市轨道交通规划建设工作作出部署。各城市结合自身条件,制定了相应的城市轨道交通建设规划。

(1)柳州

柳州市远景城市轨道交通线网由 7 条线路组成,长度约 230.4km,其中包括 4 条市区线、3 条市域线。

2015 年 12 月,《柳州市城市轨道交通线网规划》通过广西壮族自治区住建厅组织召开技术审查评查会,随后获得报市政府批准(图 11-64)。

根据《柳州市城市轨道交通近期建设规划(2018—2023 年)》近期建设线路包括 1 号线一期及 2 号线一期,线路总长约 41.8km,拟采用跨座式单轨系统。

1 号线一期线路总长度约 18.4km,其中地下线长约 3.2km,高架线长约 15.2km;设车站 16 座,其中地下车站 2 座,高架站 14 座,设一处车辆段(帽合车辆综合基地);2 号线一期线路全长 23.4km,全为高架线;设车站 19 座;换乘站 3 座,设一处车辆段(柳石南车辆段)。

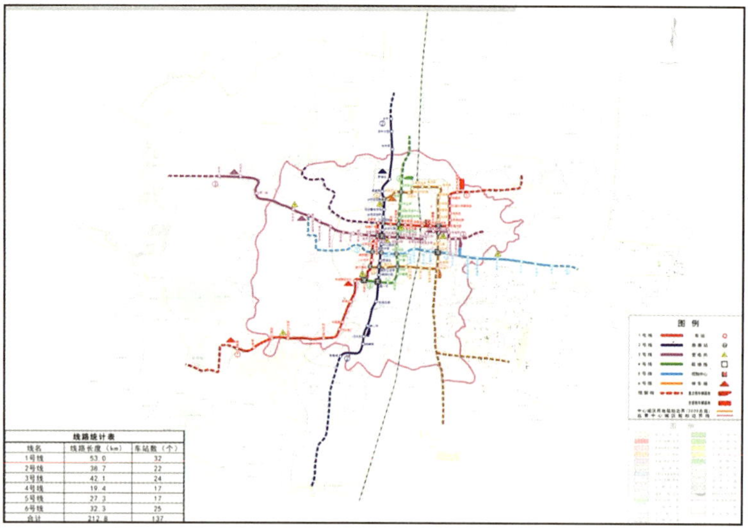

线路统计表		
线名	线路长度（km）	车站数（个）
1号线	53.0	32
2号线	36.7	22
3号线	42.1	24
4号线	19.4	17
5号线	27.3	17
6号线	32.3	25
合计	212.8	137

图 11-65　邯郸市城市轨道交通线网（远景）图

2017 年 6 月《柳州市城市轨道交通建设与线网规划环境影响报告书》已通过国家环保部市组织审查会，并于 7 月 18 日获国家环保部正式审查通过。

2018 年 8 月，柳州市人民政府成立柳州轨道交通近期建设规划上报工作领导小组，加快推进《柳州市城市轨道交通近期建设规划（2018 ~ 2023 年）》申报工作。

（2）邯郸

根据邯郸市发展和改革委员会发布的《邯郸市城市轨道交通线网及近期建设规划（2019 ~ 2023 年）环境影响评价公众参与第一次公示》，邯郸市轨道交通线网由 6 条线组成，全长 212.8km，共设车站 137 座，车辆基地 6 处，停车场 6 处。控制中心 1 处，主变电所 8 座（图 11-65）。

近期建设规划实施 2 条线，分别为 1 号线一期工程和 4 号线，线路总长度 58.9km，拟采用跨座式单轨系统。

2018 年 12 月，邯郸市发展和改革委员会在北京组织召开专题评审会，经专家论证分析推荐邯郸市近期建设的 1 号线一期和 4 号线采用跨座式单轨车辆制式。

（3）威海

2018 年 5 月，威海市交通运输局发布《威海市城市轨道交通近期建设规划（2019 年 -2025 年）环境影响评价第一次公示》。

2018 年 11 月，威海市交通运输局发布《威海市城市轨道交通近期建设规划

图 11-66　威海市轨道交通 2 号线一期工程示意图

（2019 年 -2025 年）社会稳定风险评估公众参与公示》。

2018 年 12 月，威海市交通运输局发布《威海市城市轨道交通线网规划及近期建设规划（2019 年 -2025 年）环境影响评价（补充）第一次公示》（图 11-66）。

规划方案包含 1 号线工程和 2 号线一期工程，全长 65.3km，拟采用跨座式单轨系统（表 11-27）。

1 号线串联高区、环翠老城区、经区、临港区、文登区，南起环山东路站，经威高广场，北至环海路站，线路串联威海站、威海客运站、文登汽车站主要对外交通枢纽。线路全长 49.1km，其中高架段约 41.6km，地下段 6.2km，过渡段约 1.3km。全线设置车站 27 座，平均站间距 1.87km，高架站 22 座，地下站 5 座，其中换乘站 3 座。线路西北端设文化西路停车场，中段设草庙子停车场，南段设文登车辆段。

2 号线一期工程主要服务于环翠区、高区。线路西起万泉街站，终点为新威路站。线路全长 16.2km，其中高架段约 13.3km，地下段 2.0km，过渡段约 0.9km。全线设置车站 12 座，平均站间距 1.42km，高架站 10 座，地下站 2 座，其中换乘站 1 座。线路西部设沈阳南路车辆段。

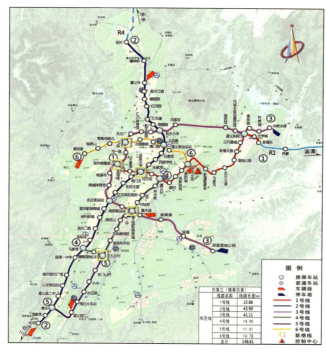

图 11-67 遵义市城市轨道交通线网规划方案示意图（远景）

威海市轨道交通近期建设规划敷设方式一览表　　　表 11-27

线路名称	起讫点	长度（km）	敷设方式长度（km）		
			高架长度	地下长度	过渡段长度
1 号线一期	环山东路站～环海路站	49.1	36.4	11.8	0.9
2 号线一期	万泉街站～新威路站	16.2	12.2	3.4	0.6
合计		65.3	48.6	15.2	1.5

（4）遵义

2018 年 7 月，遵义市人民政府门户网站发布《遵义市城市轨道交通线网及近期建设规划环境影响评价第二次公示》（图 11-67）。

根据公示方案，遵义市中心城区轨道交通线网远景由 6 条线组成，长度为 148.61km，共设站 100 座，其中换乘站 13 座。全网设置车辆基地 5 处、停车场 3 处，控制中心 1 处。市域轨道交通线网包括 4 条线路，以遵义市中心城区为中心，分别向绥阳（新舟机场）、湄潭、仁怀方向放射，全长 168km。

近期建设规划包括 2 条线，建设方案总长度 41.76km，拟采用跨座式单轨系统。其中：1 号线工程（新蒲东—官井南隧道），正线长度 22.86km，共设车站 19 座，在新蒲管委会站设车辆基地；2 号线一期工程（董公寺—忠庄客运站），正线长度 18.90km，共设车站 16 座，在董公寺站北侧设车辆基地。

11.4.4 政策解读

根据现行国家标准《城市轨道交通工程基本术语标准》GB/T50833 对轻轨的定义：在全封闭或部分封闭线路上运行的中运量城市轨道交通方式，线路通常设于地面或高架桥上，也可延伸至地下结构内。

根据跨座式单轨系统技术特点，其属于广义上的轻轨系统，其相关申报条件宜按轻轨系统相关要求进行申报。

1）相关政策

（1）发改基础〔2015〕49 号

《关于加强城市轨道交通规划建设管理的通知》（发改基础〔2015〕49 号）规定：城市轨道交通建设应贯彻"量力而行、有序发展"的方针，坚持统筹衔接、便捷高效、经济适用和安全可靠的原则，拟建轻轨初期负荷强度不低于每日每公里 0.4 万人次。

（2）发改基础〔2015〕2506 号

《国家发展改革委、住房城乡建设部关于优化完善城市轨道交通建设规划审批程序的通知》（发改基础〔2015〕2506 号）提出："一、经报请国务院批准，对已实施首轮建设规划的城市，其后续建设规划由国家发展改革委会同住房城乡建设部审批，报国务院备案；初次申报的城市首轮建设规划仍由国家发展改革委会同住房城乡建设部审核后报国务审批。二、为进一步提高工作效率，城市轨道交通建设规划及规划调整由省级发展改革委会同省级住房城乡建设（规划）等部门进行初审，形成一致意见。在规划环境影响审查意见、社会稳定风险评估完成后，省级发展改革委会签省级住房城乡建设（规划）部门向国家发展改革委报送城市轨道交通建设规划，同时抄报住房城乡建设部。"

（3）发改产业〔2017〕2000 号

2017 年 11 月 20 日，国家发展改革委印发《增强制造业核心竞争力三年行动计划（2018-2020 年）》（发改产业〔2017〕2000 号），提出发展先进适用城市轨道交通装备，并明确加快研制跨座式单轨列车等自主化产品及核心系统部件，满足多样化市场需求，支持轨道交通装备产业发展，进一步规范引导中小运量轨道交通装备的研发与产业化，不断提高装备自主化、智能化和绿色化水平。

2）旅游单轨交通

旅游轨道交通是区域旅游交通的一种方式，适应于旅游区、景区、游乐园内外部连接的单轨交通。单轨技术具有覆盖低、中运量系统；半径小、坡度大，地形适应能力强；投资省，建设周期短；结构轻巧、造型美观；占地少、噪声低，环境友好等特点。与旅游区需要的交通方式相契合，国内 4A 级景区 1284 家，5A 级景区 217 家，目前西安曲江、深圳欢乐谷、宁波雪窦山、九寨沟、安徽铜陵北斗星城、黄帝陵、焦作云台山等景区在建或规划旅游单轨，产业发展前景广阔。但是存在旅游轨道交通项目功能定位边界条件模糊，立项审批受影响，目前国家并未明确立项审批部门。

旅游单轨交通主要分两种，一种是景区内部的游览观光线；另一种是连接景区与景区或景区与城市间的连接线。

对于景区内部的线路，可以作为景区项目的一部分，包含在景区项目中一并立项。其中需要注意的是车辆应该是具有旅游特征的特种旅游装备。

对于连接景区与景区或景区与城市间的连接线，宜分两步走：纳入相关城市规划，然后开展工程可行性研究、勘察设计和建设。

11.4.5 发展与趋势

1）跨座式单轨系统运用前景良好

（1）城市轨道交通类

目前，我国城市轨道交通现状是地铁线路占比严重偏高，与国际水平存在较大差距（国际较为成熟的国家地铁占比仅为 1/3），而其中适合中等城市发展需要的中小运量制式占比仅有 15%。随着城镇化建设的迅速推进，结合我国人口众多的特点，我国城市轨道交通将从超大城市、特大城市进一步扩大到大、中及二、三级城市，而适合其特点的中运量的轻轨、单轨等新型轨道交通将迎来巨大的发展空间，单轨交通将步入快速发展时期。

① 超大城市、特大城市、Ⅰ类大城市（人口 > 300 万人）

据中国城市轨道交通协会统计、编辑、发布的《中国城市轨道交通年度统计分析报告》（2018 年度）：截至 2018 年底，中国内地共 35 个城市运营线路，运营线路总长度 5761.4km；中国内地共 53 个城市（部分由地方政府批复项目未纳入统计）在建线路总规模 6374km；据不完全统计，共有 63 个城市的城轨交通线网规划获评（含地方政府的批复的 19 个城市）。

目前我国城市轨道交通正处于快速发展时期，部分超大城市、特大城市、Ⅰ类大城市的城市轨道交通网络均达到了一定的规模，其基本骨干网络已基本形成。

因此随着我国各特大城市、大城市城市轨道交通骨干网络的基本建成，先期建设轨道交通的城市继续加密线网，由大运量的骨干线路逐渐向中低运量的加密线路扩展。其轨道交通建设逐渐变成辅助线路及补充线路的建设，其制式选择以市域轨道、轻轨、单轨及有轨电车系统等为主。

例如，《北京城市总体规划（2016年—2035年）》提出：到2020年轨道交通里程由现状约631km提高到1000km左右，到2035年不低于2500km；《上海市城市总体规划（2017-2035年）》提出三个1000km的城市轨道交通规划：即城际线（城际铁路、市域铁路、轨道快线）≥1000km、市区线（地铁、轻轨）≥1000km、局域线（现代有轨电车、胶轮系统等）≥1000km。

② Ⅱ类大城市（人口150～300万人）

根据住建部发布的《中国城市建设统计年鉴（2017）》，根据年鉴数据，其中Ⅱ类大城市中市区人口150万～300万人的约80个。

根据高德地图联合中国社会科学院社会学研究所、未来交通与城市计算联合实验室、阿里云等单位共同发布了《2018年度中国主要城市交通分析报告》。调研全国361座城市，有15%的城市通勤高峰受拥堵威胁，有59%的城市通勤高峰处于缓行，仅有26%的城市通勤不受拥堵威胁。

因此随着我国城市经济、城镇化及机动化的发展，各个城市的交通问题日益突显，其城市发展需要城市轨道交通的支持。根据调研分析研究，我国Ⅱ型大城市对轨道交通发展的需求特征如下：中、低运量轨道交通制式为主；高架及地面敷设为主，降低工程投资；线路适应强、便于选线及降低征地拆迁量；环境、景观影响小；技术成熟、运营经验丰富、产业基础好。

目前在芜湖、柳州、威海、邯郸、潍坊、桂林、遵义等很多城市规划建设多条跨座式单轨线路，跨座式单轨系统的需求日益增多。

（2）旅游单轨交通需求旺盛

根据文化和旅游部发布《2018年旅游市场基本情况》，2018年全年，国内旅游人数55.39亿人次，比上年同期增长10.8% 国内旅游收入5.97万亿元，同比增长10.5%。初步测算，全年全国旅游业对GDP的综合贡献为9.94万亿元，占GDP总量的11.04%。旅游直接就业2826万人，旅游直接和间接就业7991万人，占全国就业总人口的10.29%。旅游市场的快速发展，也带来了诸如旅游旺季人满为患、远远超出道路通行设计能力，交通拥堵、生态环境破坏、旅游体验较差等一系列问题。

近年来，随着民航、高速铁路等，我国综合交通运输体系不断完善，交通运输与旅游融合发展已经成为旅游业转型发展的新趋势。2017年交通运输部、国家旅游局等六部门联合印发的《关于促进交通运输与旅游融合发展的若干意见》

图 11-68 跨座式单轨系统与旅游

提出了完善旅游交通的基础设施网络、强化客运枢纽的旅游服务功能、加强服务景区客流的公共交通运输组织、开发适合旅游特点的特种观光列车等措施。

国内目前拥有 4A 级景区 1284 家，5A 级景区 217 家，127 座历史文化名城，多处迪士尼、六旗、欢乐谷等大型游乐园。大多数旅游区第一层次交通（人到旅游区所在城市）发展较好，但第二层次交通（城市到旅游区）、第三层次交通（旅游区之间、旅游区内部）发展缓慢。发展旅游轨道交通是解决旅游区、景区"进不去、散不开、旺季拥堵"交通问题的需要。

单轨系统具备中低运量，线路适应性强，良好的环境、景观效益及观景效果等优点，目前在国外广泛运用各著名的旅游城市、旅游景区，其包括美国拉斯维加斯、迪拜棕榈岛、新加坡圣淘沙、美国加州迪士尼、佛罗里达迪士尼、东京迪士尼等，以及国内的宁夏银川花博园单轨、四川广安单轨（图 11-68）。

2）跨座式单轨系统建设创新

（1）跨座式单轨建设创新

随着国内越来越多的跨座式单轨交通项目落地，在工程建设期间，面对不同的施工环境，提出了在 PC 轨道梁系统、跨江河桥梁技术、其他土建工程技术、系统设备技术等创新。

① PC 轨道梁系统技术创新

近年来 PC 轨道梁系统技术创新主要包括 PC 轨道梁设计工法软件研制、新型盆式橡胶支座 PC 轨道梁、固定曲率模板施工法制造 75m 半径 PC 轨道梁、PC 轨道梁混凝土耐久性研究和 PC 轨道梁架设技术创新等，通过技术创新能够实现让跨座式单轨 PC 小半径轨道梁的批量和高效的制造，同时能够提高 PC 轨道梁耐久性，提高工程可靠性，对建成线路的部分改造成为可能。

图 11-69　鱼洞长江大桥公轨公用桥、菜园坝长江大桥公轨共用桥

图 11-70　锚箱基座板定位支架安装技术门型墩钢横梁技术

② 跨江河桥梁技术创新

建成跨座式单轨线路中跨江河大桥包括菜园坝长江大桥、鱼洞长江大桥等公轨公用桥和嘉陵江大桥、箭滩河大桥等单轨专用桥,通过工程试验在建设轨道桥时除控制好预应力混凝土连续刚构在完成体系转换前后的线型外,尤其大桥合拢后温度效应与后期混凝土收缩徐变等不利因素引起的桥梁位移与挠度变形对单轨线路的影响(图 11-69)。

③ 其他土建工程技术创新

其他土建工程技术创新主要包括锚箱基座板定位支架安装技术、"墩梁并举"工艺技术、门型墩钢横梁与车站人行天桥钢结构通道技术等。通过技术和工艺管理的攻关,实现了桥墩和 PC 轨道梁可以同步施工的工艺流程,突破了先墩后梁,或先梁后墩的工艺限制。极大地缩短了工艺流程时间,提高了生产效率,同时钢结构是战略物资,可以重复利用,不会对环境造成任何影响(图 11-70)。

④ 系统设备技术创新

系统设备技术创新主要包括夹持式汇流排制造及安装技术、单轨交通 CBTC 信号系统技术、道岔制造技术、工作车制造技术、单轨交通信号系统设备安装调试工法和轨旁设备安装专用作业平台专利等(图 11-71)。

图 11-71 道岔制造技术和工作车制造技术

（2）跨座式单轨车辆新技术

随着跨座式单轨系统在国内的不断发展，以及轨道交通市场对跨座式单轨的要求不断提高，跨座式单轨车辆为适应市场需求，在车辆方面作出众多创新，主要包括永磁技术研发、碳纤维车体、能量回馈系统、应急牵引、自动重连、液压制动等。

① 永磁技术的研发

采用永磁电动机替代传统的三相异步电机，并取消传统齿轮箱，减少动力传送的中间损耗，从而具有爬坡能力强、转弯半径小、载客量大、安全可靠、噪声低、节能环保等特点，永磁跨座式单轨已在我国中车青岛四方、中车长客跨座式单轨等成功运用，通过节能分析采用永磁牵引可节能10%以上，该技术已达到国际领先水平。

② 碳纤维车体

传统跨座式单轨采用大型中空挤压型材，其质量较大、耐腐蚀性较差，新型碳纤维是一种含碳量在95%以上的高强度、高模量纤维的新型材料。碳纤维"外柔内刚"，质量比金属铝轻，但强度却高于钢铁，并且具有耐腐蚀、高模量的特性，通过碳纤维制造的车辆可实现车体轻量化。

③ 能量回馈系统

能量回馈系统是将制动能量转化为电能储存于电池中，如出现紧急断电情况，依靠自身储能可使得车辆安全行驶至站点；同时，通过充放电，可使电网电压更稳定，波动更小。能量回馈系统的成功运用可以将制动产生的不能被其他列车吸收的能量回馈吸收，在车辆启动时，可以通过储能系统放电补充实现，车载电池可提供5km的应急驱动，可以实现车辆段内无电化，安全节能；车辆段、生产车间不需铺设专用高压供电轨，作业安全，没有触电风险。

④ 应急牵引系统

当轨道交通供电系统故障或火灾、地震等不可抗力因素导致的自然断电或者人为断电时，在线运营列车可通过储能装置进行短时间供电，使用车辆应急牵引系统让在线运营列车能够运行到最近站点，完成乘客疏散。

⑤ 自动重连

跨座式单轨列车采用全自动车钩，使得列车能够在低速状况下自动完成解编与重编，进而实现列车的灵活编组。在高峰时期可采用大编组，以提高系统运输能力，满足客运需求；平峰时期采用小编组，在满足客运需求的同时节约能源，做到资源的合理分配。

⑥ 单轨液压制动

传统跨座式单轨采用电制动和空气制动，车辆设有常用制动、紧急制动和停放制动。单轨液压制动不仅功率重量比大，以较轻的设备重量产生较大的输出力或力矩，并且惯性小，频率响应高。可实现车辆迅速启动、制动。易于实现过载保护，保证工作安全。通过液压制动的轻量化设计实现车辆的轻量化，进而降低车辆能耗。